高校体育教学模式与创新发展研究

朱元明 著

全国百佳图书出版单位
吉林出版集团股份有限公司

图书在版编目(CIP)数据

高校体育教学模式与创新发展研究/朱元明著.--长春：吉林出版集团股份有限公司，2022.9
ISBN 978-7-5731-2289-6

Ⅰ.①高... Ⅱ.①朱... Ⅲ.①体育教学-教学研究-高等学校 Ⅳ.①G807.4

中国版本图书馆 CIP 数据核字(2022)第 175697 号

高校体育教学模式与创新发展研究
GAOXIAO TIYU JIAOXUE MOSHI YU CHUANGXIN FAZHAN YANJIU

著	朱元明
责任编辑	王晓舟
封面设计	豫燕川
开　本	787mm×1092mm 1/16
字　数	300 千字
印　张	13.5
版　次	2022 年 9 月第 1 版
印　次	2022 年 9 月第 1 次印刷
出　版	吉林出版集团股份有限公司
发　行	吉林出版集团外语教育有限公司
地　址	长春福祉大路 5788 号龙腾国际大厦 B 座 7 层
电　话	总编办：0431—81629929
印　刷	涿州市汇美亿浓印刷有限公司

ISBN 978-7-5731-2289-6　　　　定价：74.00 元
版权所有　侵权必究　　　　举报电话：0431—81629929

前言

体育作为人类文化的重要组成部分，是随着人类社会的发展而逐渐形成和发展起来的。体育的起源、发展与教育、军事、科学技术的发展以及人们的休闲娱乐活动有着密切的关系。高校体育教育是我国教育事业的重要组成部分，是提高大学生身体素质的重要途径，在推动现代教育发展与创新人才培养方面发挥着不可替代的作用。

当前，进一步深入发展高校体育教学是实现中华民族伟大复兴的中国梦与中国体育强国梦的重要内容，是高校培养身心全面发展并具有良好社会适应能力的优秀人才和合格社会建设者的有效途径。随着学校教育体制改革的不断深入，素质教育已成为我国教育体制改革的重要部分，新的教育理论和实践模式的提出，已成为体育教育工作者们十分关注的问题和研究的方向。随着课程改革的推广和普及，高校体育教学已开始突破旧的教学模式，从观念、内容到方法、手段全方位发生了变革，高校体育要贯彻终身体育和建立"健康第一"的体育教学思想，从以技能传授为主的教学转向使学生参与运动、养成习惯、掌握技能、提高素质、增进健康的教学，使大学生在校期间掌握科学锻炼身体的方法和手段，养成锻炼习惯，终身受益，这就是本书创作的初衷。但由于体育教学过程的影响因素众多、运行方式多变，课程标准中常因过于概括和抽象，难以对体育教学过程起到具体的指导作用，这时便需要一个介于体育课程与体育教学之间的环节，这就是体育教学模式，而从学科角度探究教学模式构建则更具有重要的实用价值和实践意义。在此背景下，笔者特撰写《高校体育教学模式与创新发展研究》一书，探讨了如何进行体育教学模式与创新发展研究，旨在促进我国高校体育教学改革，重视体育教学的发展和创新，为高校体育教学实践提供理论指导。本书内容丰富，实例新颖，条理清晰，可读性强，是一本值得仔细阅读与学习的著作。

在撰写过程中，本书参考了许多专家和学者关于学校体育教学方面的书籍和资料，在此表示敬意和感谢。由于水平所限，本书难免存在不妥之处，恳请广大读者批评指正。

作 者

2021 年 12 月

目 录

第一章 高校体育教学的基本概况 ... 1
- 第一节 体育教学与高校体育教学 ... 1
- 第二节 高校体育教学的特点与目标 ... 5
- 第三节 高校体育教学的功能分析 ... 13

第二章 高校体育教学的发展情况分析 ... 17
- 第一节 高校体育教学的发展背景分析 ... 17
- 第二节 高校体育教学的发展现状与问题 ... 20
- 第三节 高校体育教学的发展趋势研究 ... 22

第三章 高校体育教学模式研究 ... 29
- 第一节 体育教学模式基本理论 ... 29
- 第二节 高校常见体育教学模式 ... 34
- 第三节 新型体育教学模式的构建 ... 39
- 第四节 体育教学模式的发展走向 ... 43

第四章 高校体育教学模式的建构与分析应用 ... 47
- 第一节 高校体育教学模式的建构理论与应用 ... 47
- 第二节 高校体育教学模式的创新策略研究 ... 56
- 第三节 中外高校体育教学模式比较分析 ... 60
- 第四节 我国新型高校体育教学模式的建构 ... 68

第五章 高校体育分层教学模式 ... 79
- 第一节 国内外分层教学模式研究概况 ... 79
- 第二节 分层教学模式的相关理论分析 ... 81
- 第三节 分层教学模式在高校体育教学中的实践研究 ... 90

第六章 高校体育网络教学模式 ... 103
- 第一节 高校体育网络教学模式概述 ... 103
- 第二节 网络环境下高校体育教学的改革 ... 105
- 第三节 网络教学模式在高校体育教学中的应用 ... 107

第七章 高校体育运动教学模式 ... 117
- 第一节 国内外运动教学模式的研究现状 ... 117
- 第二节 运动教学模式的理论与实践基础 ... 123
- 第三节 运动教学模式的内涵及结构分析 ... 124
- 第四节 运动教学模式的实际应用辨析 ... 130
- 第五节 运动教学模式在高校体育教学中的实践研究 ... 134

第八章　高校体育快乐教学模式 … 153
　　第一节　高校体育快乐教学模式概述 … 153
　　第二节　体育游戏与快乐体育教学模式重构 … 155
　　第三节　高校快乐体育教学模式的应用 … 158
　　第四节　快乐体育教学模式的构建 … 160

第九章　高校体育终身教学模式 … 163
　　第一节　高校体育终身教学模式概述 … 163
　　第二节　高校体育教学适应终身体育教学模式的思路 … 164
　　第三节　高校体育融合终身体育思想的途径 … 168
　　第四节　高校体育终身教学模式的构建 … 171

第十章　高校体育欣赏教学模式 … 173
　　第一节　高校体育欣赏教学模式概述 … 173
　　第二节　欣赏教学模式在高校体育教学中的应用 … 175
　　第三节　高校体育欣赏教学模式的构建 … 177

第十一章　高校体育教学的创新性探索 … 183
　　第一节　现代体育教育新理念 … 183
　　第二节　体育教学的人文主义探索 … 190
　　第三节　体育教学中新教育技术的应用 … 194

第十二章　新时期高校体育教学的创新 … 199
　　第一节　高校体育教学创新原则及路径 … 199
　　第二节　高校体育教学中学生创新意识与能力的培养 … 202
　　第三节　构建高校体育教学创新体系 … 203
　　第四节　高校体育教学模式的创新改革 … 205

参考文献 … 207

第一章 高校体育教学的基本概况

高校体育教学是学校体育的重要组成部分,是高校体育教育实施过程中的主要体现,目的在于培养具有健康体魄与创新精神的德智体全面发展的合格人才。加强高校体育教学的改革与研究,可提高体育教学质量,尽快实现体育教学目的。而了解高校体育教学的基本理论能够为改革工作的顺利开展打好基础,做好准备。本章主要从体育教学与高校体育教学,高校体育教学的特点、目标、功能等几个方面来阐释与分析高校体育教学的基本情况。

第一节 体育教学与高校体育教学

一、体育教学

(一) 体育教学的相关概念

1. 体育教育

体育教育是指以身体活动为手段的教育,就是身体的教育。

2. 体育教学

学校体育目标的实现离不开体育教学这一基本组织形式,同时也是学校体育的一个重要组成部分。体育教学具有目的性、计划性和组织性,将相关知识与技能传授给学生,发展学生的智力,培养学生的品德,促进学生良好个性的形成,这个教育过程与其他学科教学相似。但体育教学又有自身的独特性,学校体育目的的实现、体育任务的完成都要采取体育教学这一重要途径。体育教学的范围很广,不仅是指学校体育,还涉及竞技体育、社会体育等领域。

综上分析,我们可以将体育教学定义为:在学校教育中,学生在教师的指导下积极主动地学习和掌握体育基本知识、技能和方法,提高身心健康水平和身体活动能力,强化对自然环境和社会环境的适应能力,形成良好的思想品德和个性的过程。

(二) 体育教学的基本介绍

随着全球化的不断推进,在衡量社会进步与国家发展方面,体育事业的发展水平已成为一个非常重要的指标,而且国家与地区之间的交流也离不开体育这一载体。体育有竞技体育、大众体育、学校体育等多种类型,包括体育教育、体育活动、体育文化、体育竞赛、体育经济等诸多要素。虽然很早以前就已经出现了体育教学,但体育教学真正迅猛发展始于现代社会。20世纪60年代以来,随着信息技术的快速发展,人类进入了信息社会,高技术、新技术、新材料、新能源及生物工程在社会各个领域都得到了广泛而普遍的运用,并推动了社会生产力的发展,使人们的生活节奏越来越快。这一方面给人们带来了便利,使人们的生活水平有了提高,生活条件有了改善,但同时随着电气化、自动化和智能化的不断发展,人们在十分紧张的环境中工作和生活,身心健康受到了威胁。

20世纪70年代，联合国教科文组织对现代教育提出了人才培养要求，要求培养的人才必须能够适应社会的发展和需要，即培养具有"健全的体魄、高尚的道德情操、丰富的科学文化知识"的全面型人才，并指出应将体质作为人才评价标准之一，作为"三育"教育中的一个首要标准。由此使体育教学在教育系统中的地位和作用得到了很大的提升，同时也引起了人们的重视。此后，各国纷纷改革体育教学内容、教材和教法，并进行了深入的探索，如日本创造了"快乐体育"教学模式，深入研究了体育教材的结构和小集团教学法，而不是一味地研究运动素材，这一举措有利于发挥体育教学在培养人格、个性方面的功能，将体育教学提高到了崭新的知识起点，促使体育教学为人的身心和谐与健全发展而服务。

（三）体育教学论

体育教学论是对体育教学现象和体育教学规律进行研究的科学，现代体育教学的各种现象及现象背后隐藏的规律是现代体育教学论的主要研究内容。

体育教学论是理论与实践并存的科学，因此可以将其划分为两个部分，即体育理论教学论和体育应用教学论，其中体育理论教学论又有自己的分类。

图1-1直观地反映了现代体育教学论的结构体系。

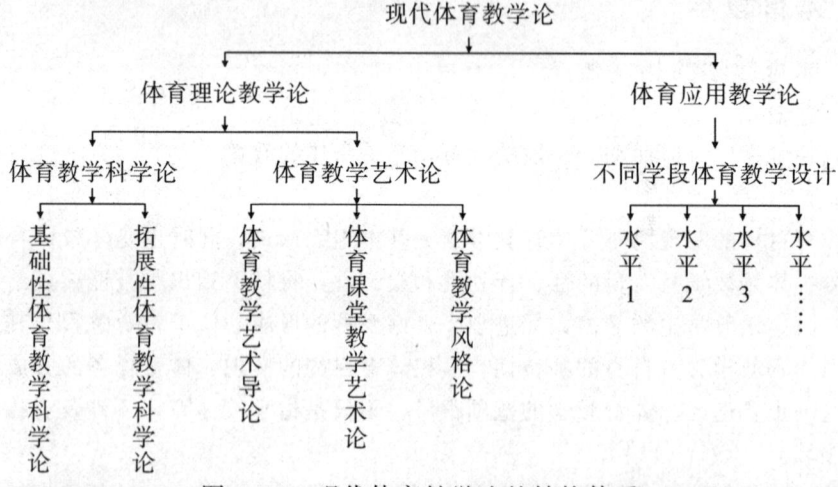

```
                        现代体育教学论
                    ┌──────────┴──────────┐
              体育理论教学论              体育应用教学论
            ┌──────┴──────┐                    │
      体育教学科学论    体育教学艺术论    不同学段体育教学设计
      ┌─────┴─────┐  ┌─────┼─────┐    ┌───┬───┼───┬───┐
      基础性     拓展性  体育   体育   体育  水平 水平 水平 水平
      体育       体育   教学   课堂   教学   1   2   3   …
      教学       教学   艺术   教学   风格
      科学       科学   导论   艺术   论
      论         论            论
```

图1-1 现代体育教学论的结构体系

二、高校体育教学

（一）高校体育教学的构成要素

高校体育教学的构成要素是指体育教学的结构要素与过程要素，具体分析如下。

1. 高校体育教学的结构要素

对体育教学具有影响的各种要素及各要素的相互关系就是体育教学的结构。体育教材、体育教法、体育教师、学生等都是体育教学的基本结构要素。

概括而言，体育教学包括以下三个方面的结构要素。

（1）参与者

参与者是体育教学的重要因素之一，主要指体育教师和体育教学中的学生。

在体育教学的参与者要素中，体育教师是外部主导，主要职能体现为对体育教学进行计划、组织、管理、监控等。体育教师的专业素质直接影响其职能的发挥和体育教学效果，因此要求体育教师有良好的敬业精神、业务能力等。

在体育教学中，体育教师的主要施教对象是学生，这是体育教学的另一个重要主体。体育教师向学生传授体育知识与技能，但学生不能只是简单、被动地接受，必须在教师的指导下积极主动地参与学习，发挥自己的聪明才智，从而取得良好的学习效果。因此，从广义上而言，在体育教学中，学生是一个主要制约因素和重要调控因素。在教学过程中，学生作为受教育者和施教对象，是一个群体，很多方面存在共性，但因为各方面因素的影响，学生之间的个体差异也很明显。学生能否主动地参与体育学习，对教学质量好坏有决定性影响。而针对学生的特点和差异，因材施教，调动学生的学习兴趣与热情又是体育教师的一个主要职责。

（2）施加因素

体育教学要满足社会对学生的要求，这主要体现在体育教学任务、教学内容、教学大纲与教学计划等要素中，这些要素在体育教学的结构因素中，属于外部施加因素。连接体育的教与学是这类要素的主要作用。

体育教学过程是由体育教学任务、内容和计划等要素规定的，并以这些要素为依据组织与实施教学。体育教学任务和体育教学内容的价值均体现在两个方面，即显性和隐性，将这两类价值的关系处理好，可促进学生健康和谐发展。

（3）媒介因素

体育教学是在一定时空条件下对相关信息有序进行传递的过程。媒介是传递信息的必备条件，具有针对性、可控性、安全性、抗干扰性及实用性等特征。在体育教学中，要想顺利传递信息，必须具备场地器材、环境设备、组织教法等重要媒介。在这些媒介中，场地器材和环境设备是体育教学的基本物质条件，组织教法的作用主要体现在将学生、教材和物质媒介串联起来，对教学过程进行调控。体育教学质量能否得到保证，一定程度上要看是否具备高质量、现代化的媒介条件。

在高校体育教学过程中，这三大要素是动态结合、不断变化的，其中最为重要的是教师的主导作用。体育教师应掌握并熟练运用各种教学艺术，将学生的学习积极性充分调动起来，将各种要素调控好，从而提高教学质量，顺利完成教学任务。

高校体育教学的结构要素见表1—1。

表1—1 高校体育教学的结构要素

结构要素	具体要素
参与者	体育教师
	学生
施加因素	教学任务
	教学内容
	教学大纲
	教学计划
媒介因素	场地器材
	环境设备
	组织教法

2. 高校体育教学的过程要素

高校体育教学的过程要素具体包括以下几个方向。

(1) 体育教学目标

通过体育教学要达到的结果就是体育教学目标。体育教学的价值取向主要体现在体育教学目标中，只有确定了体育教学目标，体育教学才会有明确的方向，体育教学的出发点和最终归宿也才能确定下来。

而且，在体育教学评价中，体育教学目标是一个非常重要的参考因素，如果没有确定教学目标，体育教学就会漫无目的，盲目开展，体育教师也无法掌控教学过程。

(2) 体育教学内容

在体育教学中，体育教师给学生传授的体育与健康知识、技能和方法等都是体育教学内容。体育教学目标能否达成，体育教学质量能否提高，直接受体育教学内容的影响。只有科学选择体育教学内容，并有效实施，才能使体育教学过程更加顺利并有可能完成体育教学目标，从而使体育教学质量得到提高。

体育教学如果没有教学内容，就不能称为体育教学，而是体育锻炼，这时体育就不是一个学科了，而是一项活动，并且比较空洞。因此选编和运用体育教学内容非常重要，在开展这一项工作时，要对学生需要、社会要求、学科体系进行充分考虑。

(3) 体育教学策略

体育教师以体育教学目标和学生的具体情况为依据而选择的有效教学技术和手段就是所谓的体育教学策略。此外，有助于学生理解教学内容的各种信息及信息的传递方式也属于教学策略的范畴。

体育教学策略与体育教学目标、体育教师、学生等因素密切相关，这一要素对体育教学工作的成败和效率的高低有直接的影响，所以为更好地开展体育教学，完成教学任务，需要对体育教学方法、组织形式和手段进行科学选用。

(4) 体育教学评价

依据体育教学目标制定标准，运用有效评价技术手段测定与衡量、分析与比较体育教学活动过程及其结果，并进行价值判断的过程就是体育教学评价。促进体育教学质量的提高及学生的全面发展是体育教学评价的主要目的。

作为体育教学的一个重要因素，体育教学评价与教学目标、教师等因素的关系非常密切，一般体育教学评价指标由教师根据教学目标制定。

(二) 高校体育教学的原理

高校体育教学的主体内容是体育运动项目，因此在高校体育教学内容设计中，必须重视不同项目的教学，并在具体项目教学原理中融入运动兴趣与情感体验，从而通过科学的教学原理更好地解释学生在运动技能形成与发展过程中的不懈追求和个体本能生物价值观与社会文化价值观的融合。

高校体育教学原理既有理论层面的原理，又有实践操作层面的原理，具体见表1-2。

表1-2 高校体育教学原理

体育教学原理	原理内容
理论层面	兴趣、情感、习惯、观念链式循环原理
	自在趣味性强化原理
	非自在动作规范强化原理
实践操作层面	自然追求与技术理性相结合原理
	练习与强化相依关系原理
	练习的适宜难度负荷原理

表1—2中，实践操作层面的练习与强化相依关系原理的机制与作用如图1—2所示。依据这一原理设计运动技术的练习，可促进体育教学与训练效益的提高。

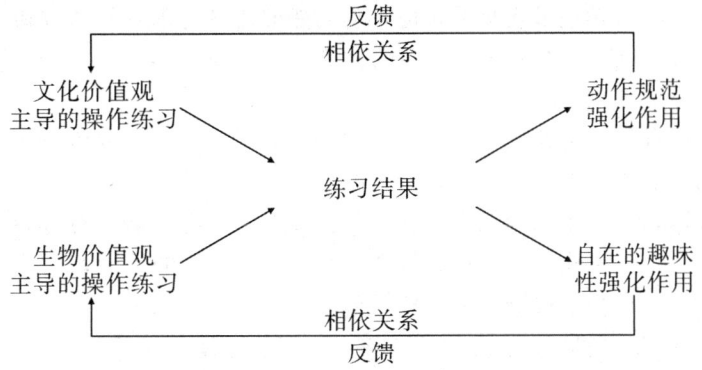

图1—2 实践操作层面的练习与强化相依关系原理的机制与作用

不管是理论层面的教学原理，还是实践操作层面的教学原理，它们都是在运动项目进化的价值观以及科学与和谐法则的基础上发挥作用的，如图1—3所示。

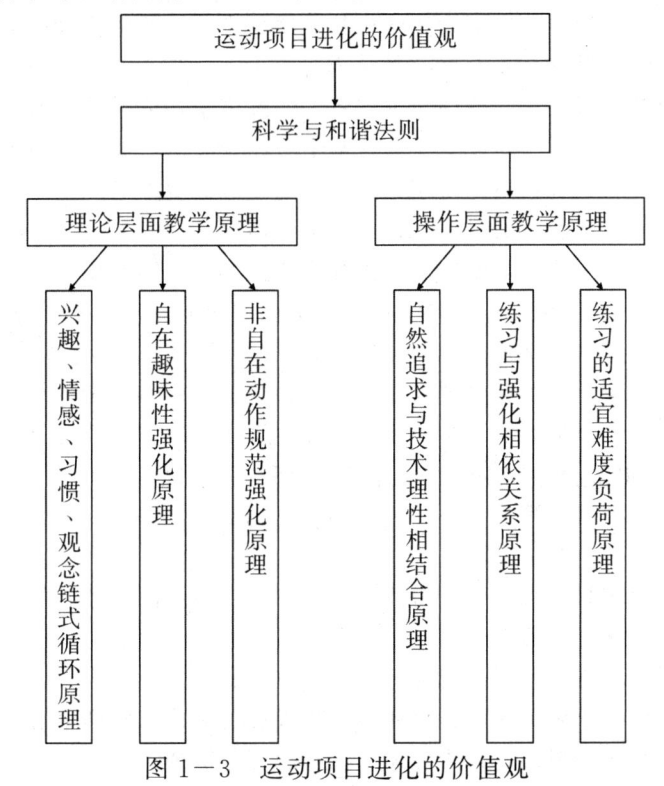

图1—3 运动项目进化的价值观

第二节 高校体育教学的特点与目标

一、高校体育教学的特点

（一）以传授体育技术、技能为主要内容，根本目的在于增强学生体质

大学生进行体育学习，主要是为了锻炼身体，增强体质，从而为更好地为建设祖国贡

献自己的力量。在体育教学内容中,丰富多样的运动项目是大学生锻炼身体的主要手段。可见,体育技术是大学生的主要学习内容,也是体育教师的主要教学内容。大学生在反复的学习与练习中,将所学技术转化为技能,从而能够通过合理有效的方法来锻炼身体。此外,体育科学知识也是大学生需要掌握的体育教学内容,目的是对身体锻炼提供科学指导。

体育技术和体育知识是高校体育教学的主要内容,一般在高校体育课程设置中,体育技术内容所占的比例要比体育理论知识所占的比例大。这是体育教学与文化课程教学在内容设置上的主要区别,文化课程以文化知识为主要教学内容,学生对这些文化知识的掌握有利于更好地从事生产实践,更好地在社会实践中发挥自己的能力;而体育课教学以技术和技能内容为主,这有利于促进大学生的身体健康成长。

(二)以肌体参与活动和教学组织的多样化为特征

在文化课教学中,学生主要通过思维活动对教学内容加以掌握,而体育课教学与文化课教学的不同在于,学生除了要动脑外,还要亲身参与活动,即除了有思维活动外,还要有肌体活动。在肌体活动中,通过肌肉感觉,中枢系统传递信息,经过大脑的分析与综合,在理性上认识体育技术、技能。大学生如果缺少必要的肌体活动,是无法掌握体育教学内容的,尤其不可能掌握技术技能类教学内容。

大学生在体育活动过程中,肌体反复受各种条件刺激,从而建立起条件反射,对体育技术加以掌握。在这个过程中,学生不但能够学习体育技术,而且能够锻炼身体,增强体质,提高健康水平。在高校体育教学中,大学生不可避免地要做一些身体活动,这有利于其身体、心理的发育和成长,有利于其保持充沛的精力。

体育教学以集体教学为主,但因为学生性别、性格、身体素质、活动能力等方面的差异,加上体育教学容易受客观环境的影响,所以组织形式必须多样,满足不同学生的需求,适应不同学生的特点,从而提高教学效果。

在高校体育教学中,体育教师要善于运用社会学、教育学、生理学、心理学等多学科知识来对体育课进行精心的组织,从而使体育教学过程与教学规律的要求相符。

(三)以对学生品德、心理品质培养的特殊作用显示其教育功能

体育运动有自己独有的特征,体育教学就是通过这些独特性对学生产生积极作用的,具体分析如下。

第一,竞赛性是体育运动的一个特点,正因为这个特点,体育教学才能够对大学生的竞争意识与竞争精神进行培养。

第二,体育具有规则性,因此能够培养大学生诚实守纪的品质。

第三,体育运动要求参与者必须克服自身生理负荷,并勇敢面对客观条件的阻力,因此有助于培养大学生勇于拼搏的意志品质与吃苦耐劳的精神。

第四,体育活动具有群体性,能够对大学生的交际能力与协作能力进行培养,同时能够引导大学生树立良好的集体主义精神与爱国主义精神。

总之,当代社会的发展要求大学生具备良好的意志品质和思想品德,体育教学在这方面的作用是举足轻重的。

在新时代,体育教学的教育功能越发鲜明和突出。当今世界正在进行新一轮技术革命,这一方面给世界各国带来了良好的发展机会,另一方面也给各国带来了艰巨的挑战。发达国家和发展中国家在某种意义上共处在一条起跑线上,技术革命对发展中的我国而言,是接近发达国家发展水平的极好机会。人才的发展可以推动科技的进步,教育是培养

人才的主要途径。只有促进中华民族整体素质的提升，我国才能在新技术革命中受益。

提高人口素质，体育是关键，体育不但能够增强人民体质，还能够培养人的思想素质。因此，在高校体育教学中，体育教师应确保体育教学的方向是正确的，从而通过体育教学更好地为实现社会主义现代化服务。体育教师只有深刻认识体育教学的特点，才能更好地组织体育教学，促进体育教学在现代化人才培养中特殊功效的充分发挥，促进体育教学质量的提高，为中华民族整体素质的提升、为培养社会主义现代化人才做出贡献。

二、高校体育教学的目标

（一）体育教学目标的概念

体育教学目标是指体育教学中师生预期达到的学习结果和标准。

（二）体育教学目标的分类

体育教学目标包括认知领域、情感领域及动作技能领域的教学目标，具体分析如下。

1. 认知领域的教学目标

认知领域的教学目标有不同的级别，如图1-4所示，这是由布卢姆等人提出来的。

评价　　最高水平
综合
分析
运用
领会
知识　　最低水平

图1-4　认知领域教学目标

布卢姆等人提出的认知领域教学目标的分类体系后来被安德森等人进行了改革，重新修订后的认知领域教学目标分类体系包括知识和认知过程两个不同的维度，它们各自有目标（表1-3）。

表1-3　认知领域教学目标的分类体系

二维分类	具体目标
知识维度	事实性知识
	概念性知识
	程序性知识
	元认知知识
认知过程维度	记忆
	理解
	运用
	分析
	评价
	创造

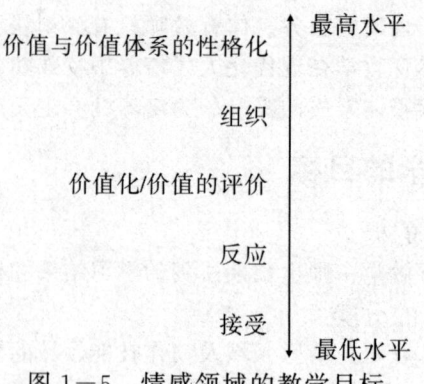

2. 情感领域的教学目标

情感领域的教学目标有五个级别，如图1-5所示，这是有关学者依据价值内化的程度划分的结果。

```
价值与价值体系的性格化    最高水平
        组织
   价值化/价值的评价
        反应
        接受              最低水平
```

图1-5 情感领域的教学目标

3. 动作技能领域的教学目标

动作技能领域的教学目标包括六个级别，按照从简单到复杂的排序如图1-6所示，这是由哈罗等人提出的观点。

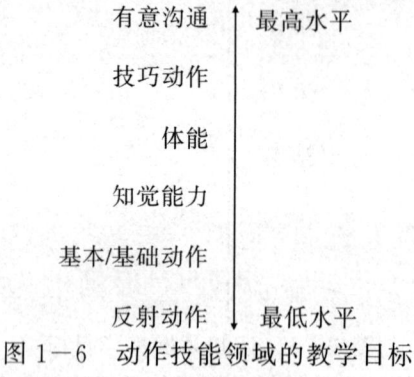

```
   有意沟通    最高水平
   技巧动作
     体能
   知觉能力
 基本/基础动作
   反射动作    最低水平
```

图1-6 动作技能领域的教学目标

（三）体育教学目标的结构

体育教学目标结构如图1-7所示，这些结构要素是分层的，是层层递进的。

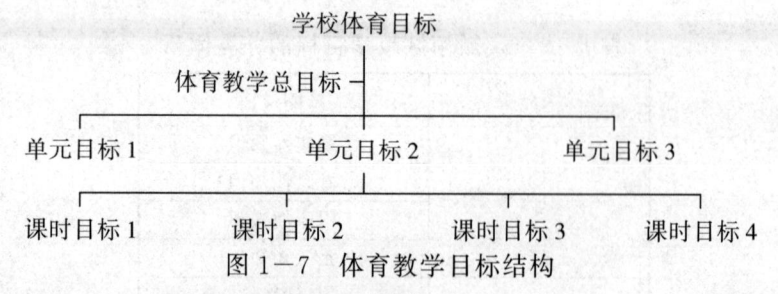

```
              学校体育目标
              体育教学总目标
     ┌────────────┼────────────┐
  单元目标1      单元目标2      单元目标3
     ┌──────┬──────┬──────┐
  课时目标1  课时目标2  课时目标3  课时目标4
```

图1-7 体育教学目标结构

下面对图1-7中的结构要素进行简要分析。

1. 学校体育目标

学校体育目标指的是学校开展体育活动在一定时期内预期达到的结果。它主要由条件目标、过程目标和效果目标三个要素组成。

制定高校体育教学目标，首先要以学校体育目标为依据，这样有助于通过体育教学目标实现学校体育目标。

2. 体育教学总目标

体育教学总目标指的是依据体育教学要求提出的体育教学预期成果,它包含以下三个方面的目标。

(1) 实质性目标

使学生对体育知识和技能加以掌握。

(2) 发展性目标

使学生身心素质得到全面锻炼和发展。

(3) 教育性目标

使学生形成正确的世界观和良好的个性品质。

3. 单元目标

单元目标指的是指导高校体育教学的重要目标,其为体育教师设计体育单元教学提供主要依据。体育单元教学目标有以下几种类型。

(1) 独立型

独立型单元教学目标如图1-8所示。

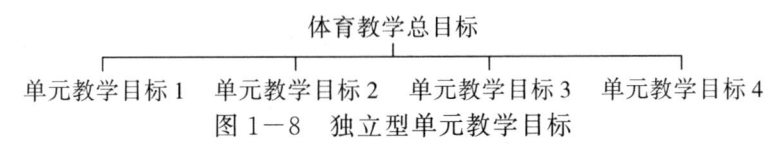

```
                体育教学总目标
    ┌───────────┬───────────┬───────────┐
单元教学目标1  单元教学目标2  单元教学目标3  单元教学目标4
```

图1-8 独立型单元教学目标

(2) 阶梯型

阶梯型单元教学目标如图1-9所示。

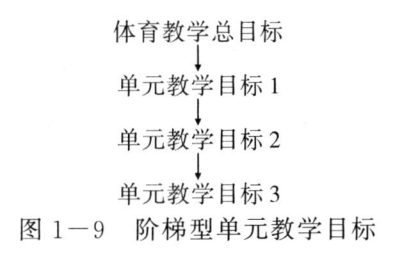

```
    体育教学总目标
         ↓
    单元教学目标1
         ↓
    单元教学目标2
         ↓
    单元教学目标3
```

图1-9 阶梯型单元教学目标

(3) 混合型

混合型单元教学目标如图1-10所示。

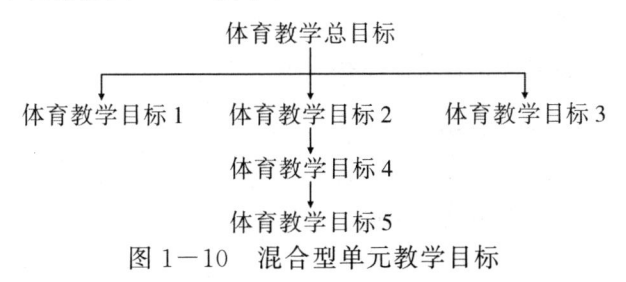

```
            体育教学总目标
    ┌───────────┬───────────┐
体育教学目标1  体育教学目标2  体育教学目标3
                  ↓
              体育教学目标4
                  ↓
              体育教学目标5
```

图1-10 混合型单元教学目标

4. 课时目标

体育课时目标指的是体育课堂教学目标,就是每节体育课的教学目标,是具体的目标。

（四）体育教学目标的制定

制定体育教学目标，需要参考一定的因素，遵循相关的要求，从而确保体育教学目标的有效性，充分发挥体育教学目标的引导作用，具体见表1－4。

表1－4 体育教学目标的制定依据与要求

体育教学目标的制定依据	体育教学目标的制定要求
体育教学目标的特点因素	分析学生的需要（学习成绩、学习能力、学习条件）
教育要求因素	分析体育教学内容
体育功能因素	注意目标间的连续性
学生需求因素	注意目标间的层次性
教学条件因素	注意要体现学生的身心健康发展的需要

（五）体育教学的效果目标

我国高校体育教学的目标是增强学生体质，提高学生身心健康水平，对学生的体育运动能力和思想品质进行培养，促进学生全面发展，成为合格的社会主义建设者。

现阶段我国高校体育教学的效果目标具体表现在以下几个方面。

①使学生身体得到全面锻炼，增强体质。

②使学生对体育教学的基本知识、应用技能等内容加以了解与掌握。

③使学生养成良好的思想品德，促进学生个性发展。

④提高学生的运动能力，为国家队培养并输送优秀的后备人才。

上述效果目标之间相互联系、相互促进，它们作为一个统一的整体不可分割，需采取有力的途径一步步落实。

三、实现体育教学目标需坚持的基本教学原则

（一）日积月累，提高身体素质

1. 含义

"日积月累，提高身体素质"原则是指在体育教学中，经常性地通过适量的技能练习、各种游戏、比赛以及"课课练"，使学生的各项身体素质得到全面发展和不断的提高。

2. 贯彻该原则的要求

①服从学生的身体发展状况来安排身体活动量。

②服从体育教学目标来安排身体活动量。

（二）因材施教，体验运动乐趣

1. 含义

在体育教学中，根据学生个性的不同、身体素质的差异，对体育课认知水平的不同，让他们在掌握运动技能和进行身体锻炼的同时，体验运动的乐趣，促使学生喜爱运动并养成参加运动的习惯，这就是"因材施教，体验运动乐趣"原则。

这一原则是依据游戏的特性和体育教学中运动情感变化的规律提出的。体育运动充满了乐趣，乐趣是体育的特质。一个运动项目从不会到熟练掌握，人们会有成功和乐趣感。

有的项目本身就妙趣横生、充满变数，使人乐此不疲。运动中同伴之间的巧妙配合也能产生许多意想不到的乐趣。有的项目锻炼过程中虽然充满了劳累、痛苦，但锻炼结束后，会让人感到一种舒畅的满足感，这是体育运动充满乐趣的表现。体育运动乐趣是人们从事以体育运动和体育比赛的重要目的，让学生体验运动乐趣是体育教学的目的之一，因此，体育教学要想方设法满足学生对运动乐趣的追求。

2. 贯彻该原则的要求

①对运动乐趣问题要正确理解和对待。
②善于从"学习策略"的角度对运动乐趣加以理解。
③将掌握运动技能与体验运动乐趣的关系处理好。
④对有利于学生体验运动乐趣的教学方法进行开发与运用。
⑤为学生获得成功的运动体验创造条件。

（三）言行规范，提高集体意识

1. 含义

"言行规范，提高集体意识"原则，是指在体育教学中，发挥运动集体的作用，将自己融入集体中，规范自己的言行，找准自己的位置，既要做好自己的工作，又要互相协助，为了集体的目标而共同努力，不断提高自己的集体意识。

体育教学主要在室外进行，受场地器材和活动范围的影响，体育的学习形式也经常以小组的形式来组织，这使得体育学习方式与集体形成存在内在的关联。因此，体育教师应在教学中注重培养学生正确的集体意识和良好的集体行为，使学生学会帮助他人、关心他人，学会参与集体活动，为学生未来走向社会打下良好基础。

2. 贯彻该原则的要求

①对体育教学活动中的集体要素进行充分挖掘。
②采用教学分组的教学组织形式。
③向学生提出共同的学习任务，使其相互帮助，相互合作。
④将"集体意识"和"发挥个性"之间的关系处理好。

（四）潜移默化，积淀运动文化

1. 含义

运动文化是包含体育知识、各种运动技能、体育运动相关媒介等各种形式、各种物化状态的内容。运动文化是构成体育课程内容的主要部分。"潜移默化，积淀运动文化"原则是指在体育教学中，通过多种方法、手段，提高学生对古今中外优秀的运动文化的认知和理解，通过对体育知识的学习和掌握以及自身的运动实践，积淀和提高学生自身运动文化的素养和水平，传承运动文化。

2. 贯彻该原则的要求

①将体育教学中的认知因素重视起来，使学生能够"学懂"。
②对有利于学生运动认知的教学方法进行开发与运用。

③对"发现式学习"和"问题解决式教学法"进行科学合理的运用。
④运用现代化工具对学生学习的积极性进行培养。
⑤创造良好的运动文化环境。

(五)防微杜渐,保证安全环境

1. 含义

所谓"防微杜渐,保证安全环境"原则,是指在体育教学中,创造和提供使学生安全地从事体育运动的环境,同时要对学生进行安全运动的教育,不断提高学生体育锻炼的安全意识和确保运动安全的能力。

体育技能教学是以角力活动、非正常体位活动、剧烈身体活动、器械上身体活动、持器械身体活动等构成的教学过程,危险因素时时存在。这就要求我们在体育课堂教学全过程中,对可预知的危险做到提前防范,对不可预知的危险做到有应对预案,为体育教学提供安全的软硬件环境,对学生进行安全运动的知识教育,把危险因素消灭在萌芽状态。

2. 贯彻该原则的要求

①在体育教学中建立安全运动的规章制度。
②防微杜渐,对所有危险因素(表1—5和表1—6)进行详细的考虑。
③制定防止伤害事故的预案。
④时刻进行安全警示。
⑤对练习内容难度进行控制,使其在学生能力范围内。
⑥学生安全员充分发挥自己的积极性。

表1—5 体育教学中可预测的危险因素

可预测的危险因素	举例
因学生身体素质差和活动内容差异导致的危险因素	(1) 不熟悉运动 (2) 力量不够 (3) 动作难度大 (4) 缺乏保护与帮助
因学生思想态度导致的危险因素	(1) 鲁莽 (2) 不听教师的建议 (3) 没有做好准备活动 (4) 着装不规范等
运动场地条件变化导致的危险因素	(1) 在破损的塑胶地绊倒 (2) 在雨雪地滑倒
因器械损坏导致的危险因素	(1) 羽毛球拍头脱落飞出 (2) 双杠折断 (3) 绳索折断等
因特殊天气导致的危险因素	(1) 酷暑天运动 (2) 严寒天运动 (3) 暴雨天运动 (4) 狂风天运动
因学生身体状况变化导致的危险因素	(1) 伤病期间勉强参加运动 (2) 女生在生理期运动

体育教学中还有一些不可预测的危险因素，也要特别注意，见表 1—6。

表 1—6 体育教学中不可预测的危险因素

不可预测的危险因素	举例
情况多变导致的危险因素	（1）球类运动的碰撞 （2）球类运动的摔伤
无法保护、帮助导致的危险因素	（1）跨栏跑 （2）球类比赛 （3）健美操比赛
各种意外导致的危险因素	（1）随机性摔伤 （2）不常见的伤害

在高校体育教学中，只有严格贯彻上述原则，才能顺利实现体育教学目标。贯彻上述教学原则，要能够以体育教学规律和体育教学的特点为依据，对体育教学进行科学设计，对体育教学的条件进行有效整合，提高体育教学效果。要在教学中将体育教学的特点体现出来，实现体育教学的功能。

第三节 高校体育教学的功能分析

高校体育教学功能指的是高校体育以其自身的特点对学生和社会施加作用后，产生的良好影响和作用。高校体育教学如果没有自身固有且独特的特点，是不会对学生和社会产生良好效应和积极影响的。然而，如果学生和社会无法接受和利用高校体育教学的功能，那么高校体育教学也就无法顺利发挥自身的功能，因而也无法产生预期的效果。体育教学之所以能够在漫长的历史上不断得到发展，而且发展成果越来越多，越来越受重视，正是因为人们认可并充分利用了学校体育的功能。

随着社会的进步和体育教学地位的不断提升，人们对体育教学功能的认识也越来越全面，越来越深入，这有利于体育教学功能在高校的进一步发挥，从而促进大学生的全面发展和社会主义物质文明和精神文明建设。

具体来说，高校体育教学的主要功能表现如下。

一、健身娱乐功能

高校体育教学的一个重要目标是教会学生合理、有效地利用身体，保护身体，从而提高身体健康水平，可以说学生的体育学习是一种利用身体同时完善身体的过程。"用进废退"的生物学规律在人体的发展中体现得非常明显，大学生只有科学合理地参加体育锻炼，才能使身体的极限效能得到充分发挥。在锻炼过程中，神经、肌肉会保持活动状态，这能够使人体运动系统和其他生理系统的功能得到有效的保障，并产生许多良好的反应。在体育教学中，学生是否可以快乐地参与其中，获得健康的身心，要看学生是否从内心深处喜欢运动，是否对此感兴趣，是否情绪高涨。

随着社会的进步和生活条件的改善，大学生的营养补充越来越全面，生活条件也得到了很好的改善，这就为其身体娱乐活动提供了良好的条件。运动与娱乐对大学生来说不可缺少，就像水和食物对原始人类来说必不可少一样。在体育教学中，学生的身体娱乐以身体活动为主要媒介，与其他娱乐方式相比，这种娱乐方式的功效更多，大学生在体育学习中进行适度的身体娱乐活动，能够达到健身与悦心的效果，从而提高身心健康水平。

二、培养竞争意识

人类生活与竞技比赛有高度的相似性，因为人类与自然、社会、对手等相关对象之间存在竞争关系，只有在不断的竞争中，人类才能更好地超越自己，完善自我，过上理想的生活。创造有利的条件来不断充实自我是竞争参与者必须重视的问题。这里的条件指的是竞争者受自己意识支配的合理竞争行为。不管是参加比赛，还是观看比赛，对人们来说都是生活中非常重要的竞争预演。我们可以客观地将运动场看作一个浓缩的现实社会，这个小社会比较特殊，但可以反映大社会的方方面面。

在运动场上，参与者可以养成良好的品质和行为习惯，依据迁移原则，这些积极的变化会有效地作用于参与者的日常行为，并产生被社会高度认可与接受的因素。运动场上有输有赢，社会生活的其他方面同样如此，只不过其他方面的输赢更多地体现在得意与失意上。胜者当然光荣，受人拥戴，但输家也不可耻，也需要人的认可与尊重。不仅是运动员，包括大学生在内的所有群体都应该养成胜不骄、败不馁、顽强拼搏，勇于进取的良好品质。

体育运动讲究公平竞争，从这一点来看，体育教学有助于大学生良好的竞争意识的培养。顾拜旦是现代奥林匹克运动的创始人和奠基人，他并不是竞技家，而是一位伟大的教育家，他曾积极地将英国的竞技体育制度宣传给法国人民。通过奥林匹克运动，他有机地融合了体育与文化教育。在《奥林匹克宪章》中有这样一段话："奥林匹克主义是将身、心和精神方面的各种品质均衡地结合起来，并使之提高的一种人生哲学。奥林匹克主义所要开创的人生道路是以奋斗中所体验到的乐趣、优秀榜样的教育作用和对一般伦理基本原则的尊重为基础的。"[①] 可见，奥林匹克运动的重要教育价值是其发展到今天并产生深远而广泛影响的关键。

竞技运动是高校体育教学的重要内容，通过相关内容的传授，可以教育大学生不断超越自我，不断完善自我，树立良好的竞争意识，这方面的教育意义远比让大学生在竞技比赛中夺冠重要。

三、发展适应能力

现代社会中，竞争越来越激烈，人们的生活压力越来越大，适者生存的观念已经深入人心，因此大学生必须具备良好的社会适应能力，从而更好地立足于社会。体育教学在对培养个体适应能力方面具有重要的作用。社会适应能力是个广泛的概念，对不同的人有不同的侧重，但大学生只有具备全面的个人适应能力，才能保证自己更好地适应社会环境的变化，这里的全面具体指身体、心理、情感、道德等方面，缺一不可。

体育教学贯彻"以人为本"的理念，对学生的兴趣爱好充分予以尊重，这样的教育活动有利于培养与提高大学生的适应能力。

---

① 国际奥林匹克委员会. 奥林匹克宪章 [M]. 奥林匹克出版社，2019.

四、改变行为

体育教学可以提高大学生的适应能力，由此可积极影响大学生的行为，使其行为产生有益的变化。体育教学中很多活动与行为都合乎社会要求，所以很容易被社会认可和接受，相反，那些与社会要求不符的行为就得不到社会的接受，而且会遭到阻止。合乎社会要求的体育活动对大学生来说非常有价值，能够使大学生不断调整自己的行为，不断向社会道德准则和行为规范靠近。

体育教学还有利于培养大学生的智力，发挥大学生的聪明才智，使大学生有想法、有干劲、有创新，并使大学生的行为更加机智、勇猛。

五、改造经验

经验对于每个人来说都非常重要，生活中处处可以积累经验，而且处处离不开经验。随着经验的积累，人们会获得更好的生活能力。人的经验是丰富多样的，对于参与体育学习的大学生来说，除了读、写、说、算方面的经验，还需要具备多方面的专门经验，具体表现在以下几个方面。

（一）动作经验

坐、立、行、举手投足等都是最简单的动作经验，判断距离、判断速度、判断时间等是比较复杂的动作经验，这些都是大学生在体育教学中需要具备的经验。除此之外，大学生还需要具备应付突发事件的能力，而这些经验与能力可以在体育教学中获得，也就是说，体育教学活动可以培养大学生这些方面的能力，使大学生获得相关的动作经验，从而更好地参与体育锻炼。

（二）品格经验

品格经验在体育运动中至关重要，参与者只有公平竞争、信守诺言、服从法规制度、协调合作，才会受到社会群体的认可，如果不具备这些社会品质，常常会遭到排斥。

（三）情绪经验

现代社会是文明社会，社会个体不能用野蛮方式来发泄自己的不良情绪，否则会对社会的秩序与和谐造成影响。而体育教学有助于让大学生学会调节自己的情绪，保持良好的心理状态。

任何学生都必须具备上述品性和经验，这是必备素质。体育教学属于综合性教育，同时也是非常重要的生活教育手段，能够积极影响与改变大学生的情绪、心智、行为、品性等，使大学生获得更加全面的发展。

第二章 高校体育教学的发展情况分析

体育教学现已成为高校教育教学中的重要内容，它在增进学生身心健康，增强学生体质，提高学生社会适应能力等方面有着非常重要的作用，并且其在高校教学中的地位与日俱增。本章就高校体育教学的发展情况进行分析，内容包括高校体育教学的发展背景、发展现状与问题以及发展趋势。

第一节 高校体育教学的发展背景分析

一、社会的不断进步

体育教学的不断发展和进步离不开社会这一非常重要的因素，而在现代高校体育教学不断发展和革新过程中，社会的不断进步是其不可缺少的现实背景。

高校体育教学发展的社会背景特征主要从以下几个方向体现出来。

（一）社会背景促使体育教学受到更多的关注和重视

从20世纪60－70年代开始，体育教学作为一个社会事业被越来越多的人所认可，对于体育教学，人们给予了更多的关注和重视，这也使得更多的人认为，体育教师应负责对体育教育实践进行安排和实施，并且还要不断地修正和反省他们在教学实践中的行为，以促使体育教学能够始终坚持正确的方向，将体育教学实践中的一些负面影响最大限度地减少，也正是因为这种责任兑现的方式使得体育教学受到更高的重视，在一定程度上也促使体育教学提高了教学效果。

（二）在经济快速发展中体育设施逐步改善

自从实施改革开放之后，我国的社会经济取得了飞速的提高和发展，我国的体育教学发展正是由于社会经济水平的快速提高而获得了更加强大、雄厚的经济基础。

当前，在学校体育设施建设方面，我国的投入力度不断增加，将更多的资金投入到体育场馆、体育设施的建设之中，这使得以往体育教学缺少体育器材、没有运动场地的情况得到一定程度的改善，这也在很大程度上使得体育教学内容得到了更好的丰富和完善。

近些年来，在高校体育教学中，所开展的体育项目数量不断增加，这使得学生参与体育课程学习的热情得到了很好的激发，使得高校体育教学质量得到了很大程度的提高。

（三）体育教育因社会新问题的出现而获得发展

1. 社会"文明病"的出现

目前，人类已经进入物质文明高速发展的阶段。现代的社会文明给人们带来舒适享受的同时，也对人类的身心健康发展造成了诸多不利的影响。

例如，随着人们社会生活水平和生活质量的提高，使得人们在日常生活饮食方面，摄入了太多的高蛋白、过多的动物脂肪和糖类物质，这无疑大大增加了高血脂、冠心病、高血糖等疾病的患病率；此外，社会生产力水平的大大提高，使得人们以往以体力为主的劳动方式得到了大大改变，体力活动大大减少，使得人们难以从中获得身体方面的充分有效的锻炼，导致人们身体机能的整体水平不断下降。

正是因为这些社会"文明病"的出现以及人们追求健康意识的不断增强，越来越多的人开始重视体育教学的重要性，体育教学任务的重要性和艰巨性也随之增加。

2. 人们心理压力的不断增大

在自然中，优胜劣汰是一条不变的定律，这一自然规律对社会的发展也同样有着一定的影响。每一个领域的竞争变得越来越激烈，生活节奏也在不断加快，这也使得人们所承受的心理压力日益增大。

如今，学生课业负担越来越重，独生子女不断增多等不同方面的社会问题造成了一些学生患有不同程度的心理障碍，如情绪失常、性格孤僻、意志薄弱、以自我为中心、缺少团队协作精神等。

参与体育运动，能够很好地缓解人的精神压力。因此，体育教学的良好发展能够使学生的心理问题得到一定程度的缓解，使学生的心理健康得到有效促进，越来越多的人对此有了更为清晰的认识。

二、教育事业的不断发展

在教学体系发展和改革方面，学校体育教学的不断发展和改革是其中的一个非常重要的内容，教育事业的发展也是高校体育教学发展的一个重要背景。

（一）国家不断加强教育事业的发展

教育事业在我国各项事业中居于非常重要的地位。对于我国的综合国力提高以及未来发展来说，教育事业得以稳健发展具有非常重要的意义。为了更好地推动教育事业不断向前发展，我国也采取了很多有效的措施。

《国家中长期教育改革和发展纲要（2010—2020）》指出，要对教育思想进行不断转变，对教学方法和教学内容也不断地进行实质性改革，以尽可能地避免学校教育同我国社会发展和经济建设的具体实际相脱离。

对于学校教育发展来说，其前提应当是促使国民的综合素质得以全面提高，并将全体的学生作为主体，促使学生各方面的素质得以全面提高，促使学生全面发展，与此同时，要尽可能地改善体育卫生工作，鼓励学生家长和社会积极参与学生体质健康建设。

国家颁布的一系列相关文件均强调了健康是青少年为国家和人民服务的基本前提，健康是中华民族旺盛生命力的基本体现，所以学校要保证学生能够拥有足够的课外体育活动时间以及体育课程，对于学生的体育活动场所和体育活动时间，学校和教师都不能随意占用。一系列措施的颁布实施，既能够促使我国教育事业得以有效发展，同时也能够为我国体育教学的发展和改革提供依据，正是在这种背景下，体育教学作为素质教育改革的一个重要方面，受到了人们更多的关注。

在教育大背景的影响下，体育教学工作在教学形式、教学理念、教学内容等方面都获得了重大突破，使得体育教学工作的开展更加有据可循，这也为我国体育教学的发展提供了更为强劲的推动力。

（二）新生事物促使教育改革发展

现代教育的改革以及不断深入，出现了一些新的教学方法、教学思想、教学设施设备以及课程计划等，对于这些新的内容．都是教师所必须积极学习和掌握的。

向对这些新生事物，一方面教师要不断地更新自身的知识结构，从情感以及技能方面对这些事物进行积极适应，另一方面教师还要针对这些新生事物进行积极探讨，并做出客观的评价。面对上述这些方面的压力，教师必须要坚持教学研究，这便是动因。

（三）自主权为教学提供现实基础

学校和教师在面对课程方面的问题时具有很大的责任以及更多的自主权，这也是进行现代教育改革的一个非常重要的方面。

自主权的存在，为教师开展教学研究提供了非常重要的现实基础，能够更好地促使教师探讨和研究教学问题。

（四）专业化促进教育更精进

这些年来，在教育界中，教学专业化问题受到更多的关注和重视。

对于这一问题，人们进行了讨论和争辩，这也使得大多数人相信并认同，依据专业并不是教师的全部，但在很大程度上能够体现出教师是一个理智的人，而并不是一个简单的工具，对教育过程、教育结果、教育情境进行深入的理解和把握是教师专业生活中的非常重要的内容。

这种理解和把握，每一个教师都有其自身的途径，并且各不相同，但教师通过对教育教学进行深入研究，使得这种理解和把握更加可靠。

三、体育事业的不断发展

体育事业的发展同高校体育的发展和改革有着非常密切的关系，促使高校体育得以有效开展，为体育事业的发展提供更多优秀的体育人才，以更好地促进体育事业向前不断发展，最终在全国范围内营造一个浓厚的运动氛围。同时，良好的体育氛围，能够促使高校体育始终处在一个可持续发展的模式，并最终促使两者进入良性循环。

由此可知，体育事业的不断繁荣与发展是学校体育改革与发展的一项重要现实背景。

从 20 世纪 80 年代开始，我国体育事业在政治和经济政策转变的影响下，开始从低谷中走出来，竞技体育也逐渐进入世界强国之列，与此同时，群众体育也获得了非常大的发展。

《全民健身计划纲要》指出，全民健身计划应以全国人民为实施对象，将儿童和青少年作为重点，为了顺利实施全民健身计划应尽可能地创造有利的条件，以更好地落实解决好学校体育中的场地问题、经费问题、师资问题等。这一纲要的提出为发展学校体育提供了强有力的后盾。2008 年北京奥运会的成功举办使得我国的体育事业发展得到了很大程度的推动，使得国民对体育事业的关注和热情得到极大的激发。

我国运动健儿在为祖国取得优异成绩的同时，也使得广大人民群众的体育兴趣得到加强并对诸多体育运动项目产生浓烈的兴趣。

伴随着我国经济的蓬勃发展，我国的体育产业也开始呈现出快速发展的态势，这也使得对体育人才的需求进一步扩大，以上这些因素的影响使得我国体育教学的发展和改革得以进一步深入，使得体育事业的发展需要得到一定程度的满足。

通过上述对社会背景、教育背景和体育背景进行分析可知，我国高校体育教学的发展有着独特的现实背景。所以，只有对高校体育教学进行不断的改革，促使体育教学得以不断向前发展,才能使体育教学的作用得到最大限度的发挥。

第二节 高校体育教学的发展现状与问题

一、高校体育教学的发展现状

在过去传统教育理念的影响下,高校体育的发展一直都是突出内涵,而对其外延的发展予以忽略,注重提高质量但对于结构的优化缺乏关注。在计划经济影响下,高校教育形成了一个比较封闭的发展模式,造成了高校体育教学工作发展与改革落后于社会和高校教育发展的情况。

多年来,高校体育在教学目标方面从对增强学生体质的重视,逐渐转变为对育人的重视。但在面对德、智、体三者关系时,高校体育的"育人"目标,在教学实践中表现为增强体质,但缺乏具体内容,教师与学生难以把握其具体目标。

我国高校体育教学在传统体育教育思想的长期影响下,一方面,对"三基"(基本知识、基本技术、基本技能)的培养比较重视,对学生的体育能力培养予以忽略,从教学方法、指导思想和教学体系等方面并没有进行明确的指导以及提出具体的要求来对学生的体育能力进行培养。另一方面,在体育教学实践中,科学的培养手段和方法比较缺乏。就目前来看,有效、科学的锻炼方法是高校体育教学工作特别薄弱的一个环节。

在培养学生的能力方面,课程建设从中发挥了非常重要的作用。目前,对我国高校体育课程来说,以竞技体育项目为主要内容的传统体系依然是占主导地位,课程设置的方向同终身体育观、全面推行学分制的具体要求不相符合。

与此同时,在体育教学中,体育理论课以及电化教学的应用也是非常有限的,面对雨雪天气开展体育教学缺少有效的对策,对于不同专业的学生是否开设不同的体育课程没有进行认真研究,没有根据专业课的方向来成立各个不同的教研组实施分类教学。

在高校体育教学工作中,体育教学目标可以设定为对某项运动技术的掌握,也可以设定为更好地适应学生,注重接受轻视创造,这最终会导致高校体育教学的标准和要求大大降低,对于教学质量的提高是非常不利的,使得学生的体育能力很难达到预期的高度。

当前,高校体育教师无论是在学历层次还是知识结构方面,都同其他学科教师存在一定的差距。如今的高校体育教师大多都是在运动技术教学模式中得以培养和成长起来的,属于训练型和技术型,缺乏相应的科研能力,体育教学工作也是比较随意,一专但并不多能,不够重视除了自身专业之外的其他课程。

二、体育教学工作中的问题

我国当前正处于在变局与机遇并存的历史关头,发展进入新阶段。同其他国家进行竞争,实际上就是民族素质方面的竞争,可以理解为教育竞争。通过深入理解和认知这一理念,我国对于素质教育的价值和作用应给予充分的重视和关注。对于素质教育来说,其首要的任务就是促使学生的综合素质得到提高,在素质教育中体育是作为一项重要的内容而存在的。

因此,体育教学工作承担着增强学生体质、增进学生身心健康、促使学生得到全面发展的重要任务。我国高校体育教学虽然一直处于发展和改革的过程中,但依然存在一些问题,主要表现在以下几个方面。

（一）教学思想陈旧

在20世纪80年代以前,体育教学受到当时社会经济、政治和文化等多方面因素的影响,教学观念也主要是重视国家和社会对学生的体育需求方面,但对于学生自身的兴趣爱好和体育需求却缺乏相应的考虑。

自改革开放以来,我国对国外体育教学成功的发展经验和体育教学思想进行了多方面的学习和借鉴,并取得了比较理想的效果,但是在学习与借鉴国外成功发展经验时,也存在一定的盲目性。

因此,伴随着社会的不断发展和时代的不断进步,在高校体育教学中也要对以往陈旧的教学理念进行积极改革,促使我国高校体育教学的发展始终处在高质量发展的轨道上。

（二）教学内容单一且过度竞技化

当前,我国体育教学的内容相对单一,在很多体育项目方面,对于教学目标过于重视,然而竞技性体育项目的独立性特征非常突出,所以它们的具体训练要求也是不一样的。开设高校体育课程的主要目的就是促使学生体质不断增强,全面发展学生各方面的素质,而并不是将提高学生竞技运动成绩作为教学的全部目的。

通过对当前体育教学的内容进行详细分析可知,竞技体育运动项目在其中占有非常重要的地位,对于体育教学最终目标的实现产生了明显的阻碍。对竞技化的过度追求,必将导致对学生身体素质发展的忽略,使其教学进入了程式化训练的发展误区,最终同增强学生体质的目标南辕北辙。

（三）教学组织形式与学生及社会脱节

一般来说,高校体育教学在传统教学模式中以运动技术教学为主,在组织教学方面过于单调,同社会的发展相脱离。目前,虽然选修课的形式在很多高校中得以使用,但对于教学内容缺乏足够的创新,学生的积极性和兴趣难以得到充分的刺激和调动,在这种情况下,学生的才能难以得到有效施展,不利于体育教学。

（四）教学计划与教学评价作用较小

在高校体育教学中,教学计划及评价占据非常重要的地位。

教学计划是指对整个体育教学过程所进行的科学安排和规划。

教学评价是指对体育教学效果进行的检验。

教学计划和教学评价两者是相辅相成的,对体育教学工作的发展有着非常重要的意义。然而,在体育教学的实践过程中,教学计划常常沦为一种形式,教学评价更是因为考核标准过度突出体育成绩而陷入了"一刀切"的误区。

正常来说,在制订体育教学计划时,要结合学生的具体实际来制定,应针对学生的具体实际问题,通过教学评价做出详细有效的分析。

当今体育教学应当对学生的个体差异进行充分了解,对学生的主观努力以及进步幅度进行时刻关注,客观全面地分析与评价学生所获得的成绩,以最大限度推动我国体育教学的发展。

（五）体育教师的主导地位受到削弱

在体育教学过程中,随着教学思想的不断转变,学生的主体地位得到了极大的提升。

但是，在某种情况下，这种转变也产生了很多不利的影响，造成了体育教师的主导地位受到盲目的排斥，甚至一些人认为，可以通过将体育教师的主导地位进一步削弱，来加强学生主观能动性的发挥。很明显，这种观点是站不住脚的。

虽然在学习过程中将学生的主体地位突显出来，符合学生的认知规律，但这一过程也同体育教师的引导有着非常密切的关系，在提升学生身心发展方面，教学语言的精练到位、教学设计的有效性及科学性都发挥着非常重要的作用，同时也能够激发学生的思维更加活跃。

因此，在体育教学工作中，要重视体育教师的主导地位。将学生的主体地位同体育教师的主导地位更好地结合起来，这是促使体育老师主导地位得以加强的最佳方式。

第三节 高校体育教学的发展趋势研究

通过对高校体育教学发展现状与问题进行不断深入的认识可以发现，我国教育界和体育界都越来越重视高校体育教学工作的发展。在经过不断的探讨和研究之后，高校体育教学发展趋势也呈现出越来越多的共性，高校体育教学的对策也越来越清晰。

一、高校体育教学的发展趋势

（一）高校体育教学发展将终身体育作为指导思想

终身体育是指将体育融入人的生活，并将其伴随终身。

对于高校体育教学的发展，终身体育观念具有非常重要的意义。

①终身体育同现代社会发展潮流相符合。

②终身教育需要树立正确观念，并形成终身体育能力。

（二）课程目标的有效调整成为高校体育教学发展的重点

体育教学内容的编制依据是体育教学的课程目标，对课程目标进行合理有效的调整，可以与当前以学生为本的教育思想更为贴近，课程目标的发展趋势包括以下几点。

①重视树立学生终身体育观念。

②在人的全面发展方面要重视体育所能够发挥的作用。

③对掌握体育知识、体育方法和体育技能给予重视。

④提高学生体质，促使学生更加健康。

⑤对学生个性的发展给予鼓励。

（三）充实和更新教学内容是高校体育教学发展的突破口

在高校体育教学目标得以实现方面，体育教学内容是其中一个非常重要的因素，同时也是高校体育教学目标得以顺利实现的有效载体。要想与现代体育教学发展的需要相适应，则教学内容应当具备以下特点。

1. 通用性和民族性

对于现代高校体育教学内容来说，通用性是其主体，主要是体育教学内容的规范、统一，能够满足不同类型学生。

民族性是指在安排体育教学内容方面，纳入深受学生喜欢的、可产生浓厚兴趣的、具有鲜明地域特色的乡土体育运动项目或民族传统体育运动项目。这些体育运动项目的引入，更加容易激发学生学习的积极主动性，促使体育教学获得良好的效果。

2. 科学性和逻辑性

科学性是指体育课程教学内容的合理性，在体育教学课程设计的不同阶段均有其与之相对应的侧重点。

逻辑性是指在对体育教学内容的内部技能进行处理时，要符合学生身心发展的规律。

3. 迁移性和灵活性

所谓迁移性是指高校体育教学内容的各个部分存在密切的关联，学生在对一部分内容进行掌握之后，能够为下一部分内容的学习打下良好的基础。

灵活性就是突出以学生为本的理念，赋予学生更多的选择权利，将日常标准和模式打破，使学生在体育教学过程中拥有更多的自主权。

在体育教材方面，对这一举措进行落实，能够将各种限制打破，根据学生的具体实际需求来相应地降低体育技术的规格，对动作结构进行有效调整，使评价方法得到不断完善，从而更好地促进体育教学工作得以顺利推进，以使体育教学效果得到最大限度的优化。

4. 多样性和趣味性

多样性是指体育教学内容要具有丰富性，学生在选择方面拥有更多的空间，而不是说每一个学生要学习统一的内容。

趣味性的含义包括以下两个方面。

（1）对于学生喜欢的、感兴趣的教学内容要优先选择。

（2）对于体育教材中所介绍的锻炼价值，要积极引导学生进行认识和理解，使学生学习体育教材的兴趣得到激发，促使他们更加积极主动地参与学习。

（四）脱离学生实际的教材内容将得到改善

从整体角度出发，尽管面向的是不同的学生，但是体育教学的教材和教学内容没有十分显著的差异，在此其中，竞技体育运动项目依然占有绝大部分的比例，包含了一些专业要求高、难度系数大、重复无味的练习。

但值得注意的是，体育教材是面向学生的，并不是面向运动员的，所以体育教材要具有趣味性、实用性、健身性和娱乐性等特征，这样才能使学生多方面的需求得到满足，但这些都是目前体育教材所欠缺的东西。

体育教材无法满足学生需求这一问题，会在一定程度上降低学生的积极性，使学生表现出力不从心的状态，严重的情况下，学生会对体育失去信心，在培养学生良好体育习惯方面，这些问题的出现必然是百害而无一利的。

因此，体育教材中的内容应当与学生的根本需求相符合，删减学生不感兴趣的、与生活及未来工作无关的教学内容，适当调节教学进度，在教学的过程中潜移默化培养学生的终身体育意识。

（五）注入式和训练式的教学方法将会有效避免

体育学习相比其他方面的学习存在很大的不同，而且这种不同体现在很多方面，其中最明显的不同体现在参与体育学习的过程中，学生要对体育知识、体育原理以及体育学习方法有深入的理解，才能更为顺利地达到会做、会练的目的，此外，还需要达到育心、育体的目的。

所以，学生在体育教学的过程中，只有身心处在积极主动的状态，才能对体育有一个真正的认识和了解，才能对体育产生兴趣并热爱体育。

但目前所采用的注入式教学以及训练式教学都会迫使学生处在一种非常被动的状态，获得的教学效果有限，这也是我们需要注意的地方。

在传统的体育教学中，体育教师并没有给予学生充分的关注，对于学生采用什么样的学习方法以及学生的各方面都不是很了解。所以，要想顺利地实现以学生为主体的学习，就必须将自主学习方法作为重点，尽可能地避免采用注入式和训练式教学方法，学生在自主学习过程中能够间接地培养自身的爱好和兴趣，兴趣和爱好能够更好地促使学生进行自主学习，以此来形成一个良性循环，从而使学生对体育知识有一个更加深入的学习和掌握。

（六）达标化体育成绩考核评价方式将得以完善

在成绩达标和技评这些单一评价方式的改善方面，其前提就是对学生的差异给予充分的重视，在学习锻炼中，学生的创造性和独立性是进行这些评价的重心，所以最为合适的是考和试。

考和试的内容各占一半，考主要是将基本的体育知识和体育运动技能等作为考核和评价内容，试主要是激励学生对选择性学习进行搭档尝试，从而考核和评价学生课内外对体育知识和体育技能的自学掌握情况。

通过这种方式促使学生自身的体育水平得到更好发展。在整个教学系统中，体育教学的地位和作用越来越突显，它的作用是不可替代或不可或缺的。体育教学能够对学校教学中最不容易寻找的部分进行填补，促使学生的各项能力得以全面提升。因此，体育教学能够促使学生实现全面发展，即实现素质教育不断前行的目的。

（七）学生需要和社会需要成为建立体育教学体系的标准

在体育教学中，学生始终是主体。所以，体育教学评价制定，应将学生的发展以及社会需求的满足程度作为标准，在对体育教学体系进行建构的过程中，也要将满足学生个体发展需要和社会需要作为前提。

就现实来说，学生的个体发展需要同社会需要是辩证统一的关系，从某种程度上说，社会需要就是所有个体的需要。就拿体育来说，作为学生，就必须要具备知识、品格、能力、方法等综合素质。

因此，在促使学生全面发展方面，体育教学体系必须要能够促使学生各方面能力得到有效提高，这也是现代高校体育教学发展的重要趋势，也是当前高校体育教学的基本要求。

（八）体育教学将实现课内外与校内外教学一体化

体育教学已逐渐走向课内外与校内外教学的一体化，这一发展趋势主要体现在以下几点。

①确立大课程观。

②增进学生健康的需要。

③开发和利用课程资源。

（九）体育教学将更加重视学生健康素质的提升

①促使学生的体质健康水平得以不断提高。

②促使学生的心理发展水平得以不断提高。
③促使学士的社会适应能力得以不断提高。

（十）体育教学的选择性、层次性和区域性将更为显著
①体育课程管理体制的改革使得体育教学更加具有选择性。
②在体育教学贯彻的过程中区别对待，层次性将成为其中一个重要方法。
③体育将呈现出区域特色。

（十一）体育教学的多样化趋势将更为突显
①学生个体体育需要的多样性。
②学校体育内容更加具有多样性。
a. 各类个体健身运动项目的开设。
b. 积极开展能够对当今时代特征予以反映的运动项目。
c. 各类休闲体育项目的开设。
d. 各类民族民间体育项目的开设。
③学校体育组织形式更加具有多样性。

二、体育教学发展的对策

（一）树立新型的体育观念
①要树立为优质人才培养提供服务的观念。
②要树立终身体育的观念。

（二）确定合理的教学目标

2014年教育部颁布的《学生体质健康标准（2014年修订）》指出："我国大学体育教学的目标即通过对各运动项目理论和技能的学习，了解各运动项目的基本知识，掌握一定的各运动项目的锻炼方法与健身手段，提高学生的整体素质，增强体质，促进身心健康发展，为终身体育奠定良好的基础。"

因此，确定体育教学目标，需要做好以下几个方面。

首先，要将促使学生以心发展和社会适应能力提高作为基本的目标。

其次，要建构一个切实可行、合理的课程结构，并将多学科知识融合起来，促使学生自我锻炼意识、健康知识以及卫生习惯的养成等身心的全面发展，以真正落实"健康第一"指导思想。

（三）选择适宜的教学内容

从整体方向一来看，大部分体育教材的内容始终不变，一般来说，竞技体育项目是体育教材的主要内容，其特点往往是技术动作难度比较大，在专业素质方面的要求也非常高。在面向全体学生方面，这些教材缺乏娱乐性、趣味性、实用性和健身性，难以满足各个层次水平学生的学习和生活的需要。

最为重要的是，这些教材内容很容易使学生参与体育学习的积极性大打折扣，很难实现预期的教学目标，使得学生对体育学习和练习失去兴趣。

因此，选择的体育教材要能够促进高校学生身心健康发展，提高学生素质。这主要从以下几个方面抓起。

1. 在选择体育教学内容时，以充分提高学生心理健康为原则

选择的体育教学内容要能够使学生的自我发展需要得到满足，在参与体育运动的过程中，能使学生发挥自身的价值，并获得相应的成功体验。

2. 按社会的实际情况和需要选择教学内容

为了保证学生走出校园之后，对于学校期间所学的知识能够进行运用，要结合具体实际安排一些受限条件少，并能够被大多数人所接受的教学内容，要将学生自主选择学习的意愿充分体现出来。

重视个体差异，关注每一个学生的不同需要，保证每一个学生能够从中受益。

3. 要充分利用现代化教学手段充实教学内容

结合具体实际，体育教学要对多媒体、网络、电视等现代化教学手段给予充分利用，将科技服务教学、教学促进科技发展的原则充分体现出来。总之，根据学校的具体条件，体育教学内容要实事求是、因地制宜地选择。

（四）转变教学手段

①从传授型转变为引导型。
②从形式型转变为实效型。
③从枯燥型转变为快乐型。

（五）改善教学方法

体育教学的特点是非常独特的。在进行体育学习的过程中，必须要透彻地理解体育的原理、体育知识、体育方法，并且要理解体育的育体、育心的作用。

这就需要学生亲身参与其中，从中对体育的真谛进行发现和感悟，对运动中的乐趣进行体验，这就对体育教学方法有了更高的要求，过去的注入式和训练式教学方法很难对学生生动活泼的学习进行鼓励，学生处在被动学习的状态，脱离了教师，学生的学习效果就大打折扣，最终的效果也是微乎其微。

由于受到传统体育教学方法的限制，教师对于学生如何学习没有给予足够的重视，对于学生的个体差异以及心理认知水平，没有形成正确的认识，对于学生学习的过程和学习结果也没有制定出一个合理的考核标准。因此，为了将学生这一教学主体很好地体现出来，就应当在教学中进行大胆尝试自主探究性的学习方法，同时减少训练式和注入式等老式教学方法，通过自主学习，可以培养学生的体育特长和体育爱好，以此更好地促进学生学习的自主性，形成一个良性循环，使学生对体育知识、体育技能和体育健身方法有一个更为深刻的理解和掌握。

（六）改善教学组织管理

过去的组织体育教学总是强调学生要绝对服从教师指挥，并强调要求、目标、行动等各个方面都要达成统一。

更为严重的是，这种不切合实际的并且对学生个体差异严重忽视的"一刀切"的教学组织方法，被很多教师盲目地推崇。

事实表明，这种教师对学生的好运动性进行了扼杀，学生的体育学习兴趣和积极性大幅降低，同时也造成了很多学生出现了强烈的逆反心理，教师也更加盲目地应对，其应对就是施加更大的压制。

但是，教师的压制越明显，学生就越不服从管理，或者阳奉阴违，进入一个恶性循环

的状态，出现严重的后果。

根据以上存在的问题，体育教学组织要进行自主管理。针对过去体育教学过程中学生被过紧束缚的问题，要在体育教学中实施责任教育制度，明确学生自身行为的责任，将以人为本观念植入教师和学生心中，在课堂上给予学生更多的活动时间和活动空间，使学生更加轻松地参与教学活动，从而使学生形成良好的自我管理和自我控制习惯。

（七）改善成绩考核评价方式

①体育教学目标必须要具备整体性。
②体育教学内容必须要具备全面性。
③体育教学方法必须要具备综合性。
④体育教学的组织形式必须要具备多样性。
⑤体育教学评价必须要具备适时性。
⑥体育教学氛围必须要具备愉快性。
⑦体育教学的方针要体现，即一个突出、两个坚持、四大任务。

第一，一个突出：要突出"健康第一"的指导思想。

第二，两个坚持：一要坚持面向所有学生，提高学生自主健康意识，促使他们养成良好的健身生活方式；二要坚持把高校体育作为学校教育的重要内容，作为全民健身计划的重要基础。

第三，四大任务：一是，学生健康意识提高、学生素质得到发展、学生身心健康得到发展是对学习体育工作成功与否进行衡量的关键。二是，以体育教学为依托，包括体育课程，要教学生学会各项初级体育技能，使学生终以拥有健康的行为习惯、生活方式和锻炼的习惯。三是，通过进行体育教学来对学生的爱国主义精神和优良道德品质进行培养。四是，促进学生个性得到发展。

第三章 高校体育教学模式研究

我国的体育事业在不断加速发展,因此在体育教学当中越来越注重每一个环节的研究。体育教学模式作为高校体育教学当中一个关键部分,对其进行深入的研究有着很重要的意义,只有这样,才能将体育教学模式更好地应用到高校体育教学当中去。本章主要研究体育教学模式的基本理论,常见的体育教学模式、新型体育教学模式的构建以及体育教学模式发展方向。

第一节 体育教学模式基本理论

一、体育教学模式的概念

关于体育教学模式的界定,是从20世纪80年代才开始进行专门的探讨的。现阶段,体育教学模式的概念并未统一,其规范化程度还有待于进一步提高。在体育教学模式的研究中,许多学者对体育教学模式的定义都提出了自己的认识和观点,下面就列出几种比较具有代表性的。

杨楠认为,体育教学模式是"体现某种教学思想或规律的体育活动的策略和方式,它包括相对稳定的教学群体和教材、相对独特的教学过程和相应的教学方法体系"。

李杰凯认为,体育教学模式"是蕴涵特定的教学思想,针对特定的教学目标,在特定教学环境下实现其特定功能的有效教学活动与框架,是以简洁形式表达的体育教学思想理论和教学组织策略,是联系体育理论与体育教学实践的纽带"。

樊临虎认为,"体育教学模式是指在一定的教学思想或理论指导下,设计和组织体育教学而在实践中建立起来的各种类型体育教学活动的范型,它以简化的形式稳定地表现出来"。

毛振明认为,体育教学模式是"按照一定的体育教学理论或教学思想设计,具有相应结构和功能的体育教学理论或教学活动模型"。

综上所述,体育教学模式能够有一个初步统一或认可度较高的概念,即"体育教学思想指导,用以完成体育教学单元目标而实施的稳定性较好的教学程序就是所谓的体育教学模式"。

二、体育教学模式的结构

体育教学模式的结构就是体育教学模式所包含的因素,其主要包括教学思想、教学目标、操作程序、实现条件以及评价方式等,具体内容如下。

(一)教学思想

作为体育教学模式的灵魂,教学思想是建立体育教学模式所应具备的基本理论与思想基础。也就是说,要想建立体育教学模式,就需要有一定的理论知识对其进行科学指导,在不同理论指导下所建立起来的体育教学模式是有所差异的。例如,我国在20世纪80年代所建立起来的愉快体育与日本的快乐体育,这两种教学模式都是根据当时学生学习时的具体需求产生的,有利于学生参与学习活动的积极性和主动性的充分调动,并能够使学生通过体育教育养成终身体育的习惯。

（二）教学目标

在体育教学过程中,建立体育教学模式的目的在于更好地实现体育教学目标。如果没有体育教学目标,也就没有体育教学模式存在的必要和价值了。"体育教学模式所能够达到的教学效果是体育教师对某项教学活动在学生身上将产生的效果所作出的预先估计。"体育教学主题具体化之后就表现为体育教学目标,教学目标是体育教学模式的核心,体育教学模式的其他要素受到教学目标的影响与制约。

（三）操作程序

无论是哪一学科的教学活动,其中教学的环节（步骤）就是所谓的操作程序。在体育教学实践中,操作程序主要是指在时间层面上所展开的环节（带有逻辑性）以及各环节的具体做法等。不管是何种体育教学模式,其操作程序都具有独特性,与其他教学模式不同。操作程序并不是一成不变的,但它一定是基本的和相对稳定的。

（四）实现条件

所谓实现条件,是指体育教学模式中所采用的策略和手段,它是对操作程序的补充说明,并能够使体育教师选择合理的、正确的教学方法和策略。人力条件、物力条件和动力条件三个方面是体育教学模式中实现条件的主要内容。具体就是体育教师与学生、体育教学内容与时空以及学校的基础设施等。

（五）评价方式

不同的体育教学模式,所要完成的体育教学目标不同,而且所采用的教学程序和条件也存在差异。因此,不同的体育教学模式也具有不同的评价标准和评价方式。每一种教学模式的评价标准和评价方法都是特定的,如果使用统一的标准进行评价,就会使评价失去科学性,评价结果失去说服力。例如,与标准化评价相比,群体合作教学模式的评价标准是采用计算个人和小组合计总分的评价方式。

三、体育教学模式的特性及功能

（一）体育教学模式的特性

1. 优效性

体育教学模式的建立需要有一定的理论作为前提条件,与此同时,体育教学实践也要通过不断的修正与补充来促进体育教学模式的构建与完善。所以,提高体育教学质量,不断对体育教学过程加以改进,不断更新与完善体育教学的各个环节,避免教学资源的浪费与缺失,是完善体育教学模式的主要着眼点。从这一角度来说,体育教学模式充分体现出了其显著的优效性特点。

2. 整体性

体育教学模式对体育教学的处理是从整体上进行的,具体来说,它不仅要明确规定教学活动中的教学主体（体育教师与学生）、教学客体（教学目标、教学内容）等主要因素的地位与作用，而且还要对教学物质条件、组织形式、时空条件、师生互动关系或生生合作关系等影响体育教学活动并在教学活动中起重要作用的其他因素进行相应的说明。由此可以看出，这几乎把体育教学论体系中的基本内容都涵盖了，因此，人们也将体育教学模式称为"体育微型教学论"。

体育教学模式的整体性特征要求人们在对体育教学模式做出正确的认识及运用时，一定要将体育教师的教学风格、学生的年龄特点、体育基础特点、课程内容特点等体育教学模式的主要要素整体全面地确定下来并熟练把握。除此之外，教学场地条件、环境条件、教学班级人数、气候特点等一些次要要素也要列入考虑的范围内，同时还要清楚地认识到它们之间的相互关系，对各环节的相互配合、相互衔接也要表示足够的重视，从而使教学模式成为系统的教学程序。这种多部分、多要素、多环节的有机组合将体育教学整体性充分体现了出来，同时也对体育教学模式并非是多环节、多要素的简单堆积进行了说明，因此，可以说，体育教学模式是具有一定科学性的。

3. 针对性

无论何种体育教学模式，其建立都是针对体育教学实践过程中的某个具体问题或问题的某一方面进行的，针对体育教学内容、体育教学对象、体育教学环境等不同要素所形成的体育教学模式是有很大区别的。从这一点来看，体育教学模式有其特定的教学目标和使用范围，是不能包罗万象的。比如，快乐体育教学模式是与传统体育教学中的强制性教学相对立的，这种教学模式对于学练一些简单的体育活动动作是较为适合的，而对于体育复杂动作的教学则是不适合的。由此可以看出，普遍有效的可能模式或者最优的模式是不存在的。教学模式与目标往往是一对多或多对一的关系，而绝非一对一的关系。

通常来说，一种模式的目标是多种多样的，而多样化目标又可以进行主、次的划分，其中主要的目标不仅是此模式与彼模式相区别的主要特征之一，同时也是人们有针对性地选用模式的一个重要依据。比如，启发式教学模式与快乐体育教学模式中都有发展学生技能、运动参与、情感方面等目标，但是，这些方面的主要目标并不是一样的，而是有一定的差异性的。具体来说，开启学生的学习智力，使学生的运动思维得到有效的发展，从而对运动技能的学习与掌握产生积极有利的影响，是启发式教学模式的主要目标；而使学生在学练一些较为简单的体育活动动作中体验运动的乐趣，并创造性地组合一些简单的动作，体验运动成功的感觉，使其自信心有所增加，则是快乐体育教学模式的主要教学目标。

4. 简洁概括性

体育教学模式并非是"复写"体育教学活动，而是在能将自己的个性充分显示出来的基础上，将教学目标、教学方法、组织形式等某一教学活动中的不重要因素省去，从理论高度简明系统地将模式自身反映出来。由此可以看出，它是对某一理论的浓缩，对实践的精简，表现出一定的简洁性与概括性。一定的体育教学模式能够将特定的体育教学思想充分反映出来，而且会在一定程度上简化教学模式的各环节，通过教学程序的方式将其展现出来，充分体现出了体育教学模式显著的简洁概括性特征。

教学模式的概括性主要体现在教学模式的表现形式、表现内容和表现种类等方面。具体来说，每一个方面的概括性都有着不同的特点，具体如下。

①表现形式的概括性，就是用较少的笔墨、少许的线条、符号或图表就能够将整个教学模式大致反映出来。

②表现内容的概括性，就是浓缩、提炼单元体育教学活动的理论或实践。

③表现种类的概括性，就是把具有共同特征的模式归结为一类，从而达到将某一体育教学模式的教学目标更明确地表达出来的目的，也可以在体育教学实践中使体育教师对体育教学模式有更加明了的理解与选择，从而使对多种体育教学模式产生相互混淆的现象得到有效避免。

5. 可操作性

这里所说的可操作性主要包括两个方面的内容。

一方面，体育教学模式易被教师模仿。究其原因，主要是由于教学模式不仅是教学理论的操作化，同时还是教学实践的概括化。体育教学活动在时间上的开展以及每一教学步骤的具体做法都需要教学模式提供相应的逻辑结构与思维，也即操作程序。这样，教师在教学中应该先做什么，再做什么，最后做什么，就非常有条理，操作性较强。

另一方面，体育教学模式的操作程序是处于基本稳定状态的，究其原因，主要在于体育教学活动的特殊性、复杂性以及影响体育教学的主要因素不能受到精确控制。关于此，比较具有代表性的是魏书生创立的"六阶段教学论"，虽然从总体上看，教学是按照"提出教学要求→组织学生自学→师生讨论启发→开展实践运用→及时做出评价→系统总结"这样的程序进行的；运动技能类教学模式是按照"教师的示范讲解→动作分解教学→学生初步练习→纠正错误动作→再次练习→动作部分的结合练习→纠正错误动作→完整动作练习→强化练习、过渡练习→掌握动作"这样的程序进行的，而且教学程序不可逆转，但是，其中某些步骤可以以教学实际情况为主要依据进行压缩、省略和重叠。这充分体现了体育教学模式的可操作性特征。

虽然体育教学模式具有较强的针对性，但在不同条件与环境下开展体育教学，其产生的体育教学模式也表现出一定的差异性，也会因不同的教学指导思想和理论而表现出一定的差异性。但是一旦确立了某种体育教学模式，就可以代表一定的教学思想和理念，也就表明某一特定的条件下的具体操作的稳定性和可模仿性，具体相同的理念和外在条件，便可以容易地被体育教师所模仿，这就是体育教学模式的稳定性特点。需要注意的是，随着时代的变迁，指导思想与外在条件等发生质的变化，这就要求适当调整和变更体育教学模式。由此可以看出，体育教学模式的稳定性并不是绝对的，而是相对的。

（二）体育教学模式的功能

1. 预测功能

体育教学模式是以体育教学活动中的内在规律与逻辑关系为基础的，因此，它有利于准确地对体育教学进程和结果做出判断，即使不能准确判断，也能对体育教学进程和结果进行合理估计，甚至可以建立教学结果假说。通常以某种教学模式内在与本质的规律及其现象为主要依据，来对该模式进行预测。例如，快乐体育教学模式下，既要注重学生在学习过程中的学习体验，也要使学生对运动技能加以掌握，从而为学生的终身体育打下良好基础。这种模式的预测功能主要体现为以下两个方面。

一方面，如果在教学过程中没有达到预期的教学目标，说明实际与预测存在一定的差距，需要进行合理、正确地调整。

另一方面，如果在教学过程中达到了预期的教学目标，说明与事先的预测是相吻合的，证明理论与实践是相统一的。

2. 简化功能

体育教学活动有着较为显著的特殊性和复杂性的特征，因此，要想取得较为理想的处理这种特殊性和复杂性的效果，除了需要人们的思辨和文字的处理方式外，还需要其他一些简单明了的方式。体育教学结构能够反映出各环节各要素的关系，除此之外，也能够将其组织结构和流程框架反映出来，这种结构的主要特点在于注重原则、原理，而且也较为重视行为技能的学习。因此，从客观的角度上来说，体育教学模式有着非常重要的作用和意义，与现代体育教学任务是相符的，具体来说，主要表现在以下三个方面。

第一，对体育知识、体育技术和体育技能的学习与掌握非常重视。

第二，对学生的学习目标和教师的设计方案非常重视。

第三，在充分反映教学理念的同时，对具体的操作策略也非常重视。

由此可以看出，体育教学模式具有较强的可操作性，其结构和机制也较为完整。另外，体育教学模式比抽象的理论更具体、简化，不仅与教学实际更为接近，而且它能够为体育教师提供基本操作框架，使教师明确具体的教学程序，因此较容易被教师理解、选用、操作与认可，受到教师的欢迎。

3. 调节与反馈功能

马克思主义唯物观认为实践是检验真理的唯一标准，因而体育教学模式是否科学也要通过实践的体育教学活动对其进行检验才能得知。体育教学模式是依据具体的教学指导思想、教学条件和教学环境来进行安排的。例如，在实际的运用过程中，如果某一种体育教学模式没有达到预先制定的教学目标，就需要具体分析教学模式操作过程中的各个环节与因素，并找出其中的利弊关系，并深入地分析其原因，提出相关对策，以使体育教学活动更加科学、合理。

4. 解释与启发功能

体育教学模式的功能和作用主要表现在通过简洁明了的方法来解释相当复杂的现象。比较常见的一种体育教学模式是发展体能教学模式，这一教学模式的建立向人们展示的是整体的框架，其中文字的解释使人能够更加深入地理解教学模式，具体来说，发展体能教学模式中所蕴含的理论知识主要体现在以下三个方面。

第一，阶段性的体能目标实施与反馈控制理论。

第二，体育教学系统地、长期地发展体能的指导思想。

第三，非智力、非体力因素参与体育活动并促进技能教学的发展理论。具体来说，体能的发展是比较枯燥的，因此，如何激发发展体能的兴趣就成为一项关键性因素，需要注意的是，这一关键因素是非智力、非体力的。

除此之外，对于整个教学活动来说，具体的某种教学模式的核心环节具有非常重要的作用和意义，其主要在教学目标的制定与教学过程实施的形成性评价中得到一定的体现。具体来说，主要包括以下五个方面。

第一，预先进行体能测验，实施诊断性评价。

第二，以学生的身体条件与身体素质的侧重点为主要依据来对教学单元进行合理地安排。

第三，有针对性地对单元中诸体能目标进行练习并力争达成目标。

第四，对学习效果进行总结，实施总结性评价。

第五，以评价的结果为主要依据来使矫正措施得以实施。

第二节 高校常见体育教学模式

由于体育教师各具特点，再加上学生的实际情况也有所不同，因此在高校体育教学过程中，所采用的体育教学模式也是千差万别，各有侧重。下面主要分析几种高校常见的体育教学模式，主要从建立背景、指导思想、操作程序以及存在的优缺点等方面展开。

一、小群体体育教学模式

（一）建立背景

小群体的学习形式来源于日本的"小集团学习"理论。小群体体育教学模式是指在体育教学中，教师通过对小组教学形式的运用，将学生分为几个不同的学习小组，教师指导学习小组进行学习，各小组之间与同组的学生之间通过互动、互助、互争，以此来不断促进学生学习的主动性，从而提高教学效率的一种教学模式。小集团学习法起初是在其他学科中产生的，到了20世纪50年代开始应用于体育教学中。这种模式在高校体育教学中的运用不仅取得了较为理想的效果，还进一步促进了高校体育教学的发展和完善。

（二）指导思想

小群体体育教学模式的主要指导思想是在遵循体育学习机体发展和发挥教育作用的规律的基础上，通过高校体育教学中的集体因素和学生间交流的社会性作用，促进学生交往，提高学生的社会性，此外，在运用这种模式的过程中，还要注意培养学生的自主学习能力，并要适应学生的个体差异表现。概而言之，小群体教学模式的指导思想具体体现为以下四个方面。

第一，有针对性地培养学生的良好品质。

第二，强调集中注意力，并要求学生相互帮助、团结，以有效地提高组内的竞争力。

第三，通过教导学生相互帮助、合理竞争，从而促进学生的身心健康和提高其社会适应能力。

第四，要在条件基本均等的情况下，使组与组之间的学生合理竞技，从而激发学生学习的兴趣，提高学习的效果。

（三）操作程序

小群体体育教学模式的操作程序如图3—1所示。

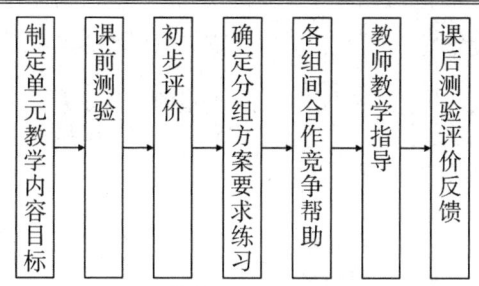

制定单元教学内容目标 → 课前测验 → 初步评价 → 确定分组方案要求练习 → 各组间合作竞争帮助 → 教师教学指导 → 课后测验评价反馈

图3-1 小群体体育教学模式的操作程序

（四）主要优缺点

1. 优点

①小群体教学侧重于培养学生的团结性，有利于充分调动学生学习的积极性和竞争性，也有利于培养和提高学生的社会适应能力。

②通过小群体教学，既可以提高组内团队间的合作能力，又可以提高团队与其他团队间的竞争能力，增强学生的竞争意识。

2. 缺点

由于小群体体育教学模式更注重培养学生的社会适应能力，可能导致在教学中将大量的时间消耗在这一方面，从而使得学生对教学内容的学习时间相对减少。

二、主动性体育教学模式

（一）建立背景

在现代教育中，学生是整个教学活动的主体，所以主动性体育教学模式能更好地引导学生通过思考、体验来进行交流和合作，从而进一步发展自身的社会技能、社会情感以及创造能力。在高校体育教学中，要想取得较为理想的教学效果，必须要有良好的课堂环境和氛围作为保证。因此，主动性体育教学模式在这样的环境和需求下应运而生。

（二）指导思想

主动性体育教学模式的指导思想主要包括以下四个方面。一是培养学生的参与能力。只有使学生参与到教学活动中来，才能有机会使学生的主动性得到进一步发展。二是培养学生的教学能力。引导学生站在教师的角度上去思考问题，有利于提升学生的教学能力和主动性。三是培养学生的合作精神。要使学生认识到团队合作的重要性，培养学生的团结合作精神，同时还可创造出理解、尊重、宽容、信任、合作、民主的课堂氛围。四是培养学生的创新意识。要想发展就必须进行创新，教师应根据教学实际和学生的具体情况，有针对性地培养学生的创新意识和创造能力。

（三）操作程序

主动性体育教学模式的操作程序如图3-2所示。

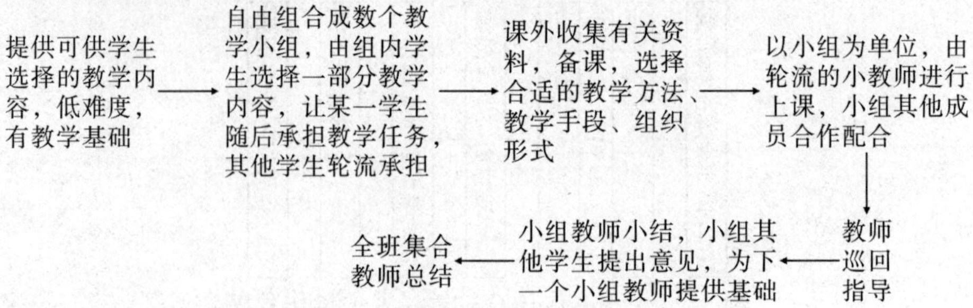

提供可供学生选择的教学内容，低难度，有教学基础 → 自由组合成数个教学小组，由组内学生选择一部分教学内容，让某一学生随后承担教学任务，其他学生轮流承担 → 课外收集有关资料，备课，选择合适的教学方法、教学手段、组织形式 → 以小组为单位，由轮流的小教师进行上课，小组其他成员合作配合 ↓ 教师巡回指导 ← 小组教师小结，小组其他学生提出意见，为下一个小组教师提供基础 → 全班集合教师总结

图 3-2　主动性体育教学模式的操作程序

（四）主要优缺点

1. 优点

①体育教学中运用主体性体育教学模式能够实事求是、有针对性地发展学生的主体意识。

②有利于提高和发展学生的学习主动性和自我学习能力。

2. 缺点

主动性体育教学模式要求学生有一定的自觉性基础并且要求学生具有自我设计教学计划、教学方法、教学手段、组织措施的能力，更要求学生的自学能力要强，否则，运用主动性体育教学模式就不会取得理想的效果。

三、发现式体育教学模式

（一）建立背景

发现式体育教学模式是指通过体育教师的指导，学生能够独立地研究和发现事实与问题，从而可以更加深刻地掌握相关原理和知识的一种教学模式。这种教学模式主要强调学生的直觉思维、内在的学习动机以及教学过程三个方面。

（二）指导思想

发现式体育教学模式是教师通过适当地对学生进行引导，让他们运用主观思维进行积极地思考、独立地发现问题并解决问题的教学方式。基于此，这种体育教学模式的指导思想就是在体育教学中通过遵循学生的认知规律来考虑教学过程，体现以学生为主体，以学生为中心的思想。具体来说，其指导思想具体包括以下六个方面。

第一，着重增强学生学习的积极性和趣味性。

第二，调动学生思维的主动性，开发学生的智力。

第三，在以学生为主体的前提下，对学生进行指导。

第四，在将答案揭晓之前，要让学生自己去探索问题的答案。

第五，对问题情境进行设置，并使学生投入教学情境中的过程更为自然，对学生的学习热情与积极性进行激发与鼓励。

第六，提高学生学习运动技能的效率，使学生更加深刻地领悟技能和知识，记忆更加牢靠。

（三）操作程序

发现式体育教学模式的操作程序如图 3-3 所示。

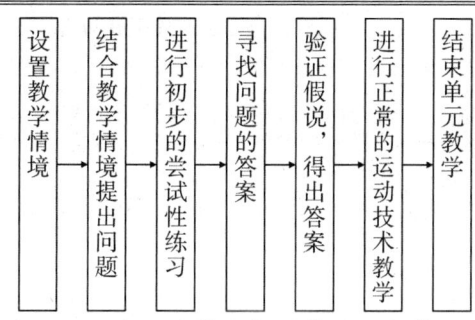

设置教学情境 → 结合教学情境提出问题 → 进行初步的尝试性练习 → 寻找问题的答案 → 验证假说，得出答案 → 进行正常的运动技术教学 → 结束单元教学

图 3-3　发现式体育教学模式的操作程序

（四）主要优缺点

1. 优点

①发现式体育教学模式既能调动学生学习的热情和积极性，又能提高学生的学习效率。

②发现式体育教学模式有利于开发学生智力，提高学生智力水平。发现式体育教学模式非常重视学生的智力发展，通过在学习过程中设置问题情境，激发学生学习的好奇心，进而提高其智力水平。

2. 缺点

①发现式体育教学模式会在问题的提出、讨论、解决等环节占用大部分的教学时间，从而使得运动技能练习与巩固的时间相对减少，因此会对学生学习和掌握运动技能的效果产生影响。

②发现式体育教学模式还会受到不稳定因素的影响，所以从教学模式的评价来看，无法在短时间内对其他教学模式进行比较。

四、选择式体育教学模式

（一）建立背景

在"健康第一"的指导思想和新课程标准的影响下，为了更好地体现以学生为主体的教学观念，现代高校体育教学中出现了选修课。选修课的出现可以使学生在体育学习过程中依据自己的喜好和需要选择适当的项目学习。由于选择式教学模式具有较高的可行性和良好的教学效果，近年来在多所学校中已普遍使用，并受到体育教育工作者的高度重视。

（二）指导思想

选择式体育教学模式可以使学生自主选择的优势得到充分体现，学生可自主选择所要学习的内容、学习进度、学习参考资料、学习伙伴、学习难度等，这样不仅能够极大地提高学生的学习积极性，同时也能够将学生学习主动性充分调动起来，从而更好地对学生的学习能力进行有效培养。

（三）操作程序

选择式体育教学模式的操作程序如图 3-4 所示。

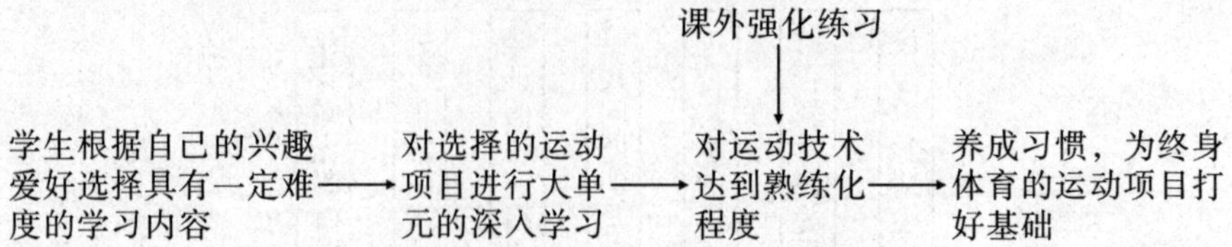

```
                              课外强化练习
                                  ↓
学生根据自己的兴趣      对选择的运动      对运动技术      养成习惯,为终身
爱好选择具有一定难 →   项目进行大单 →  达到熟练化 →    体育的运动项目打
度的学习内容           元的深入学习      程度            好基础
```

图 3-4 选择式体育教学模式的操作程序

(四) 主要优缺点

1. 优点

①学生自主选择学习内容,这不仅是学生主体地位的充分体现,而且也有利于提高学生的学习兴趣。

②由于学生可以根据自身的兴趣和需求来选择学习内容,因而能够更好地培养学生的自觉性、学习热情、学习态度、情感体验、克服困难的意志力等,同时能够增强学生的责任感。

2. 缺点

①根据目前相关教学实践来看,选择式体育教学模式虽然对有运动兴趣的学生有积极作用,但对于那些暂时还没有特别兴趣的学生,会导致他们的选择具有盲目性,也就是说,这种教学模式在目前还不适用于全体学生。

②由于受到技术难度、趣味性、运动量以及考核评价等方面的影响,学习内容可能会导致学生功利性地选择运动项目,从而使得选择内容不均等,不利于教学活动的顺利进行。

五、领会式体育教学模式

(一) 建立背景

领会式体育教学模式是在 20 世纪 80 年代由英国学者提出的。在当时,这种教学模式的运用主要是为了对球类教学的过程结构进行合理的改造,对新教程进行领会,试图通过这一教学模式对以往教学中存在的缺陷进行改正。这个缺陷主要是指为达到提高球类教学质量的目的,只对技能教学表示重视,而忽略学生对整个运动项目的认知和对运动特点的把握。

(二) 指导思想

领会式体育教学模式的指导思想主要包括以下四个方面。

第一,这种教学模式强调先尝试,后学习。

第二,这种模式强调要在尝试的过程中了解学习运动技术的重要性,进而促进学生学习主动性的提高。

第三,该模式强调先进行完整教学,然后再分解教学,在对分解后的各部分知识有所掌握后进而进行完整的尝试,从而对学习前后的效果进行对比。

第四,该模式提出竞赛是开展体育教学活动最主要的组织形式,并指出这有利于提高学生学习的积极性和实用性。

(三) 操作程序

领会式体育教学模式的操作程序如图 3-5 所示。

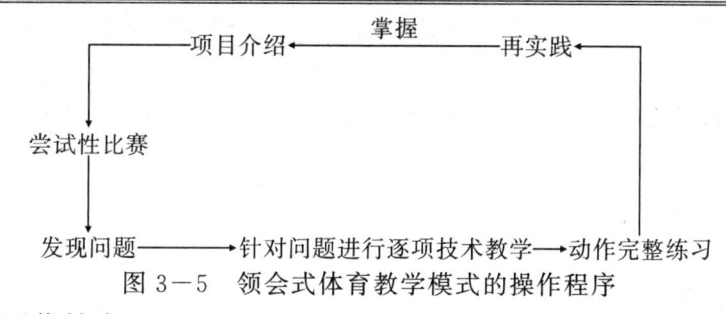

图 3-5 领会式体育教学模式的操作程序

（四）主要优缺点

1. 优点

领会式体育教学模式先让学生进行体验，得出学习正确动作的必要性的认识，然后根据学生的实际情况，由教师选择合理的教学方法，来促使学生产生强烈的学习的动机和需要，进而将学生学习的积极性调动起来，提高学习效率。

2. 缺点

在尝试性比赛中，学生因对这项运动缺乏深刻的了解，很可能会使比赛无法顺利进行。在一些尝试性的比赛中，要想避免这种情况的发生，可以适当降低难度和要求，使学生慢慢进入角色，从而使比赛过程更为有序，以此来保证常识性比赛的顺利进行。

第三节 新型体育教学模式的构建

一、新型体育教学模式构建的参考依据

新型体育教学模式的构建需要把握以下四个参考依据。

（一）参考体育教材性质

体育教学以教材为基本工具，体育教师教学、学生学习都要借助教材这一基本教学工具。体育教材也是体育教师与学生共同完成体育教学目标的内容载体。通常把体育教材分为概括性教材与分析性教材两大类，这主要是以体育教材内容的性质为依据划分的，具体分析如下。

1. 概括性教材

这一类教材中没有较难学习的运动技术需要学生掌握，对概括性教材进行讲解的主要目的是使学生对体育项目有简单的了解，培养学生体育学习的兴趣，促进学生的身心健康。学生在学习该类教材时主要是注重体验乐趣，获取快乐，所以要构建并选用快乐式教学模式、情景式教学模式以及成功式教学模式进行教学。

2. 分析性教材

这一类教材中的运动技术具有一定的难度，对这类教材进行讲解的主要目的是提高学生的自主学习能力与创新能力，促进学生体育知识与技能的增长，学生在学习该类教材时注重培养学力与创造力，所以要选择构建主动性体育教学模式、发现式教学模式以及领会式体育教学模式等进行教学。

（二）参考体育教学目标

体育教学模式构建与运用的关键是教学目标，体育教学模式需要体育教学思想与目标

为其提供活力、指明方向。体育教学思想与目标也是区分教学模式的一个标准。体育教学目标在新课程改革之后有所变化,主要涵盖了四个方面:一是提高学生运动参与能力与积极性的目标;二是促进学生身心健康的目标;三是促进学生正确掌握运动技能的目标;四是提高学生社会适应能力的目标。

上述体育教学目标要求在体育教学中要构建与选用情景体育教学模式、探究体育教学模式以及成功式教学模式等进行教学。

(三)参考体育教学对象

体育教学活动离不开学生这一教学主体,体育教学活动中,学生也是其中非常重要的一个组成部分,所以要针对不同学生的具体情况与特点来对教学模式进行构建。学生的学习阶段按年龄大致可以分为小学、中学、大学三个时期。不同学习时期,学生的身体与心理情况是有明显不同的,所以体育教学模式的构建要考虑到不同学习阶段的学生的具体情况。

学生在大学时期,主要是接受专项体育运动教学训练,适合这一时期的体育教学模式有技能性体育教学模式,同时也要发挥体能性体育教学模式的辅助作用,所以对这两种教学模式的构建极其重要。

(四)参考体育教学条件

体育教学模式不同,其相应的教学条件也会有差异。不同地区或学校的体育教学条件具有明显的复杂性与差异性。以城市和农村地区为例,由于经济水平差距大,因此在体育教学场所、设施与器材方面也有差距。针对这一情况,体育教师要实事求是,从实际出发,构建恰当的体育教学模式来完成教学目标与任务。农村学校的教学水平与条件有限,因此不适合选用对外部教学条件要求较高的小群体教学模式。

二、新型体育教学模式的构建原则

(一)坚持教学目标、内容、形式、结构与功能的统一原则

从本质上讲,新型体育教学模式的建构是处理好高校体育教学活动中形式与内容、结构与功能的关键问题。所以,体育教师应该对各类体育教学课堂结构和形式的功能与作用进行全面分析,并以教学目标和条件为依据对教学模式做出比较合理的选择。

(二)坚持统一性与多样性的统一原则

体育教学模式构建的统一性是指在构建和设计体育教学模式时,要继承长期以来我国体育教学中形成的有益教学思想和成功经验。

新型体育教学模式构建的多样性是指在开发和构建体育教学模式时应尽量实现多样化,避免单一化与程式化的不足。

(三)坚持借鉴与创新的统一原则

体育教学模式要坚持创新与借鉴的统一性。这里所说的借鉴具体是指借鉴两个方面的内容,一方面要借鉴国外的先进教学模式理论;另一方面是要借鉴国内的先进教学模式理论与成功教学经验。

随着全球化的进一步深入发展,学校体育教学也必然要受到教育全球化的影响,不对国外先进教学模式理论加以借鉴或借鉴之后缺乏创新都是故步自封的表现。因此要有机结

合创新与借鉴，这样才能运用成功的经验，吸取失败的教训，不走或少走弯路。具体来说，统一借鉴与创新，就是要以正确的体育教学思想为指导，革新原有的落后的体育教学模式，借鉴前人和他人的成功经验和理论，结合教学中的客观实际，提高体育教学的效率。

三、新型体育教学模式的构建步骤

概括地讲，新型体育教学模式的主要构建步骤如下。

第一，明确指导思想。即选择用什么教学思想作为构建模式的依据，使教学模式更突出主题思想并具有理论基础。

第二，确定构建模式的目的。即在明确指导思想的基础上，确立建构体育教学模式所达到的目的。

第三，寻找典型经验。即在完成第一步的基础上，通过调查研究，寻找恰当的典型经验或原型作为教学案例，案例要符合模式构建思想与目的。

第四，抓住基本特征。即运用模式方法分析教学案例，对教学案例的基本特征与教学的基本过程进行概括。

第五，确定关键词语。即确定表述这一体育教学模式的关键词。

第六，简要定性表述。即对这一体育教学模式进行简要的定性表述。

第七，对照模式实施。即对照这一体育教学模式具体实践教学，进行实践检验。

第八，总结评价反馈。即通过体育教学实践验证，对实践检验的结果进行归纳总结，通过初步实践调整修正模式并反复实践以不断完善。

四、两种新型体育教学模式的构建与运用

（一）合作式体育教学模式的构建与运用

体育教学活动中，合作教学模式的运用有利于学生合作意识与能力的提高，有利于学生交往、实践及协调能力的增强，也有利于学生个性发展和终身体育意识的形成。

1. 合作体育教学模式的构建

（1）构建程序

首先，要以体育教学大纲规定的教学时间与教学内容为主要依据，对上课时间进行合理地分配与安排。通常，在体育教学活动中，体育理论知识教学占总教学时间的25%，学生体育能力培养占总教学时间的30%，体育技战术教学占总教学时间的45%。其次，体育课堂教学之前，教师要做好课堂教学计划，即教案。制定教学计划时教师要加强与学生的合作，与学生一起探讨教学方法的选用。

（2）具体实施

一是明确教学目标。体育教学过程的第一环节就是要明确教学目标，这一环节中，体育教师的口头讲解与动作示范要有机结合学生的观察体验与思考，加强师生之间的沟通与交流。二是对学生进行集体讲授。对学生进行集体授课时，体育教师要适当缩短授课时间，提高教学效率，从而留出更多的时间为下一环节（小组合作）做准备，教师要注意提高学生的学习积极性，善于运用一些新颖的问题来使学生的注意力集中到课堂中。三是加

强小组合作学习。学生的学习主体性以及学生之间的沟通与交流是小组合作环节的重点，学生要在小组合作学习中积极发表自己的意见，提高自己的主动性、积极性及创新性。四是实施阶段测验。体育教师在学生学习一个阶段后，对各个学习小组进行阶段测验，从而对学生在这一阶段的学习情况与效果有一个初步了解。五是积极反馈。在反馈阶段，体育教师要综合评价学生这一学习阶段的具体表现。学生在小组合作学习中获取的知识比较零散，系统性很差，所以教师要正确引导学生归纳所学知识，使之成为一个系统的知识体系，便于学生掌握与记忆。小组测试也是反馈的一个重要手段，通过测试反映出学生学习的不足，从而有针对性地对其进行纠正与完善。

2. 合作教学模式在体育教学中运用的注意事项

（1）更新教学观念

合作教学模式在体育教学活动中的运用要求对传统的体育教学观念进行更新，对学生的重要性进行重新认识，重视学生的主体地位，引导学生充分发挥自身的主观能动性，尊重学生的人格，在教学中加强与学生的合作交流，以学生的具体情况为依据进行教学。

（2）注重学生主体意识的培养

首先，体育教师在体育教学活动中要想方设法激发学生的思维与学习热情，然后引导学生积极发现与探索新问题、新情况，在引导过程中，注重学生自主意识和独立能力的培养。其次，教师要注重自身的引导作用，通过提问、质疑等方式，引导学生把注意力集中到课堂教学中。最后，教师主导性的发挥要以实现体育教学目标为出发点，倘若没有从教学目标出发，就谈不上学生主体性的培养。

（二）启发式体育教学模式的构建与运用

"启发式体育教学模式指的是在体育教学活动中，教师以体育教学目标、教学规律以及学生的认知水平和年龄特点为主要依据，通过采取各种教学手段来引导学生独立思考、积极主动地获取知识、解决学习问题的过程。"解决教学中出现的问题、提高体育教学的质量以及促进学生体育学习积极性的发展是体育教学模式的实质。

1. 启发式体育教学模式的构建

（1）对问题情境进行创设

体育教师在对问题情境进行创设时，要具体以体育教材的重点和学生的客观实际为依据。在创设问题情境的过程中，体育教师不仅要解决学生在学习中出现的问题，更要采取一定方法与措施来引起学生的好奇心，使其主动提出疑惑并积极思考解决疑惑，这样有利于学生学习热情的充分调动，有利于提高学生逻辑思考与客观分析及解决问题的能力。

（2）采用直观教学手段

体育教师在对学生进行启发的过程中，要尽量采用直观的教学方法手段，减少抽象概念的使用。直观手段具体是指多媒体、录像、图片等直观教具的使用，直观教学方法有利于学生学习兴趣的激发与提高，有利于学生以最为简单的方式清晰地掌握学习内容。

（3）采用多样化的练习手段

体育教师在引导学生进行练习的过程中，要以体育教学任务、目的和要求为主要依据，并要善于采取一些有助于启发教学的练习方式作为辅助学习的手段。除此之外，体育教师还可以以教材内容为依据对多样化的练习手段加以运用，以此来促进学生学习兴趣的提高，同时也能够提高学生的学习效果。

2. 启发式教学模式在体育教学中运用的注意事项

（1）对教材重点与难点有所明确

体育教材重点是学生要掌握的关键内容，教材难点是学生不容易掌握的教材内容。教师运用启发式教学模式进行教学时要以教材重点为中心，通过口头叙述、动作示范等各种教学方式来引起学生对教材重点内容的思考。体育教师也可以针对重点动作做一些生动、逼真的模仿，这样学生也能比较容易地掌握教学内容。除此之外，教师也要重视学生的身心特点、认知能力和学习基础，遵循因材施教的教学原则，使每个学生的学习效率都能得到保障。

（2）对多元评价体系进行科学构建

评价学生的学习过程或结果主要是为了总结学生的学习效果，对学生学习体育起到一种督促与激励的作用。合理的评价有利于提高学生学习的积极性和主动性。评价的实施步骤具体为：评价标准的确定→评价情境的创设→评价手段的选用→评价结果的利用。评价讲究合理，不要求过于呆板地、严格地对应标准答案，根据具体情况保留一定的评价空间。教师在对学生的学习技能做出评价的同时，也要引导学生进行自我评价或学生之间的互相评价。

第四节　体育教学模式的发展走向

一、体育教学模式创新与发展的集中点

目前常见的体育教学模式是有限的，但随着体育教学改革的不断推进和创新，还会有更多的教学模式不断出现，并且在体育教学中得到应用。而关于未来体育教学模式的发展，其发展集中点主要表现在以下三个方面。

（一）保留演绎型教学模式

教学模式形成的方法主要有由概括实践经验而成的归纳法和靠逻辑生成的演绎法两种。从一种思想或理论假设出发设计而成的一种教学模式，就是所谓的演绎教学模式，其中，20世纪50年代以后产生的教学模式大都属于这一类型。演绎教学模式是从理论假设开始的，形成于演绎，其对科学理论基础非常重视。演绎教学模式的这一特点不仅为人们自觉地利用科学理论作指导提供了一定的可能，而且还为主动设计和建构一定的教学模式来达到预期目的奠定了一定的基础。由此可以看出，演绎型的体育教学模式的发展是教学模式发展的一个重要趋势，是与教学理论的发展和研究方向相符的，因此改革中要注意保留演绎型的体育教学模式。

（二）重视学生的主体性

传统的教学模式对教师的主导作用的重视程度比较高，但其将教学过程片面地归结于教师的教，而忽略了学生的学，这就使得学生在教学过程中处于被动地位，对学生主观能动性和能力的培养产生了一定的阻碍作用。

随着以学为中心的教学理论的发展，传统意义上的师生关系有了较大程度的变化，他

们的地位和作用也有了一定的改变。"教师中心论"逐渐被"教师主导学生主体论"取代。在这种新的教学观的影响下，体育教学模式也进行了一定的改革。具体来说，主要改革趋势为由"教师中心教学模式"向"以教师主导以学生主体的教学模式"转变。教师主导学生主体的教学模式，对于学生创新能力、自学能力和探索能力的培养较为有利，能够在一定程度上调动起学生学习的能动性和积极性。除此之外，还需要强调的是，这与现代人才的培养理念是相符的，因此，可以将其作为体育教学模式的一个重要的改革方向。

（三）注重学生能力的培养

现代社会科学技术发展迅猛，知识增长迅速，终身教育的普及以及竞争压力的不断加大，都对人们的能力提出了更高的要求，单一的知识积累已经不能满足当今社会的需求。因此，在体育教学过程中，必须在教学模式上进行一定的改进，因为只有这样，才能够更好地培养学生的运动能力、创造能力、自学能力和社交能力。

另外，在普及九年义务教育初期，就已经开始强调要使学生全面发展德、智、体、美、劳，而且在越来越多的实践活动中，人们已经充分认识到了培养和提升学生综合能力的重要性。在这样的条件下，从强调知识的传授逐渐转向重视能力的培养就成为体育教学模式改革的一个重要方向，这样能够使学生在参与实践活动的同时，对自己有更加全面的认识，从而不断挖掘和培养自身的各项能力。

二、体育教学模式的发展趋势

（一）理论研究的精细化

研究体育教学理论，其目的既在于更好地指导体育教学实践，也在于对体育教学实践起到总结的作用。如果没有理论研究，又或者缺乏体育实践，那么整个体育教学就会失去意义。因此，必须将体育教学的理论研究与实践研究相结合，加强理论研究的力度与成效。具体而言，体育教学模式具有以下发展趋势。

第一，与其他理论相同的是，体育教学模式的研究必将从对一般教学模式的研究走向学科教学模式的研究，再到课堂教学模式的研究。

第二，对体育课堂教学模式的研究趋向于精细化，这包括学期教学模式、单元教学模式、课时教学模式。精细化是体育教学模式研究的必然趋势。

（二）教学目标的情意化

教学实践研究表明，智力因素和非智力因素对学生的学习活动起着非常重要的作用。现代体育教学模式的不断发展也逐渐对传统教学活动中过于强调智力因素，而忽视非智力因素的作用等状况进行了改善，并取得了良好的效果。现代体育教学模式的目标在增长学生知识，培养学生能力的同时，更加注重人格教育、品德教育、情感教育与知识教育的结合。随着人们对人本主义心理学重视，学生的情感陶冶也开始备受关注。许多高校已将情感活动作为心理活动的基础，对学生独立性、情感性和独创性进行了更加全面的培养。例如，情景式体育教学模式和快乐式体育教学模式通过问题情境的创设，提高教学过程的新奇度与趣味性，使学生的学习兴趣得到有效激发，从而产生强烈的学习动机，这种动机下学习和掌握体育知识技能带有很强的情意色彩。

（三）教学形式的综合化

体育教学形式的综合化是指体育教学模式向着课内和课外一体化方向发展。由于受到时间的限制，课内的时间不能充分培养和发展学生的运动技能与锻炼身体的习惯，这就需要在教学中安排充足的课外时间进行练习和巩固，而课内的主要任务就是学习新知识，并针对错误的动作做进一步改进。只有这样，才能使学生更加熟练地掌握运动技能，实现个体提升运动技能的自主性。但从目前情况来看，我国各高校对课外体育活动的重视程度相比于体育课本身要弱很多，有的甚至处于放任自流的状态，这对体育教学效果有着非常不利的影响。

从体育教学模式发展的角度来看，由于目前对课外体育活动的不够重视，使得有关这一方面的研究也受到了很大的影响，"课内外一体化"教学模式下。虽然设计了课内与课外相结合的教学，但在实际的运用过程中还不够成熟，也没有形成明确的操作模式。因此，目前并没有将其列入现有的体育教学模式体系中。只有当这种模式的理论与实践发展成熟后，其才能成为一种重要的体育教学模式。

（四）教学实践的现代化

随着现代教育和科技的快速发展，高校体育教育在教学手段方面也得到了很大程度的突破，各种教学实践活动越来越现代化，并逐渐实现了对传统体育教学方法的改革和创新。在现代体育教学活动中，先进技术产品和手段的运用也在很大程度上提高了体育教师的授课效率，同时进一步增强了学生的学习兴趣，调动了他们主动学习的积极性。目前，现代体育教学模式已经与现代教学技术手段相融合。

（五）评价标准的多元化

体育教学模式不同，其评价的方式也会有所差异。随着现代教育改革的不断深入，体育教学模式也发生了较为明显的变化。采用单一的评价方式将很难对某一体育教学模式的科学性做出全面、客观的反映，这就要求在体育教学评价时要采用全面的评价方式，所选择的评价指标也应该多元化。

传统的体育教学模式过于重视结果评价，而忽视对学生学习和实践过程中的评价，这就使得学生的学习兴趣、爱好、情感反应等方面都很难得到全面的体现和反馈。而现代的体育教学模式逐渐摆脱了单一的终结评价方式，开始重视学生的学习过程评价、单元评价以及学生的自我评价等。

第四章 高校体育教学模式的建构与分析应用

第一节 高校体育教学模式的建构理论与应用

一、体育教学模式的概述

任何科学研究最基础的工作是对研究对象的本质做出概括，对其内涵提出界定。体育教学模式是从教学模式派生出来的，因此，我们在研究体育教学模式的时候首先要明确教学模式的内涵，这是研究体育教学模式的逻辑起点。

（一）体育教学模式的概念界定和结构

1. 教学模式概念的界定

教学模式是按照一定原理设计的一种具有相应结构和功能的教学活动模型。它是教学过程的具体化和实际化，又是教学形式和教学方法的综合形式，但它不是具体的教学形式和教学方法。教学模式综合考虑了从理论构想到应用技术的一整套策略和方法，是设计、组织和调控教学活动的方法论体系。随着教学目标、教学内容和教学方法等方面的突破和更新，教学模式在前人成果的基础上必将会有新的发展。

（1）教学模式

教学模式一词最早是由美国学者乔伊斯和韦尔等人提出的，所以，一般认为他们是经典研究的先驱。他们认为教学模式是"试图系统地探讨教育目的、教学策略、课程设计和教材以及社会和心理理论之间的相互影响，以设法考察一系列可以使教师行为模式化的各种可供选择的范型"。受其影响，有关教学模式的研究逐渐受到了广泛重视，各种认识不断出现。

综而观之，当前国内大致有以下几种观点：结构论、过程论、策略论、方法论等，其中最有权威性的两个定义：《教育大辞典》有论，"教学模式是反映特定的教学理论逻辑轮廓的，为保持某种教学任务相对稳定而具体的教学活动结构"。《教学论新编》则曰："教学模式是在教学理论和实践的发展中形成的用以组织和实施具体教学过程的相对系统而稳定的一组策略和方法。[①]"我们观之，其相同点在于都指出了教学模式的稳定性特点，不同点在于一个定义确定教学模式是某种"结构"，另一个将其视为某种"方法"。以上各种定义虽各有千秋，但若仅抓住其中一个方面来定义教学模式，无异于削足适履，有失偏颇。因此，要揭示教学模式的本质，须从其上位概念"模式"谈起。模式的本义是"某种事物的标准形式或者使人可以照着做的标准样式"。这就是说，模式的概念涉及人的两方面行为，一是对事物的稳定的认识，二是对事物的稳定的操作。前者构成认识模式，后者构成方法模式。

---

① 陈佑清. 教学论新编 [M]. 人民教育出版社，2011.

所以，认识模式和方法模式，才应当是教学模式的两层基本含义。而在方法领域里谈模式，当然要讲那些稳定的操作结构，认识模式则要在理论领域里谈。所以，综合《教育大辞典》和《教学论新编》关于教学模式的定义，我们不妨将教学模式定义为：依据某种教学思想和教学理论而归纳提炼出的具有典型性、稳定性的教学样式，包括教学过程的结构和相应的教学方法体系。由此可见，教学模式是教学形式与方法的统一体，其中，"过程的结构"是"骨骼"，"教学方法体系"是"肌肉组织"。同时，教学模式又是一个动态的系统，其所表达和展现的是一种物化的教学观，即某种教学理论或者教学思想的具体化。

（2）体育教学模式

我们把体育教学模式的概念定义如下：体育教学模式是蕴含特定体育教学思想，针对特定体育教学目标，在特定教学环境下实现其特定功能的有效教学活动结构和框架。它是以简化形式表达的体育教学思想理论和教学组织策略，是联系体育教学理论与体育教学实践的纽带。

教学模式是对教学经验的概括和系统整理，教学实践是教学模式产生的基础，但教学模式不是已有的个别教学经验的简单呈现。教学模式不同于教学方法，它是教学方法的升华，强调了教育理论、教育思想在教学模式构建过程中的重要地位和支配作用。同时，教学模式被看作是沟通理论与实践的桥梁，既能用来指导教学实践又能为新的教学理论的诞生和发展提供支撑，在两者中起中介的作用。

根据对教学模式的认识，与其他学科教学相比，体育教学是一个比较复杂的教学过程。体育教学有其独特的因素，教与学的特点，教学内容，教学的环境条件等。它与学习过程、游戏过程、训练过程等有着密切关系，因此，认知的规律、娱乐的规律、身体锻炼的规律、技能形成的规律、集体和人际关系处理的规律、竞赛规律等都是体育教学过程中必须遵循的规律，体育教学模式必须反映这些方面的特点。所以，可以认为，体育教学模式，是依据特定的体育教学理论和体育教学规律而归纳提炼出的具有典型性、稳定性的教学样式，包括体育教学过程的结构和相应的教学方法体系。

2. 体育教学模式的结构

体育教学是一个可控的开放系统，在这个系统中包含了教学思想、教师和学生、课程教材、教法学法、场地器材及结构程序等诸多要素。体育教学模式的研究就是对体育教学活动中各要素之间组合的整体设计。系统科学整体优化原理认为：任何系统只有通过要素和结构的优化，才能实现其整体功能的优化。根据系统科学的原理和体育教学模式的概念特征，我们认为体育教学模式主要包括五个方面，分别是教学思想、教学目标、操作程序、实现条件、评价。

（1）教学思想

教学思想是教学模式赖以建立的理论或思想，是支撑教学模式这座大厦的基石。体育教学模式的构建也必须有一定的理论思想的指导，在不同的教学理论下会形成不同的教学模式。

（2）教学目标

教学模式是为了实现一定的教学目标而创立的，如果没有目标，其存在就没有任何价值。模式所能达到的教学效果是体育教师对某项教学活动在学生身上将产生的效果所作出的预先估计。教学目标是教学主题思想的进一步具体化，在体育教学模式中处于核心地位，对其他四个因素具有一定的制约作用。如体育技能教学模式的目标是以促进学生掌握体育技能的有效方式为手段，以体育教学大纲规定的技能评定项目为主要学习内容，以运动技能形成的规律为主要依据，以学生学习体育技术知识、提高体育技能为主要目标的教学模式。

（3）操作程序

操作程序即教学环节或步骤。在体育教学中主要是指在时间上展开的逻辑步骤以及每个步骤的主要做法等。任何体育教学模式都具有一套独特的操作程序，操作程序只能是基本的和相对稳定的，而不是僵化的和一成不变的。

（4）实现条件

实现条件即体育教学模式中的手段和策略，它是对操作程序的补充说明，为教师正确选择和运用合适的教学策略和方法提供合理、必要的建议。其主要内容包括人力条件、物力条件和动力条件，如学校的基础设施、教师和学生、教学内容、教学的时间和空间等诸多因素。

（5）评价

由于不同的教学模式完成的教学目标、使用的程序和条件不同，因而其使用的评价方法和评价标准也就不同。如果用统一的评价标准，那是不科学的，任何教学模式都要有自己的评价标准和方法。如群体合作教学模式评价因素不同于标准化的评价，它的评价标准是采用计算个人和小组合计总分的评价方式。

（二）体育教学模式的特点和功能

1. 体育教学模式的特点

随着体育教学理论研究和教学实践的深入开展，出现了各种各样的体育教学模式，着眼点和侧重点不同，如有的着眼于师生关系，有的着眼于教学目标，有的着眼于教学手段和方法；适用范围与条件的不同，如有的适用范围较广，有的则只适用于较特殊的教学情景。尽管体育教学模式的种类繁多，但它们都具有以下五个基本的特征。

（1）整体性

教学模式是由教学思想、教学目标、操作程序、实现条件、评价五个要素构成的有机整体，必须从整体上把握其理论原理。体育教学模式不仅仅是一种或几种教学方法的简单组合，而是体现了教学思想、教学目标相互联系的教学过程的结构。因此，体育教学模式具有整体性特征。

（2）简明性

教学模式是简化了的教学结构理论模型，一般用精练的语言、象征的图像、明确的符号表达出来，被称为"小型的教学理论"。在体育教学中，采用适当的教学模式既能使那些凌乱纷繁的实际经验理论化，又能在人的头脑中形成一个比抽象理论更为具体的、简明的框架。

（3）操作性

教学模式区别于一般教学理论的重要特点即它的可操作性。教学模式不是空洞的理论，而是便于把握和运用的具体程序。这是因为体育教学模式一方面总是从某种特定的角度和侧面来揭示教学规律，比较接近教学实际而被人们理解和操作；另一方面，它的产生并非为了思辨,而是为了便于把握和运用。教学模式在理论与实践之间搭了一座桥,充分发挥其"中介"作用。

(4) 稳定性

体育教学模式的确立,实际上标志着新型的体育教学过程结构的确立,既然是结构就必然有相当的稳定性。如果某种教学模式在不同人和不同时间运用时都需要产生大的变化,那也就说明这个教学模式还没有真正建立起来。教学模式具有稳定性,才能对它指导体育教学实践的可行性提供保证。

(5) 开放性

一种教学模式形成以后并不是就一成不变了,而是要在实际的操作过程中不断加以修正、补充、完善,使其针对性和应用性更强,因而体育教学模式具有开放性的特点,这也表明体育教学模式不能教条化、模式化,要与时俱进。

2. 体育教学模式的功能

(1) 中介功能

体育教学模式的"中介"功能是指它既是一定的体育教学指导思想、体育教学相关理论的具体体现,又能为体育教师提供具体的操作程序和操作策略,以便更有方向地开展实践活动。教学模式是教学理论研究和教学实践之间的一座桥梁。

(2) 调节与反馈功能

实践是检验真理的唯一标准,根据具体的教学条件、环境和具体的教学指导思想而安排的体育教学模式最终要受到实践的检验。如在具体的操作过程中,某种具体的教学模式并没有达到教学目标,则应对操作过程中的各环节、各因素进行具体的分析,找出其中的利弊,分析原因,从而为下一阶段的教学程序设计与实践操作打好基础。

二、体育教学模式的建构研究

近年来体育教学理论有了新的突破性进展,如何对在不同教学思想指导下的各种教学方法、教学策略进行比较、分类、剖析,选择适当的教学方法进行教学以达到教学效果的最优化成为当今体育教学改革的一个重要任务。教学改革的真谛就在于对传统教学模式的改造和对新的教学模式的寻求。建构一种教学模式需要有一定的规范和基本要求。

模式既有理论基础,又有操作方式的一种范式,从它的形成过程看,既包括了理论通往实践的具体化过程,也包括了体验通往观念的概括化过程。它为教育理论和实践构筑起了桥梁。因此,它既不同于目标和理念,也不同于一般的工作计划。它是针对特定对象和用在特定条件下设计的一种范式,因此它又具有典型性。它相对稳定但又变化多端,形成了模式多元化、多样化的局面。

(一) 新型体育教学模式的特征

近年来,由于人们对教学模式的普遍关注,在各级各类书刊、杂志上出现了各种各样的体育教学模式,有的比较成熟稳定,有的还在探索实验阶段,有的甚至只是改头换面地搬用了其他教学模式,旨在刻意杜撰属于自己的所谓"新"的教学模式,这是在教学模式过程研究中不值得提倡的。构建新型体育教学模式应以是否有利于提高教学效率,是否有利于学生素质的全面发展为目的,体现在以下几个方面的特性。

1. 新颖性、独特性

体育教学理论、教学思想是体育教学模式的灵魂，教学模式的新颖性首先体现在用先进的教育思想、教育理论为指导，采用新技术，构建新的教学结构体系。独特指某一新型的课堂教学模式具有特定的目标、条件和范围。新教学模式的建立并不是为了取代原有的教学模式，而是对原有教学模式的发展，是根据新的教学理论，为实现一定的教学目标而建立的，它不是万能的，同样具有一定的应用条件和范围。

2. 稳定性、发展性

稳定性是教学模式形成的一个重要标志，对于一个成熟的教学模式而言，都必须有相对稳定的理论框架和操作程序。课堂教学模式形成的是教与学活动中各要素之间稳定的关系和活动进程结构形式，人们无法把握变化不定的"模式"，也就不具备可行性，这种模式其实是名存实亡。但是，稳定并不是一成不变，在长期的教学实践中，每一种教学模式的形成都是一个不断发展的过程，稳定只是相对的，而不是绝对的。教学模式作为教学理论和教学实践紧密结合的产物，一经形成不断发展之势，那么所起的作用将是不可低估的。可见，新型体育教学模式只有在实践中发展完善才具有价值。

3. 多元性、灵活性

多元性、灵活性是当前教学模式研究和发展的一个主要趋势。对于不同的教学媒体具有不同的教学特性与功能，不同的教学内容、知识类型、教学对象年龄层次等都具有自身的特性。因此，在构建新型课堂教学模式时应注重统一性与灵活性相结合，建立多元的新型课堂教学模式。

（二）体育教学模式构建的基本要素

体育教学模式不同于教学方法，它具有一个相对稳定的教学结构。体育教学模式的结构是指发生在体育教学过程中构成教学的诸要素以及相互关系。这些要素在构成体育教学模式中具有不可或缺、不可替代性。一个成熟的教学模式在确保师生互动，提高教学效能的前提下，应至少包括以下几个基本要素。

1. 教学目标

体育课堂教学目标是对课堂教学中学生所发生变化的一种预设，是完成体育课堂教学任务的指南，是构成教学模式的核心因素，是进行体育课堂教学系统设计的一个重要组成部分。每一种教学模式都是为了完成某种特定的教学任务而设计、创立的。教学目标是教师对教学活动在学生身上所能产生效果的一种预期估计，是进行体育课堂教学设计、进行体育课堂教学活动的出发点和归宿。教学目标的确定在于能使活动具有明确的方向，克服教学活动中的盲目性和随意性，它制约了教学程序、实施条件等因素的作用，也是教学评价的尺度和标准。

一种先进的教学模式目标的制定应是科学合理的、具体的、可测量的，便于操作的，而不是笼统的、抽象的，教学目标应包括基础知识、基本技能、能力发展诸方面。教学目标的确立与实施不能从"单纯的生物观"出发，而忽视"长远"目标，学生的体育观念、体育意识、体育能力等素质的培养。教学目标既要考虑到学生智力因素的培养，又要考虑到学生非智力因素的培养。

2. 操作程序

成熟的教学模式都有一套相对稳定的操作程序，这是形成教学模式的本质特征之一。

操作程序详细说明教学活动的每一个逻辑步骤，以及完成该步骤所要完成的任务。由于教学过程中，教学内容的展开顺序，既要考虑到知识体系的完整性，又要照顾到学生的年龄特征，还有基本教学方法交替运用顺序。

操作程序的设置应遵循学生的认知规律和学生认知基础，首先要遵循从生理上安排负荷、安排组合教材等，从心理发展方面既要考虑智力因素，也要考虑非智力因素。其次是设计由易到难，由简到繁，由基础到综合的教学程序，既可以适合不同水平的学生，又能激发学生体育兴趣，发展学生的体育能力。

3. 实施条件

任何一种教学模式都不是万能的，有的只能适合某一类课型，有的适用于几种不同的课型。即使是同一种教学模式在具体实施过程中在教学策略上也必然存在较大的差别。教学模式的实施还与师生之间的配合有关。教学模式的实施条件一般包括教师、学生、教学内容、教学设备、教学时空的组合等因素。教学活动中，教师的教学水平、教学风格、学生的能力水平以及师生关系是实施某一教学模式、达到最佳教学效果的一个重要因素。不可迷信某一种单一的教学模式，应适当变更、调整教学模式，发挥自己的特长，为己所用。

①在教育一般原理的基础上，突出体育的学科体系和基本原理，解决体育学科的特定问题，指出教学模式的体育特色，把它和共性的教学模式区别开来。

②为教育理念和教学实践构建桥梁和中介，防止教学模式和教育思想相混淆，特别应当防止用教育思想来代替教学模式。

③教学模式应当包含一步步的操作程序，这种操作程序既有典型意义，而且又便于在同等条件下可以推广。不要把体育教学模式和特定的模式课、创优课、能干课和表演课相混淆。要注意时效，防止形式主义。

④教学模式的结构应当相对稳定，但形式应变化多端，防止模式化的倾向，为适应各学校的不同特点，应提倡教学模式的多样化和多元化。

（三）影响和制约体育教学模式建构的因素

体育教师在教学实践活动中，根据某种教学理论所揭示的教学规律和自己的理解，对教学流程进行系统的设计，有意识地或无意识地选择运用教学模式，探索体育教学改革的有效途径，同时在运用教学模式的实践中，总结出构建教学模式的原则。这些原则具有主观性，然而在一定意义上说这些原则又是教学规律的反映，对教学模式的构建具有指导作用，但从总体上来讲，教学模式的构建总是受到以下三个方面因素的影响和制约。

1. 教育观念与价值取向

教育观念与价值取向是教学的出发点，在实施某个教学时，总是在为实现某种教育观念和价值作出努力。它虽然并不构成教学模式的具体因素，但却为构建教学模式提供了指导方针。不同的哲学观点、不同的社会政治制度与意识形态、不同的传统文化背景，以及教育学、心理学包括体育科学在内的不同发展水平以及不同的历史时期对体育教育的价值有不同的理解。

2. 教学理论指导

教学是教师依据教学理论，运用适当的方法、技术，引导学生主动学习，以达成教育目标的活动。目前各种教学理论门派林立，由于体育教学的认识不尽相同，渗透到教学系统的各个要素之中，制约和规范着教学操作程序和方法。如教学中的发现法和讲授法，教师中心与学生中心等，反映了与不同的教学理论相联系的教学实践，表现出不同的操作程序和方法。

3. 教育技术与手段

现代教育技术的飞速发展，为构建新型的教学模式提供了最有力的武器。教育技术学是关于教学过程与学习资源的设计、开发、利用、管理和评价的理论与实践。它提供了优化教学的一系列方法与技术手段，使过去教学中不可能办到的事情成为现实。教育技术学成果在教学中的应用正在促进教学思想、教学内容、教学组织形式、教学方法手段的一系列变革。教育技术学成果为构建教学模式提供了可供借鉴的经验与直接使用的技术手段，同样教学模式也为了教育技术学的发展提供了实施依据，成为教育技术研究的重要内容。

三、体育教学模式的应用

（一）常见的体育教学模式介绍

1. 传统运动技能教学模式

这种教学模式是在我国体育教学领域中长期居于主导地位的一种传统体育教学模式。运动技能类教学主要沿袭了苏联教育家凯洛夫的教育思想和教学模式，遵循学生认识事物的规律，运动技能形成的规律，将教学过程细分为感知—理解—巩固—应用等几个阶段。该模式十分重视教师的主导作用，以教师为主导。

（1）指导思想

此模式的主要目标是通过运动技术的学习，达到掌握运动技能的目的。运动技术是指"能充分发挥人体机能能力，合理有效地完成动作的方法"，对于各项运动项目而言，青少年学生对它既感到新鲜，又觉得困难，因为它只是在电视或比赛中见过，但从未在日常生活中体验过的。因此作为体育教育者，应先弄清动作技术的特征及其规律，才能有效地实施教法，教给学生。学习运动技术，掌握运动技能是该模式的指导思想，它的主要理念是通过运动技术的分段学习和细化学习，使学生初步学习运动技能，并使运动技能的掌握达到自动化的程度。故运动项目的技术结构、过程及其规律便成了该教学模式的理论依据。

（2）操作程序（图4-1）

教学准备（教师提出教学任务）──→定向认知学习（教师进行讲解示范）──→分解练习 完整练习 巩固练习 应用练习──→教学结束（教师对学生做出评价）

图4-1 传统运动技能教学模式操作程序

（3）适用条件

运动技术比较复杂，学生人数较少，教学时数多，学生有一定的运动技能基础，适宜于初中以上学生使用。

2. 发现式教学模式

"发现式教学模式"是指在教师的启发诱导下，学生通过对一些事实和问题的独立探究，积极思考，发现并掌握相应的原理和结论的一种教学模式。

（1）指导思想

该类教学模式的指导思想主要遵循在体育教学中学生认知的规律来考虑教学过程体现

以学生为主体、为中心的思想。它开发学生的智力；调动学生思维的主动性、积极性；增加学生学习的趣味性；提高学生学习的有效性。

（2）操作程序（图4-2）

设置教学情景 → 结合教学情景提出问题 → 进行初步的尝试性练习 → 寻找问题的答案 → 验证假说，得出答案 → 进行正常的运动技术教学 → 结束单元教学

图4-2 发现式教学模式操作程序

（3）适用条件

①具有一定理解能力的初中以上的学生，已经掌握一定科学知识与原理，如物理学中的力学知识、运动学知识，数学中的各个变量之间的关系原理等，并应具备一定的运动能力与经验。

②教学学时要充足，最好是大单元教学学时或选项课教学。

③体育教师应具有较高的教学水平与经验，善于运用灵活的教学方法、教学组织形式等来设置问题情景，并有效解决教学问题。

3．小群体教学模式

规模较小的群体叫小群体，小群体是个人最直接、最重要的活动环境，对个人的心理意识、理想的形成、情感的获取都起到决定作用，其基本特征是成员接触的直接性——互动。

（1）指导思想

体育教学中的小群体教学模式，其基本思想是试图通过体育教学中的集体因素和学生间交流的社会性作用，促进学生交往和提高学生社会性为目的，主要依据体育学习集体发展和发挥教育作用的规律而设计的。小群体教学模式强调组内学生团结一致的精神，提高组内的竞争力，通过学生的互帮互助、合理公平的竞争，发展学生的社会适应能力、提高学生的心理健康水平。

（2）操作程序

小群体体育教学模式的简单教学程序为：教师提出要求→小集团组成→小集团学习→集团间活动→集团解散。

（3）适用条件

①学生人数适当，方便分组。

②教学条件比较好，教学器材充分，能满足教学分组需要。

③某个年级或某班级学生的合作能力与社会适应能力较差，需要在这些方面得到发展。

4．成功体育教学模式

成功体育是在"成功教育"的思想启迪下产生的一种体育教学思想。成功体育从广义上说，就是体育教育要为成功培养21世纪的建设人才服务；从狭义上讲，就是体育教育中合理运用一个与教学内容配套的、适应学生身心特点的教学方法体系，从而使学生在体育活动中获得成功的体验。

（1）指导思想

成功体育就是通过教师转变教学观念和教学方法，努力为学生创造成功的机会，使学生获得成功体验，并逐渐形成自身不断追求成功的一种教育过程。该模式的指导思想有如

下特点：
①主张让学生多体验成功，但不否认过程中的失败。
②既强调竞争的作用，也重视协同的作用。
③主张将相对的评价与绝对评价结合起来。
④主张营造温暖的集体学习氛围。
（2）操作程序（图4－3）

改造教材──→教学诊断──→设立自物目标──→超越自我──→体验成功

图4－3 成功体育教学模式操作程序

（3）适用条件
①对教学场地与器材条件要求较高。
②教学形式要采用分组教学。
③对体育教师提出较高的要求，体育教师应吃透教学内容，熟悉各种教学方法。

（二）体育教学模式的选用技巧

体育教学模式的理论研究已经达到一定的高度，但是在现实的教学过程中，许多基层的体育教师面对众多的体育教学模式，却不知道该采用哪种，由此可见这就是体育教学模式中理论与实践相脱节的重要体现，究其原因就在于体育教师已经习惯传统的教学模式，对于刚刚开发出的新的体育教学模式还不是很熟悉。下面就介绍一下目前大多数体育教师困惑的问题——如何选择教学模式。

1. 根据体育教学思想、理念来选择教学模式

体育教学思想是制定体育教学模式的灵魂，不同的体育教学思想赋予了体育教学模式生命力，使教学模式有了方向盘，也给了教学模式区别于另外一种教学模式的武器。自新课程改革以来，体育教学目标发生了一些变化，目前新课标下的体育教学目标包含了"运动参与、身体健康、运动技能、心理健康、社会适应"五个方面，根据五个目标的具体的教学思想采用不同的教学模式。

2. 根据不同的教材性质选择体育教学模式

体育教材是体育教学活动的基本工具。我们根据教材内容的不同性质，参照毛振明博士的教学内容排列理论，把体育教材内容分为两类：需要进行细致传授的教材和介绍性教材。前面一类教材应选用传统运动技能教学模式、发现式教学模式、小群体教学模式等，后一种教材内容由于不需要学习难度较大的运动技术，故了解体育项目、培养兴趣、增进健康作为该类教材的主要思想，所以可以选用快乐体育教学模式、情景体育教学模式、成功体育教学模式等，让学生通过快乐学习、成功学习体验运动的乐趣。

3. 根据不同的外部教学条件选择体育教学模式

从教学模式而言，不同的体育教学模式所选用的体育教学条件不同。体育教学条件是一个很复杂的问题，各地区学校的教学条件是不一样的，城市和农村由于经济条件的差异，学校的各种器材和场馆条件不一样，所以体育教师应该根据实际情况，因地制宜，克服困难，合理选择体育器材，并对场地进行合理布置，且运用多种教学辅助手段来实现不同的教学目标。

第二节 高校体育教学模式的创新策略研究

一、体育教学模式的创新策略分析

教学模式是在一定的教学思想或理论指导下,在特定条件和环境中,为完成体育教学任务所建立起来的、相对稳定的、各种类型的教学活动的基本结构或框架。它是教学系统和教学过程与教学方法的中介和桥梁,是教育理论向教学实践转化的途径和方式。在新课程改革的背景下,在日益提倡素质教育的今天,学校体育教学模式科学与否不仅关系到学生体质的增强和学校体育目标的实现,更是落实"健康第一"的思想和培养学生终身体育习惯的关键。本节探讨的意义在于充分吸取先进体育教学思想的前提下,分析我国当前学校体育教学模式的创新策略和方法,以期为更好地运用先进体育教学模式提供借鉴参考。

(一)体育教学模式创新的必要性

随着时代的发展,我国的教育事业也与国际接轨,与世界发展同步,形成了知识一体化的体系。高校体育教育最终的目的是为国家和社会培养一批高素质的综合型人才,不但要身体素质高,而且还要具备良好的创新意识和实践能力。

我国体育教学的传统模式,主要都是以传统的传递—接受的教学模式。这样的传统模式虽然能够让学生在有限的课堂时间里获取更多的体育方面的知识以及对体育项目技能的提升也有很大程度上的帮助,但是随着知识经济时代的发展,这种传统的体育教学模式已经无法更好地适应新时期的要求。一是没有考虑到每一位学生的个体差异性,从而导致有的学生没有达到真正的身体锻炼目的,而对于另外一些学生来说,要求显得太高;二是不能充分体现课堂的互动性,教师作为主题的课堂无法让学生很好地参与到教学环节中去,一定程度上降低了课堂的教学效率。因此,新的教学模式急需推出。

从一定程度上来讲,教学模式为教学环节制订了固定的方向,决定了以什么样的教学方式来进行课程的讲解以及学生通过什么样的方式来学习知识。这也就是说教学模式是依据一定的思想以及教学规律形成的教学固定模式。在其他课程的教学中,教学模式是一个框架结构,教师可以通过课堂中增加提问、讨论等多个环节来丰富模式。但是,体育教学有着自己的特殊性,教学模式对教学环节有着很大的制约性。

学校在社会这个整体中承担着培养全面性人才的重大使命,而体育课程在这个系统中扮演着提升学生身体素质的任务。同时,体育课程还是培养学生创新精神和实践精神的重要组成部分,学校的体育事业就是要培养德智体美全面发展的社会主义接班人。身体素质是体育素质化教育的基础。而从素质教育的核心出发,更多地培养学生的主观意识,让他们真正参与到体育教学过程中来,能够独立思考,有创新精神。在体育教学中教师和学生之间必须要通过一定的方式建立起相互信任、相互尊重的平台,教师耐心对每个体育基础一样的学生有针对性地进行体育技能和体育知识的训练,才能让每个学生都获得素质教育的机会。

(二)体育教学模式创新的改革策略分析

1. 高校体育改革的特征

传统的体育教育着重培养学生掌握体育技术的能力,近些年已逐步重视发展学生个性,树立坚强信念、抱负远大目标的培养。现代社会的要求,促使与国际发展轨道相结合,学校体育的目标任务已由培养学习技术向培养综合能力的21世纪人才方向转变。21世纪所需要的人才不仅仅是掌握专业知识更应该有很强的社会适应能力,更要学会合作互惠,协作共进,创造人生价值。

高校是培养人才的摇篮,是发展学生能力的最佳实践基地,良好的校园环境和师资力量促使学生更快更好地发展,在校园中建立社会型的发展氛围,使学生承担更多角色从而得到全面提高。共同为学生提供这个实践摇篮是学校应尽的责任,教师应在教学实践和教学模式上注重发展学生创新,发展学生主动性的特点。改革主要是针对以下几个方面:第一,确立一种规范的符合教育要求的先进教育要求,我们要将素质教育推广,坚持学生是学习的主体,将素质教育作为发展的动力;第二,针对不同学生的性格、特点采用多种教学方式,在借鉴先进教学理念的基础上注入创新性的理论开展教学,使学生在教学过程中充满乐趣;第三,积极开展业余体育活动,使学生意识到体育锻炼的优点,发挥课堂课外作用,促进学生的能力发展,尤其是让学生体会为人处事的道理。

2. 高校体育教学模式创新改革策略

(1) 明确教学目标,勇于突破传统教学思想的束缚

只有在学习过程中确定目标才能向着目标不断努力。同样,教师在教学过程中也要确立清晰的教学目标,以免在教学过程中脱离重点内容。首先,要意识到传统教学模式不利于素质教育目标的实现,所以要摒弃一些旧的理念勇于创新教学模式,使学生在一种快乐轻松的教学环境中得到发展和进步。要为现代化的教学模式引进一些适合当代大学生学习的方式,将健身性、娱乐性等多种时尚元素带进校园环境中,深入研究适合学生个性发展的策略。

(2) 注重高校体育课程结构的优化

要想实现高校体育教学的创新,必须实现高校体育课程结构的优化,在课程结构优化的过程中,我们要在注重信息知识和技能技巧的创新的同时,也要将素质教育创新作为核心内容,努力做到使学生在提高自身身体素质的同时,提高自身的综合素质,促进学生的全面发展。

(3) 注重教师素质水平的提升

要想实现高校体育教学的创新,在注重课程优化后和教学目标的制定的基础上,提升教师的业务素质水平也非常重要。因此,相关部门和领导要注重教师师资队伍的建设,要大力引入具有创新性思维、授课方式较为个性的教师,鼓励教师积极参与体育教学科研项目,培养教师的科研精神,在科研的过程中激发教师的创新能力,这样教师才能更好地在教学过程中培养学生的创新思维,实现高校体育教学模式的创新与改革。

(4) 情景式教学模式

学校体育的情景式教学模式,就是要将体育课程内容本身与现实生活中学生所熟悉的情景密切联系起来,使创设的情景成为激励学生积极探索知识的丰富源泉,在内容丰富的情景中认识、理解和发展体育的一种新型课堂教学模式。运用情景式教育模式要充分认识其基本结构,即"设置体育场景,分解技能动作要点,分析学生动作问题,总结动作知识和要点"。

采用情景式教学模式时,教师应注意要善于把问题情景作为支撑和激励学生学习的源

泉。在问题情景中体育被设计成一个必须通过应用的方式来学习的学科。学生从自己熟悉的生活背景出发来学习和应用体育动作，现实生活中的情景成了学生学习动作技术的出发点和归宿，而这些情景反过来提供了学生学习和应用体育的多种多样的途径，是支撑和激励学生学习体育的热情源泉。

（5）互动式教学模式

所谓"教有法而无定法"意味着教育者不但要遵循教学的一些基本规律和方法，还不能仅仅拘泥于这些固有的方法，互动式教学模式是"教无定法"的一种有益尝试。互动式教学模式是在一定的教学情境中，教学参与者以主体的身份遵循一定的规则、规范，进行的教学领域中的物质的、精神的交换和传导的活动。

互动式教学模式的实施要求体育教师要从传统沉闷单调的体育教学模式中走出来，善于创造良好的体育氛围，激发学生的体育热情，使全体学生能在体育课堂中真正地"动"起来，教师要善于鼓励学生的提问热情，对学生不同的观点和见解能耐心倾听和解答，教师对课堂还要有比较强的驾驭能力，要善于紧紧围绕主题来实现师生的互动。

总而言之，在新课改前提下，改革传统的高校体育教学模式，大力推行创新型教学模式显得尤为重要。作为一名高校体育教学工作者，我们不断学习国内外先进教学理念，不断创新，努力寻求创新型教学策略，努力做到突破传统教学思想的束缚，提升体育教师的综合素质，优化体育课程结构等，大力推进高校体育教学的新型化，推动我国高校体育教学的发展。

（三）关于应用体育教学模式创新的建议

1. 充实师资力量，提高教师的专业化水平

教师是教学模式的执行者，任何一个优秀的教学模式都离不开教师对教学模式的理解、把握和运用，为此，充实师资力量，提高体育教师专业素质是体育教学模式创新的关键所在。学校应创造条件，建立体育教师专业化培养机制，通过函授、在职培训、继续教育等多形式、多渠道，提高体育教师的专业素质和水平，同时还应该健全体育教师的定期考核机制，考核的机制和标准应该灵活且多样化，通过考核机制的建立来激发体育教师对创新的现代教学模式的应用。

2. 充分考虑学校条件，灵活采用体育教学模式

目前，体育教学模式的发展正由单一向多元发展，选择和运用教学模式时，应充分考虑学校的硬件和软件设施，灵活、综合运用符合学校需求和现代教学规律的体育教学模式。教学模式的选择，必须与学校的场地设施、师资条件、学生需求、传统优势项目等多种因素相结合，只有充分考虑到学校的实际条件，才能选择科学合理的体育教学模式，真正实现学校体育教学目标。

二、体育教学模式的发展

（一）体育教学模式的目标趋向情意化

社会的变革、科技的进步对人类的生活和身体产生了很大的影响，比如心理素质、身体素质、社会适应能力等。体育作为教育的一部分，在提高人的身体、心理素质等方面，担负着不可推卸的责任。在实施素质教育的进程中，要以培养学生的创新意识和体育能力为重点，要通过改变教师的教育理念、教学方法、教学内容和教学评价等方面来灌输新的

体育教学思想。创新意识可以使一个人更好地去适应这个变化的社会，拥有较强的体育能力可使其工作后从事科学的体育锻炼。

现代教学理论研究和教学实践活动都已表明，学生的智力因素与非智力因素在他们的学习活动中都有着重要作用。现代教学模式的构建改变了传统的教学活动中片面强调智力因素的作用，忽视非智力因素的作用的状况，教学模式的目标不再仅仅限于增长学生的知识，培养学生的能力，而是要把情感教育、人格教育、品德教育与知识教育结合在一起。尤其在人本主义心理学日益受到人们重视的情况下，学生的情感陶冶备受关注，情感活动被视为心理活动的基础，以此来培养学生的自立性、情感性和独创性。如情景教学模式、快乐体育教学模式，设有一定的问题情境，使教学过程具有复杂、新奇、趣味等特征，学生在一种浓厚的兴趣、强烈的动机、顽强的意志状态下学习和掌握体育知识技能，更能激发学生求知的内驱力，有很强的情意色彩。

（二）体育教学模式的形式趋向综合化

教学模式形式趋向综合化是指体育教学模式向课内课外一体化发展。由于课内学时与时间的限制，要培养与发展学生自动化的运动技能与锻炼身体的习惯，并为终身体育做准备，仅靠课内的时间是远远不够的。课内的主要任务是学习一些新的知识点，改进一些错误动作，因而要充分利用课外的时间，加强强化练习、过渡练习，复习与巩固已学的知识与技术，经常锻炼，培养习惯，才能把运动技能上升为熟练化、自动化。然而，目前的状况是，体育课是受到重视的，但课外体育活动却名存实亡，不是放任自流，就是让班主任来承担任务，其效果就大打折扣了。

从教学模式角度而言，目前由于对课外体育活动的不重视，这方面教学模式的研究也显得很薄弱，关于目前提出的"课内外一体化教学模式"，虽然涉及了课内与课外相结合的教学，但它在教学实践中还很不成熟，具体的操作模式也不够明确，因此我们暂没有把它列入现有体育教学模式的体系中，当它的理论与实践成熟后，它就自然可以成为一种重要的体育教学模式。

（三）体育教学评价体系更加注重"三维"的综合评价

所谓"三维"综合评价就是指在评价体育教学效果时，不仅从生物学角度评价其提高生理机能的效果，还要从心理和社会的角度来评价体育教学的效益。"三维"综合评价的目的由单纯的划分等级的做法转变为把评价作为促进学生发展的重要手段，重视发挥评价的"形成""诊断""改进"作用。评价方式由单纯的定性或定量方法转变为把定性和定量综合起来，在重视他人评价的同时，也重视自我评价，把他评与自评结合起来。评价的内容也由单纯的对学生的评价转变为既评价学生的学又评价教师的教，由单纯的以评价学生的知识学习为主转变为对学生德智体美劳等"全方位"的评价。通过改革评价体系，可使学生乐于接受评价，并积极参与评价，从而使教学取得更好的效果。

传统的教学模式只重视终结评价的作用，忽略了学生学习和练习过程中的评价，因而学生的学习兴趣、爱好、情感反应都得不到反馈和体现。期末的成绩则记录了学生某几项达标的表面成绩，根本无法深入到学生学习的内在的动机和认识的提高等方面。因而体育教学模式在当代，逐渐地摆脱了单一的终结评价方法，开始重视学生的学习过程评价、学生的自我评价、单元评价，等等。

（四）教学方法更加灵活，注重学生主体性的发挥

大多传统体育教学模式中教师是课程的被动执行者，学生也只是被动地接受，而未来的体育教学模式程序中教师是主动的决策者和建设者，是学生学习的促进者和合作者，学生是教学的主体。其程序要围绕"一切为了学生，为了一切学生，为了学生的一切"这个中心，要让学生充分体验运动学习中的乐趣，满足学生的个体需要，尊重学生的自我选择，教师指导学生自订目标、自我评价，逐渐培养其自学自练及创造性思维和相应的体育能力。

（五）体育教学模式研究的精细化

要加强研究的力度与成效，理论研究与实践研究的结合必然是一条必经之路，一方面，教学模式的研究同任何理论的研究趋势一样，必将从一般教学模式研究走向学科教学模式研究，再到课堂教学模式研究。另一方面，课堂教学模式的研究又趋向精细化，包括学期教学模式、单元教学模式、课时教学模式。尤其是有关中小学体育教学模式的理论与实践研究将会得到更多的重视。精细化是教学模式研究的必然趋势。

第三节 中外高校体育教学模式比较分析

体育教学模式是体育教学理论与教学实践之间相互转化的中介，是在一定的体育教学思想的指导下，为完成特定的体育教学目标而在教学活动中形成的教学程序，包括相对稳定的教学过程结构和相应的教学方法体系。因此，产生于不同体育教学思想和体育教学实践的中外体育教学模式，各有其自身的独特性。对二者进行比较研究，将有利于我们剖析自我，借鉴吸纳，在弄清国内外体育教学模式状况的基础上，理性地"拿来"国外体育教学模式的合理成分、积极因素和进步之处，为重新建构我国新的体育教学模式体系提供良好的经验。因为建构教学模式的意义在于为理论找到检验和运用的途径和方式，促进体育教学理论向教学实践转化，为实践提供有利的指导，并把实践得来的经验广泛推广。比较分析的意义就在于为建立新的体育教学模式提供借鉴，以取长补短，扬长避短。

一、我国体育教学模式分析

（一）我国当前体育教学主导模式分析

一直以来，我国对体育教学模式的研究都相对较少，但是，体现一定教学思想和规律的教学过程结构已经相对稳定地建立了。同时，教学过程结构又是教学模式中容易看得见的部分，正是由于这个特点，人们往往用"教学过程结构"来代替教学模式。这种提法，对于体育教学模式而言是有偏颇的，其不足在于将体育教学模式过于表面化。但是，尽管如此，也正是因为这个特点——教学模式直观性的集中体现，才使其成为我们把握体育教学模式的关键。

我们把我国体育教学实践中有一定代表性的体育教学模式分为以下五类。

1. 运动技能传授模式

运动技能传授模式是一种以运动技能教育观为指导，以运动技能的形成规律和认知规律为主要依据设计教学过程结构的模式。在我国体育教学领域中，它长期居于主导地位。

（1）指导思想

受凯洛夫教育理论的影响，强调以学习体育的基本技术和技能为中心，遵循学生的认识规

律和动作技能的形成规律，把教学过程分为感知、理解、巩固、运用等几个阶段，以知识、技术和技能学习为中心，全面完成体育教学任务。在教学中十分强调教师的主导作用。

（2）目标

主要是传授体育的基本知识、基本技术和基本技能，通过"三基"的传授来完成体育教学的各项任务。

（3）教学过程结构

该模式主要是遵循学生的"感知—理解—巩固—应用"的认识规律和"泛化—分化—定型—自动化"的技能形成规律，在教学中以教师为中心，学生在明确教师提出的教学内容、目的和任务后，教师通过一些直观教学使学生对所学内容产生感性认识，形成视觉表象。学生经过模仿练习和表象练习，再经实际练习和教师指导，建立动作的动觉表象和正确的肌肉感觉，形成动作技能。之后，教师对所学内容进行总结评价，并指出存在问题，起到教学反馈作用。

（4）条件

按影响该模式教学效果因素的重要性排列，居第一位的是教师的技能水平，之后分别是学生学习的积极性，学生的体育基础，教学的方法手段，学生的身体条件。

2. 运动技能传授为主、身体锻炼为辅的模式

运动技能传授为主、身体锻炼为辅的模式是以"全面教育"的体育教育思想为指导，以运动技能形成规律为主线和运动负荷规律为辅助，构建教学过程结构的一种体育教学模式。

（1）指导思想

依据"全面教育"的体育教育观，提出将体质教育和运动技能教育两种思想相结合，主张体育教学应以发展学生身体为核心，以"三基"为手段，以思想教育为先导，以社会教育为辅助，全面完成体育教学的各项目标。

（2）目标

教学目标是运动技能的传授和身体锻炼。

（3）教学过程结构

该模式在遵循运动技能形成规律的基础上，辅之以运动负荷规律，力图使发展体能和掌握运动技能二者兼得。

（4）条件

由于该模式既注重学生的技能掌握又兼顾学生的身体发展，其教学效果在很大程度上取决于教师在教学中对主副教材的透彻领悟和处理技能掌握与身体发展的协调关系，同时也受学生自我体育学习情结的影响。

3. 提高身体素质教学模式

这种模式是在教师的指导控制下，学生进行各种身体素质练习，并规定负荷与休息的交替，以提高学生身体素质为中心的一种体育教学活动体系。

（1）指导思想

以提高学生身体素质为主导，遵循学生生理和心理活动起伏变化规律和负荷与休息合理交替的规律，把教学过程分为准备、负荷、调整、负荷、休息等几个阶段。

(2) 目标

提高学生身体素质，增强学生体质。

4. 培养体育能力教学模式

这种模式是在教师的引导下，通过学生的自我探索尝试、自学自练自控和互帮互学互练，以培养学生体育能力为主导的体育教学活动的策略。

(1) 指导思想

在教师的引导下，通过学生的自我探索、自我练习和发展，来培养学生的自学自练自评自控能力和互帮互学、组织活动、裁判比赛等各种体育能力。

(2) 目标

培养开发学生各种体育能力，为终身体育奠定基础。

5. 发展学生个性教学模式

这种模式是从不同年龄学生的兴趣出发，采用多种教学内容、方法、手段和组织形式，以发展学生个性为核心的体育教学活动的策略。

(1) 指导思想

强调培养学生的个性以学生兴趣为出发点，通过不断满足学生的学习欲望。

(2) 目标

通过丰富多彩的体育教学活动，来生动活泼地发展学生个性，为培养个性充分发展的现代人服务。

在上述模式中，目前居主流地位的仍然是"运动技能传授模式"和"以运动技能传授为主、身体锻炼为辅的模式"，尤其是后者更具有广泛的代表性。其他三种模式在我国体育教学实践中也已初步形成，它们代表着体育教学模式今后的发展方向。

(二) 体育教学模式在运用中的注意事项

现代体育教学模式本身也是一种课程类型，是突出某种教学思想的课程类型。我们在谈到现代体育教学模式的时候也不得不指出，教学模式在突出某种思想和教学规律的同时就可能"忽视"某些问题。所谓的万能教学模式是不存在的。因此，在实际应用中应注意以下几个问题。

①必须结合实际应用，各个地区、学校的实际情况总是存在这样或那样的差别，如果不加区别地选择，结果可能会适得其反。

②结合体育教学目标选择体育教学理论，确定切入点。每一种理论都有应用的普遍性和局限性，只有创造性地把教育理论与体育教学实践结合，才能够发挥理论的价值。因此，体育教学模式研究要恰当选择教学模式的类型，既要准切入点，又要标新立异，为体育教学实践服务。

③把握体育教学模式的框架，把握体育教学模式研究的要素、特性、功能，是从事体育教学模式研究的前提条件之一。

④体育教学模式选择的指向性，是我们结合体育教学思想内涵、目标、方法、组织类型等进行实际使用的体现。

⑤体育教学模式的综合应用，在素质教育的要求下，综合运用体育教学模式，必须首先考虑体育教学目标和确定评价的方式，其次应从课的类型、目标、对象、内容、条件与

环境综合考虑选择哪一种教学模式。体育教学模式注重课的过程结构问题，但是它更强调模式的"叠加"，即若干教学规律的有机结合，并且在某个模式的教学中，特别突出有关的教学规律，并实践其过程。需要指出的是，我们不是为了模式而研究体育教学模式，体育教学模式的最终归宿是应用于体育教学实践，这是其生命力之源泉。因此，就出现了怎样科学合理地把体育教学模式运用于体育教学实践的问题，也就是如何才能使二者最佳地结合的问题。找到两者的最佳契合点，对解决当前体育理论与实践脱节的问题至关重要，我们应该共同为之思考和努力。

二、国外体育教学模式分析

国外高校重视竞技运动项目的教学，其主要目的不是为了提高学生的运动技术水平和运动成绩的，而是以有利于学生形成终身体育习惯并学有所用为最终目的的。现代国外学校体育改革中普遍形成了这样的一种观念，就是要坚持体育教学内容的多样化和弹性化。

（一）美国的体育教学模式分析

1. 指导思想

美国的体育教学指导思想的基本格调是使学生成为一个完整的人，以学生为中心，以借助健全的体质更好地生活并服务于社会。美国是国外体育教学内容弹性最大的国家之一，他们在选编教材时从学生身心特点出发，通过体验体育运动的乐趣，促进学生积极进取和团结合作精神的培养，并且加大教材选择的余地，加强体育教学内容与社会和生活的紧密联系，灵活性很强，使得学生能够学有所用。培育学生自主锻炼能力，并且使其把体育锻炼当作一种生活方式。在美国出现有代表性的四种体育教学模式：竞技体育教学模式、培养学生对个人和社会责任感的教学模式、体育健身教学模式和体育与其他学科相结合的教学模式。美国的高校体育教学虽有较大自由度，但体育理论课却一直是必修课，并占了50％比重的学分。在教师的指导下，不仅能使学生充分了解体育运动的重要性，而且还能够充分激发所有学生积极参与的热情动机，树立学生的自信心和成就感。

2. 教学目标

竞技体育教学模式、培养学生对个人和社会责任感的教学模式、体育健身教学模式和体育与其他学科相结合的教学模式，尽管这四种教学模式的具体教学目标和实施方法之间都各有所不同，但实质上都是把体育教学目标定位为通过体育教学促进学生在身体、社会、认知以及情感四个方面上的发展。以学生为中心，在活动中学习、创造，重视发展学生主动性、创造性，培养学生的表现力、创造力，教师则在这一过程中帮助和辅导学生。增强学生的体质，培养学生的社交能力和协作能力，培养学生的开拓精神和创造性，进一步发展学生的积极性和主动性，并加强安全教育。

3. 课程设置

各州制定教学大纲，部分学校实行两年制体育必修课，后两年为选修课，大部分学校实行一年制必修课。重视合作教学模式与策略、有机体的发展、技能的发展、认知的发展、情意的发展，在课程内容方面体现了运动项目多样性，降低运动项目的难度和运动负荷，使项目更加适应学生身心特点，便于其参与，最终实现开发学生的行为能力的体育教育目的。

（二）英国的体育教学模式分析

1. 指导思想

英国体育教育改革和其他各国相比较而言，体育课程改革具有延续性和相对独立性的特点。英国的高校体育课程教学，既重视学生发展的阶段性特点，又重视体育课教学的学科特点，既重视学生的个性的发展和能力的培养，又重视双方达到共同的要求，既重视学生的学习过程和体验，又重视学生的学习过程中基本技术技能的掌握。强调学生技术与实践的结合，在开始下一项内容练习之前安排学生与学生之间讨论和总结，培养学生先用脑再动手。长期以来，英国形成了国家和社会相结合的教育体制，这种教育体制和其他欧美各国有很大区别，它对体育课有很大影响。英国的体育课程，以终身体育为目标，根据学生对运动的兴趣和爱好可自由选择1～2项运动进行学习。英国的学校，特别是高中和大学有一种传统，就是学生可以自己负责自己的活动，自己制定计划参加比赛，选择自己合适的体育组织，许多大中学校都成立了体育部和运动部，学生按照自己的意愿参加活动，这一切均促进了学校体育活动的开展。

2. 教学目标

英国的高校体育教学课程目标之一就是使学生"获得体能与健康"，同时，英国课程标准强调："体育课程要在精神、道德、文化、技能等方面促进学生的学习和发展"。英国贯穿着两条主线：一是重视学生的个性发展，二是重视学生的基础训练，这对发展学生的个性与能力均有积极的推动作用。

3. 课程设置

英国高校的体育课程的设置与体育专业紧密联系，不仅注重学生科学研究能力的早期培养，并且在一定程度上提高学生的体育专业素质。

（三）国外体育教学模式具有的特征

通过上文比较分析，我们可以看出，在不排除技术学习和身体锻炼的前提下，国外尤为重视学生在学习中的主体性和学生通过主动性的体育学习获得对体育的基本认识。国外体育教学模式灵活多样、针对性强，与我国不同的是，各种体育学科能力的培养从隐性的目标变成了显性的目标，即体育能力的培养不再仅仅依附在动作技能传授的背后作为附属目标而存在，而是作为体育教学的直接目标放在了教学的最前沿。

国外体育教学模式具有以学生积极参与为主、以培养能力为中心的特点，注重以学生为本，强调运动体验与感受。各国均把增进健康、增强体质进行体育道德教育、发展学生个性及形成良好的社会行为、培养学生体育兴趣和体育能力作为体育教学指导思想和课程目标，从而使体育教学指导思想课程目标体系趋于完善，内容不断充实。

课程内容多样化，注重加强教学内容与社会和生活的联系，培养学生终身体育的能力，而教师所起的主要作用，是不断鼓励和帮助学生进行探索，促进学生体力方面的增长。教学活动不限于课堂而是延续到课外，突破了课堂教学的常规，向多样化以及实用化方向发展。

纵观各国体育课程标准无不体现出学有所用的教学思想，通过学校体育培养学生学有所用的意识，发展学生的健康体质。我们要为学生选择适合他们的运动项目和运动方式，通过体育教学活动使学生能够充分享受并且体验到体育学习的乐趣，并能掌握他们所学的体育基本技能，为完善并奠定终身体育观念，实现体育教学学有所用的目的构建一个良好的基础。各国体育教学内容日渐融入大量的具有终身体育性质的项目。注重体育教学对身体健康的促进作用并且学有所用是各国在选用体育教学内容时考虑的首要因素。但是需要指出的是，国外重视体育运动项目的教学，其主要的目的不是在于提高学生的运动技术水平和他们的运动成绩，而是以有利于学生们形成他们终身体育习惯为最终目的的。

（四）国内外体育教学主导模式的比较

国内外体育教学主导模式所具有的上述特征是由它们各自的体育教学指导思想决定的。比如，美国的学校体育教学思想深受美国哲学家、教育学家杜威"儿童中心主义"思想的影响，因此，反映在教学模式方面尤其主张以儿童的兴趣、动机和需要为中心安排体育教学，其目标强调促进学生身心全面发展、增进健康、发展运动技能和运动能力。在师生关系上表现为强调以儿童为中心，突出学生在教学过程中的主体作用。学生既是学习者，又是决策者，学生通过自己探索，发现和相互交流等自主学习活动来完成教学任务，教师在这一过程中进行引导、辅导和教育活动，但这些活动主要用以启发帮助学生学习。

而日本在战后一直把培养学生的"学力"作为学校教育和学校体育研究的重要课题。20世纪90年代以后，日本的学校体育为了适应社会和教育发展的需要，以终身体育、快乐体育思想为立足点，提出以培养学生对体育的关心、兴趣和态度为核心的新的"体育学力观"。新的"学力观"把培养学生终身爱好运动和自主地运用知识技能进行运动的能力和态度作为核心内容；把培养学生的思考力、表现力和解决问题的能力放在第二位，然后是知识、理解和技能。新的"学力观"在教学模式上十分强调学生的自发、自律、自主地学习，满足学生的运动欲望，充分发挥学生现有的能力去享受运动，以加深他们对运动乐趣的理解，提高学生自由享受乐趣的能力。德国则兼具二者特点。中国体育教学模式则受凯洛夫教育思想影响较深，依据学生认识规律、技能形成规律，强调教师主导作用，以传授知识和动作技能为主线全面完成教学任务。

国内外体育教学模式的优势和侧重点不同。美国、日本和德国体育教学模式的优势和侧重点基本相同：

第一，学生居中心地位，有利于发挥学生的积极性、主动性和创造性，有利于发挥学生的个性和能力，有利于培养学生对体育的兴趣和爱好。但学生进行自主学习，有时需要多费一些时间，多走一些弯路。

第二，在学习中，学生要经常自行安排，也容易使学习缺乏系统性和全面性。

第三，教师的作用如何充分发挥的问题也比较难以解决。

中国体育教学模式的优势和侧重点在于：能充分发挥教师的主导作用，使学生获得全面系统的知识技能，尽快地达到教学要求。

三、国内外体育教学模式群分析

对体育教学主导模式的分析，旨在考察体育教学模式的总体特征，但主导绝不等于"唯一"。实际上，无论是在理论层面或实践层面，体育教学模式都应该是丰富多样的。这些模式一方面丰富了体育教学理论，同时也对体育教学实践产生了极大的影响，所以对体育教学模式的群体（简称体育教学模式群）进行探讨，显得越加重要。

（一）国外体育教学模式群的特点

1. 教学模式所涉及的培养目标较广泛，培养内容针对性强

每一种典型的模式都是针对学生某一方面的素养而设，分工较细，可行性强，使得目标的实现途径具体、明确，从而增强了目标的可操作性。这些特点体现在教学模式的分类上。在《当代西方教学模式》一书中，作者一共概括出了25种教学模式，并按主要教学目标分类将其分为四类：一是以认知掌握和认知发展为目标的教学模式；二是以学生的社会性品质为目标的教学模式；三是以学生的情感、意志以及心理健康为目标的教学模式；四是以某种行为的出现为目标的行为训练模式。

这种分类在体育教学领域中也有一定的适合度。美国学者安娜里诺提出了"体育教学目标操作分类学"，确定了体育教学的四个目标："身体领域（机体发育）、运动领域（神经肌肉发育）、认知领域（智能发展）、情感领域（社会的—个体的—情感的）"。根据这一理论，学者H.哈格和J.E.尼克森确定了体育教学的四个具体目标："体质发展目标，体育技术和战术目标，专门的运动知识目标，针对运动的态度、情感和行为目标"。目标与模式之间是一种大致对应的关系。这使得每一种体育教学目标的实现都有其独特的模式。不仅有认知方面的，而且还有社会性方面的、情感意志方面的、行为方面的、心理健康方面的。除了认知目标外，其他各类目标也都有与其相适应的模式，从而使这些目标的实现成为可能，而不仅仅停留在口号上。这是国外体育教学模式灵活多样、针对性强的具体体现。它不像我国的体育教学模式那样，往往企图在一个教学过程当中实现所有的教学目标，而结果使得动作知识和技能的传授成为唯一可以实现的目标。

2. 教学活动不限于课堂而是延续到课外

课堂上也不限于体育知识、动作技能的传授，而是把学生的各种活动搬上课堂，既满足了学生的兴趣和需要，又注重加强教学内容与社会和生活的联系，培养学生终身体育的能力。因为体育教学包含了许多社会性和个性培养方面的因素，如竞争精神、团队协作意识等，这些仅靠课堂时间是不可能完成的，必须延续到课外。课内活动与课外活动形成统一的过程，这也是国外体育教学模式比较突出的特点。近年来我国提出的"体育与健康教育相结合"的学校体育教学思想以及课程改革方面所提出的"活动课程"，即是受到这方面的启发。

3. 十分重视能力的培养

在美国、日本等国，各种体育能力的培养都从隐性的目标变成了显性的目标，即各种能力的培养不再仅仅依附在动作技能传授的背后作为附属目标而存在，而是作为体育教学的直接目标放在了教学的最前沿。发现式体育教学模式、快乐体育教学模式、小群体体育教学模式以及成功体育教学模式等等，这些模式的出现大大增强了各种能力素质培养的可靠性。

总之，国外体育教学模式突破了课堂教学的常规，向多样化、实用化方向发展，因而能不断扩大自己的使用范围，增强了自己的功能。这一特点是我国体育教学模式所无法比拟的。

（二）中国体育教学模式群的不足

与国外相比，我国体育教学模式群的整体特征是形式多样，功能单一。虽然现在在体

育教学领域中也出现了名目繁多的所谓"新的"教学模式，但基本上都没有超出传授体育基本技术和技能这一窠臼，即便是传授的方式有变，但学习动作技能的根本目的没变。所谓的"先进之处"，只不过是为某一种教学模式提出了更多的教学目标，但是这些目标能否实现，却是值得怀疑的。因为我国具有的传统的整体性思维方式，使我们往往寄希望于通过一个过程达到所有的目标，而不善长于通过多种途径实现各自的目标或者进行分门别类的研究，因此造成了各模式之间的大同小异，分工不明，特点不突出。具体表现如下。

1. 模式目标指向比较单一

当前，国外体育课程的目标呈现多元化趋势。注重将体质与健康水平、运动技能发展、学生个性与创造力的培养、体育文化素养、社会适应能力与合作精神以及终身体育意识、习惯与能力的培养融入体育教学过程之中。

而在我国，传授动作技能的教学模式几乎占据了所有的体育课堂，成为固有模式。体育教学以体育知识技能的传授为主要目标和着眼点，忽视了对学生个性、体育能力、态度的培养，很难适应社会和学生发展的需求。人们习惯地认为只要学习了知识也就发展了能力，二者是统一的。实际上，知识的学习和认知的发展是统一于一个过程中，但却不是"如果 A，那么一定 B"的关系，即 A 不是 B 的充分必要条件。退一步说，如果说知识的教学对认知的发展还有一定的功效的话，那么对社会性品质的培养，对情感意志和心理健康的发展来说，收效却是甚微的，而专门用于培养这些个性品质的体育教学模式还十分欠缺。

2. 模式之间的特征不明显，针对性差

我国体育教学模式的特点是每一个教学目标都没有自己相对应的教学模式，从而使目标显得遥不可及，仅成为口号而已。而各种新建立的模式似乎都具有相同的功能，缺乏明显的个性特征，能完成所有的目标。每一种模式大致都遵循着同样的教学过程：提出课题－激发兴趣－教师引导－学生练习－教师评价－信息反馈。模式的结构如此单一而目标却非常全面，既要完成知识、技能方面的目标，又要完成情感、个性和行为方面的目标，这就产生了模式的功能与教学目标之间的矛盾。要解决这一问题，最有效的途径是改变原来仅以动作技能的传授为目的的教学建模原则，为学生能力、个性的发展建立自己独特的教学模式，使个性的发展与教学模式一一对应起来。

3. 模式理论性强，操作性差

近年来，虽然我们从理论上提出了许多新的教学模式，但这些模式大多在实践中都不能得到有效运用，能运用的、可实现的目标也很单一，也只是针对传授动作技能的目标，而对于其他目标的实现却是非常困难的。现在，人们也试图建立培养体育能力、发展学生个性等体育教学模式，但这些模式的可操作性差，仅停留在理论建构的水平上，缺乏具体的操作步骤，因此运用起来随意性较大，且缺少科学的评价手段，不能形成完整的具有反馈功能的操作系统。从其他学科"移植"，也是体育学科构建教学模式的重要方法之一，但这种"移植"却缺乏合理的改造和加工，脱离体育教学的特点和实际，因而在教学中难于操作。

总结我国体育教学模式现状的形成原因，可以简单归纳为两点：

第一，以"三基"为主的实然的教学目标所决定的。这种实然的教学目标决定了体育教学忽视体育学科能力、终身体育能力的培养，不仅使模式的使用以掌握动作技能为原则，而且限制了模式向多样性、丰富性方向发展。

第二，是由我国传统思维方式中整体性、思辨性的特征造成的。整体性使体育理论工作者和实践工作者不善于以分析的方式对待体育教学目标和教学模式，因而强求模式的一模多能性，造成目标和模式之间缺乏针对性。思维方式上的思辨性特点使体育教学模式的建构是一个构想和臆想的过程，片面重视理论设计，而忽视试验和验证的过程，因而不具有实用性。

要克服以上缺点，首先，要以体育教学之于学生各方面发展为标准建立相应的体育教学模式，突破传授动作技能的单一性教学模式；其次，以各种体育学科能力的发展为轴组织教学内容，设计教学模式；最后，应以理论与实践相结合的方法论为指导，结合体育教学的特点，建立起适合我国实际的、真正实用的体育教学模式。

体育教学模式是当前教学论研究中的一个热门话题，本章对中外体育教学模式进行了横向比较与分析，并揭示了我国体育教学模式建构中的不足。我们有理由相信，在新体育课程理念的指引下，随着我国体育教学改革的不断深入，我们会创立出更多富有特色的体育教学模式，并使体育教学模式的研究迈向一个新的台阶。

第四节 我国新型高校体育教学模式的建构

革新传统的教学观念，促成主动、开放、有效的教学，这是当代体育教学改革关注的核心问题。如何把一个相对被动的、沉闷的，事实上局限于指向学生技术掌握和身体锻炼的体育教学，转向主动的、活泼的，既重视体育教学生理效应又重视其"育人"作用的体育教学，值得深思。而重构新型体育教学模式至关重要。

一、新型体育教学模式的理论基础

（一）新型体育教学模式的现代课程论基础

教学属于课程中的一部分，所以，建立教学模式必须以一定的课程理论为基础。只有明确了现代体育课程中的一些基本问题，如体育课程改革的指导思想、课程目标、课程内容等问题，才可能建立起有效的模式。

1. 现代体育课程理论基础

（1）体育课程目标实现多元化

体育课程目标不仅把增强体质、提高健康体质作为首要目标，而且注重培养学生体育文化素养，为终身体育奠定基础，同时强调学生个性和创造力的培养，并主张结合体育课程内容的特点，把道德教育和合作精神的培养融合在体育教学过程之中。所以，我国体育课程目标在空间上应从单纯追求学生外在技能、技术水平转移到全面追求学生身心协调发展上。在时间上，通过体育课程，不但要完成学生在学校期间体育知识的传授和技能的培养任务，还要培养学生对于体育的能力、兴趣、习惯，为其终身参加体育活动打下基础，从生理、心理、社会三重维度，把体育课程目标定位于人的素质全面发展上。

（2）课程内容注重学校体育主体需求

随着社会的发展，学生对体育的需求呈多元化态势，主要表现为健身需要、健美需要、娱乐需要、个性化和多元化需要。课程内容只有满足了学生需要，才能激发学生兴趣，形成稳定的心理状态，实现终身体育。这正是现代人本主义课程观在体育课程中的体现。一是要重视传授终身体育所需要的体育知识，主要包括体育基础知识、保健知识、身体锻炼与评价知识、竞技运动知识等。二是竞技运动项目的教材化。竞技体育之所以仍然是体育课程的重要内容，是因为它具有丰富的文化内涵，也是人类文化宝库中灿烂夺目的瑰宝。

2. 现代体育课程论与新型体育教学模式

20世纪60年代以来课程理论出现两次世界性的变革。一是学科中心课程论，它主要强调智力、技术技能发展，强调学科自身逻辑与规律形成的学科结构，而忽视了学生身心特点和个人认识需要。二是人本主义课程观，它主要统一学生的情意和认识、感情和理智、情绪和行为，注重人的能力全面发展，强调教学过程既要重视智力的培养，又要关注情绪、态度、价值等内容。我国体育课程的体质、技能、技术教育思想正是学科中心课程观在体育课程中的反映，至今仍影响着体育课程的改革。

（1）新型体育教学模式的目标取向

教学目标受课程目标影响，没有新的课程目标就不可能有新的教学目标，而教学目标必须服从于课程目标。长期以来，我国体育教学在体育目标的达成方面，存在着很大的偏颇，在对待有形目标与无形目标方面，始终注重有形的方面，即传授体育基本技术技能，忽视体育教学对学生认知发展和情意培养方面的作用。新型体育教学模式的目标不仅要求有运动技能目标，还有情绪、态度、能力、个性等目标。

（2）新型体育教学模式的价值取向

重视全体学生全面发展和个性培养相统一。以学生发展为本，绝不是以儿童为中心，而是将学生的发展需要与社会要求结合在一系列的教学过程当中，保持学生、知识与社会这三者之间关系的动态平衡。学生发展离不开体育学科内容的学习。同时，学生通过体育学习发展自己，一方面有自身的规律，另一方面又需根据社会需要，促进学习者的发展是为了更好地为社会需求服务。

（3）新型体育教学模式的教学设计思想

课程的问题中心设计模式是新型体育教学模式设计的模式基础。在新型体育教学模式中，教学过程、内容和组织形式的设计将以问题为主线。问题来源于学生的发展需要和教学内容的需要。在教学设计中，既关注教学内容又关注学习者的需要、兴趣、爱好等，让学习者作为一个完整的个体参与到教学中来，让学习者在解决问题中，学习掌握学科内容，增长解决问题的能力。

（二）新型体育教学模式的现代教学论基础

教学论有许多流派，如探究发现教学理论、情意交往教学理论、认知教学理论、建构教学理论等。这些理论的哲学观可能不一样，但它们关于教学的一些精辟的观点却可以为新型体育教学模式所用，成为新型体育教学模式的理论基础，因此，下面简要列举一些对建构新型体育教学模式有支撑作用的观点。

1. 关于教学目标

建构主义教学观认为，教学的目标是充分发展学生的主动性、自主性和创新性，探讨客观世界具有的唯一目标是作为自我平衡系统保证学习者去应付生活，教学目标之一是培养"能够在现实的生活世界中应用知识的能力"，因此，让学生掌握自己的思维工具，了解自己的思维和学习及其过程是建构主义学习的一个最高要求。用通俗的话说，就是学会学习，并能调控自己的学习。发展学生自我控制的技能，使学生成为独立的学习者。

2. 关于教学过程

建构主义教学理论在教学观上强调学生学习的主动建构性，具体到学习观上，建构主义与以往的教学理论相比，更加突出表现为三方面的重心转移：从关注外部输入到关注内部生成，从"个体户"式学习到"社会化"的学习，从"去情境"学习到情景化的学习。建构主义认为，学习不简单是知识的由外到内的转移和传递，而是学习者主动地建构自己的知识经验的过程，随着新经验与原有知识经验的反复的、双向的相互作用来充实、丰富和改造自己的知识经验。

3. 现代教学理论与新型体育教学模式

综观各个教学理论流派的观点，其共同之处，便是对"主体性"的追求。教育中的"主体"是指影响教学过程的主要原因，它是指学生自主性、主动性和创造性的总和，它是人的全面发展的核心问题。其中，学生的自主性主要指学生的自我意识与自我能力，包括学生的自尊、自爱、自信、自决、自理、符合实际的自我判断、积极的自我体验和主动的自我调控等。主动性是指学生对外界的关系问题，其中包括成就动机、竞争意识、求知欲、主动参与社会的适应性。创造性是学生在主动性和自主性发展到高级阶段的表现，它包括创造的意识、创造的思维和动手实践的能力。我们知道，学生是认识或学习的主体，学生认识的发展同其他一切事物的发展一样，内因是根据，外因是条件。教师的教是外因，学生的学是内因，外因通过内因起作用。尊重了主体，学生才可能发挥主动性或积极性，才一可能举一反三，触类旁通，深刻理解知识，善于运用知识，从而适应社会的发展。教学中尊重差异，才能使教育恰到好处地作用于每一个学生，才能发挥学生的主体作用。

二、新型体育教学模式的性质与设计

（一）体育教学模式的基本属性

根据对各种先行研究的归纳，提出体育教学模式的几个基本属性，即理论性、稳定性、直观性和评价性。

1. 理论性

理论性是指任何一个比较成熟的体育教学模式都必定反映了某种体育教学指导思想，都是一种体现了某个教学过程理论的教学程序。只有以明确的教学指导思想和理论为基础的教学模式，才有可能比较完善和清晰。因此，体育教学模式与教学思想及理论的依存关系，形成了教学模式的理论性属性。

2. 稳定性

一个体育教学模式的确立实际上是一个新型的体育教学过程结构的确立，既然是结构，就必然有相当的稳定性。如果某个教学模式在不同人和不同时间运用时都要产生大的变化，那就说明该教学模式还没有真正地建立起来，还只是一个似是而非的教学程序模型。

3. 直观性

直观性也可称为可操作性，任何一个新体育教学模式的建立，都意味着它和以往的任何体育教学模式是不同的，都具有某种显明的特点和独特的教学效果。如不具备这一点也就说明它是雷同于或相似于其他旧有教学模式的。所谓新的特点和独特的教学效果一般都体现在整个教程安排的特殊结构或某个特殊的教学环节上，因此应该是很显明的。这就使人们可以根据其特定的教学环节和独特的教程安排来判断是不是属于此种教学模式（直观性），这个特性还可以使人们通过设置其独特的教程或特定的教学环节来重现该教学模式。

4. 可评价性

可评价性是指任何一个相对成熟的教学模式确定，必有着与其整个过程相应的评价方法体系。对体育教学模式的整体性评价，既体现教学模式的教学价值观，也体现体育教学组织过程的可行性。因此任何一个教学模式都应可以对实施这个教学模式的教师给予明确的教学评价，这不仅仅是对该教师对教学模式理解程度的评价，也是对教师参与、认识和学习能力进行系统评价，从而使体育教学模式的形成过程，更符合其自身的规律性。

（二）新型体育教学主导模式的设计思想

在实践中可以发现，发挥学生主体性的教学，特别是自我意识的形成，总是从他控到自控，从不自觉到自觉，从缓慢提高到自我监控的飞跃。这种能力的培养，一般应首先使学生有基本体育知识的积累。没有知识的积累，就失去了自我监控的"技术基础"。在学习过程中，教师应引导学生学会树立自己明确的可行的学习目标，帮助学生制定切实可行的学习计划，控制学生学习、反馈和调整计划的行为使之成为自觉，创造条件提高学生自我检查和评价的能力。

以主体性教学观为视野，结合教学模式的基本理论，新型体育教学模式应具备如下特征。

第一，在教学指导思想上，将把社会需要的体育和青少年儿童需要的体育结合起来，以实现体育教学中满足社会需要与促进学生个性发展的和谐统一，在思想与实践上逐步与终身体育接轨。

第二，在教学目标上，围绕着21世纪人才培养需求和青少年儿童身心特点等，加强对学生能力的培养，如主动学习能力、问题解决能力、思考与创造力和体育实践能力的培养。

第三，在教学程序中，逐步融入运动目的论的思想，让学生充分体验运动学习中的乐趣，满足学生的个体需要，尊重学生的自我选择，并在教师指导下逐步养成喜爱运动的态度、兴趣与习惯；引导学生充分理解和参与学习过程，在教师指导下让学生自订目标，自我评价，允许学生自我表现，培养学生自学自练及创造性思维的能力和相应的体育运动能力；改变过去教师划一化、统一化、被动性、机械性的做法，朝兴趣性、自主性和丰富个性的方向发展，用一种新型的指导性组合和自由式组合相结合的形式组织学生学习，创造出一种亲切、和谐、民主、宽松的课堂教学环境和组织形式。

第四，在教学方法上，以主体性教学观为视野，提供个别化和个性化的教学方法。①提倡启发式教学，注意学生的心理发展变化规律，营造学生探究和尝试性的学习过程；②从"个体户"式学习到社会化学习，强调群体发现，小组学习等，培养学生的社会性的品质。

第五，在教学评价上，将以学生生动活泼的学习、个性充分发展、兴趣习惯能力养成、主要学习目标的达成等为基准。

我国当前应该建立的新型主体性体育教学模式既不同于我国传统的体育教学模式，同时也不能完全等同趋于国外体育教学模式，而应该是介于二者之间的一种形态。其原因在于：

第一，终身体育的思想是体育教学改革的趋向，但由于教学条件的限制，我国的体育教学改革不可能在短期内取得全局性的根本转变。

第二，中外体育教学模式在指导思想上属于不同的形态和体系，国外体育教学模式也有其难以克服的不足之处，所以借鉴国外不能全盘接受，而应吸取其先进之处，建立一种中间形态的模式。

第三，在不否认技能的传授和身体锻炼的前提下，辅以教学内容、教学方法上的改革，加入关键性的程序，教学过程的结构便可以发生本质性的变化，应该可以满足我国现阶段体育教学改革的需求。

当然，以上所提出的只是改造我国体育教学、创立适合我国实际的体育教学模式的设计思想。虽然假设是根据实践的经验和理性的思想得出的带有一定科学性的理论，但是，假设要变为可以指导教学实践的手段，还要经过实验和实践运用的检验。这也是形成体育教学模式的最后也是最重要的环节。

三、体育教学模式整体优化研究

随着人类文化知识的不断积累和科学技术的不断进步，体育知识的总量也在不断增加，但是，学生在校的学习时间却是相对固定和有限的。怎样才能在最短的时间内使学生掌握更多的体育知识、技术和技能，达到增强体质、发展个性的目的就成为我们面临的重要课题。怎样才能提高教学活动的效率，使教学目标、教学内容、教学方法、教学组织、教学评价等因素合理地组成一个闭环通路，使体育教学模式能在畅通无阻的通道上运行，把教学活动的结构协调起来、功能调动起来等，所有这些问题都需通过体育教学模式的优化加以解决。同时，随着体育教学理论的不断丰富，体育教学理论研究的不断深入，出现了多元化的体育教学模式，在体育教学中选择和应用体育教学模式，实现体育教学目标，也需要对多元化的体育教学模式进行整体优化。

（一）体育教学模式整体优化的原理和原则

1. 系统科学整体优化原理

按照系统科学理论的思想和观点，任何事物、过程并不是各自孤立和杂乱无章的偶然堆砌，而是一个由各个部分组成的合乎规律的有机整体，而且它的整体功能要大于各部分功能之和。优化体育教学模式应优化理论要素、体育教学目标和教学内容，改造主客观因素，优化教学条件，改进教学组织形式与方法，优化教学过程结构、建立科学的课程标准评价体系等，才能实现体育教学整体功能优化。

2. 体育教学模式整体优化的原则

（1）整体性原则

用整体的观点考察体育教学模式，有助于我们在教学实践中科学地把握体育教学模式的结构和活动环节。将体育教学模式看作是一个系统，它由纵横两个轴向构成，纵向是由学段、学年、学期、单元和课时等教学过程组成的；横向是由不同的体育教学模式组成的。用这种整体的观点才能更好地认识体育教学模式，才能对体育教学的大环境做一个具体的、整体的判断和分析。因此，在体育教学模式中必须整体而有序地考虑教学模式构成要素及相互联系，力求使体育教学模式发挥最大程度的整体效益。

（2）综合性原则

体育教学内容的执行和体育教学目标的实现均建立在优选的体育教学模式基础上才能完成。而体育教学是一个复杂的系统，涉及的因素比较多，如教材的难度、场馆的设施、教师的亲和力、学生的基础、天气的变化、环境的清洁等，而这些因素都可能成为选择体育教学模式的关键点，所以在体育教学模式制定中要以综合的观点处理这些问题，优选体育教学模式方案，优化评价标准，综合思考体育教学模式的优化。

（二）体育教学模式整体优化的内容

影响体育教学模式结构的因素很多，包括教学思想、教学内容、教学程序、教学方法、教学条件等因素，在诸多的因素中选择了教学内容作为逻辑起点与突破口，对多元体育教学模式进行优化，其中教学条件、教师、学生特点是整体优化体育教学模式的主要因素。

1. 根据不同教学思想优化体育教学模式

体育教学思想是制定体育教学模式的灵魂，不同的体育教学思想赋予了具体教学模式生命力，使教学模式有了明确的方向盘，并时刻把握正确航线，最终去完成它预期的目标。为了达成某种特定的教学思想，需要精选教材内容，但由于教学思想的多元化，教学内容的选用也体现了多样性、复杂性的特点。为使教学思想条理化，明确化，使之从整体上符合学校体育指导思想的大方向，根据教材内容的不同性质，把它分类为精细教学型内容、介绍型内容。

精细教学型内容包含的教材思想有三方面，其中"学习多项运动技术，掌握几项运动技能"最为重要，因为学校为学生准备了较好的师资力量、良好的场地器材、充足的学时，使学生有机会、有条件接触与学习各种技术，并根据自身的兴趣、爱好，选择几项运动技术作为自己的深入发展目标，再利用课外体育积极尝试和练习，掌握几项自动化的运动技能，培养终身体育意识与习惯，这同时也完成了第二个目标；在进行运动技术的学习、练习过程中，始终指向身心健康目标，完成青少年学生的身心健康发展的指向性功能。从效果上看，学习技术、初步掌握运动技能是外显效果，培养终身体育意识和习惯是长期效果，而身心健康则是内隐效果。

介绍型内容由于不需学习难度较大的运动技术，故了解体育项目、培养兴趣、增进健康作为该类教材的主要目标，其中培养兴趣与促进身心健康两个子目标相互联系、相互促进，共同实现该类教材的总目标，因此这类教材的教学模式应选择情感体验类模式和体能训练类模式为主，让学生在无技术难度的宽松条件下，一方面提高身体素质，加大运动负荷，可选择训练式教学模式、身体素质模式、自练式教学模式等；另一方面通过快乐学习、成功学习，体验运动的乐趣，可选择快乐体育教学模式、成功体育模式、生活体育教学模式等。

2. 根据单元教学不同阶段优化体育教学模式

在精细教学类内容中，大纲规定了各个项目的学时，以确保各个运动项目单元教学任务的完成，并使学生能熟练掌握几项运动技能。因而"大单元教学"是一个非常重要的概念，它是指根据项目中的不同环节、重点主次安排不同的教学任务、教学步骤、教学方法，以确保各环节的衔接，并顺利完成完整动作的教学。

在初步学习动作阶段，因学生对有一定难度的运动技术缺乏了解，因而体育教师应尽力运用学生日常生活中的经验并通过一系列设疑活动，启发引导学生尽快地积极地进入动作的学习状态；在进入单元教学中的第二阶段，学生已产生了较强烈的学习动机与兴趣，为学习与练习关键技术环节做好充分准备，此阶段应主要选择程序式教学模式，对学生进行较系统较全面地动作质量改进和错误动作纠正，并不断进行强化练习；在单元练习的最后一个阶段中，由于学生基本掌握所学的运动技能，应进一步重复练习和巩固，并注意动作的细节问题，因而在此阶段应以选择能力培养模式、成功教学模式等为主。

3. 根据不同的外部教学条件优化体育教学模式

体育教学的条件分为两类：

第一，固定的一些硬件，如不同地区、各种体育器材、设备场馆。

第二，不固定的硬软件，如各地区、各学校的传统体育项目、教具、幻灯、模型、多媒体等。

优化的方法是指各硬件的不同组合形式，即针对具体的教学目标、教学内容，传统项目，合理地选择多种体育场地器材、并对场地进行合理的布置，且运用多种教学辅助手段，如挂图、教具、幻灯、模型、多媒体课件等来实现不同教学目标。从教学模式角度而言，不同的体育教学模式，显然所选用的体育教学条件不同，但同一体育教学模式，由于选择的体育教学条件和组合形式不同，也会产生迥异的效果，因而体育教师应根据具体的体育教学目标、模式要求，有创造性地、合理地、科学地运用和组合体育教学条件，使其产生最佳的体育教学效果。

4. 根据学生基础优化体育教学模式

教师是教学活动的主导，学生是教学活动的主体，主导与主体因素构成了体育教学活动的主要因素，它是教学活动要素中最重要的成分，因而在选用教学模式时，也要考虑到师生的具体情况、具体特点。

四、对几种新型体育教学模式的评析

在我国体育教学领域内，强调根据学生的身心特点、发挥学生积极性、促进主动参与将成为体育教学中的新时尚。在我国体育教学较发达的地区，体育教学中的学生参与教学，学生主动自我发展的教学范例已经屡见不鲜。这些新型的教学形式中相对比较成熟的有快乐体育模式、发现式体育教学模式和小群体体育教学模式等。

（一）技能掌握式的体育教学模式

这种模式经常被称为"传统的体育教学模式"，这种模式主要受苏联传统教学理论的影响。它主要是依据运动技能的形成规律而设计的，是以系统地传授运动技能为主要目的的体育教学过程。

教学的单元设计以某一运动技术教学为主线，以达到目标的难度来判断单元的规模，多采用中大型单元，单元教学内容的排列主要以技术的难度为顺序。教学课的设计以某个技能的学习和练习为主线，注重练习的次数和必要的运动负荷安排，主张精讲多练，注重对运动技能掌握效果的评价，有人也称这种教学过程为"三段制教学"。

（二）快乐体育教学模式

快乐体育源于20世纪70年代的日本。它是针对学生的厌学体育的现状，并为实现学校体育教学与终身体育的连接而提出并发展起来的。快乐体育依据游戏理论，主要依据体育活动中体验运动乐趣的规律而设计的，"目标学习"教学模式的主要特点是让学生很好地掌握运动技能和身体锻炼的同时，能够体验到运动和体育学习的乐趣，从而为形成学生终身参加体育实践的志向服务。

快乐体育教学模式是指以运动为基本手段并采用适宜的教法，增强学生体能，使学生得到理性的快乐体验的一种体育教学方式。其特点是通过教师的指导使学生在"乐"中学，在学中"乐"。其基本教学程序是：初步体验运动的乐趣→理解运动的乐趣→再学习→得到赞许（理性）和运动成就感。快乐体育讲求愉快的学习气氛，旨在强调激发学生的学习兴趣，引发其良好的学习情绪，使学生转被动接受为积极自觉的渴求。但是以"乐"激趣也并非放之四海而皆准的唯一良方和途径，这里存在着教学形式与教学内容的统一问题。实际上，学生的兴趣既受影响于施教的方式，又受影响于施教的内容。当教学方式创设的精神与教学内容所描述的情景相辅相成，相得益彰时，便能够激发学生的强烈兴趣。

（三）发现式体育教学模式

发现式体育教学模式是以发展学生的创造性思维为目标，以解决问题为中心，以结构化的教材为内容，以再发现为学习方法的一种教学过程。类似的有"问题解决式的教学模式"和"探究式学习教学模式"等，该类教学是主要遵循在体育教学中学生认知的规律来考虑教学过程。它是指以发展学生创造性思维为目标，以提高学生解决问题能力，让学生通过自己获取新知识和解决问题的体验，掌握学习和思考方法为主要目的的体育教学过程。

这种教学过程是将运动教材中有关知识和原理进行归纳和整理后，组成"问题串"和"探究课题串"，对每个问题和探究的课题都设有其验证、讨论和归纳的方法，然后将几个大的问题分别设计在各节课中。其教学过程一般有问题提出、验证性学习、集体讨论、归纳问题和得出结论等几个主要的学习阶段，而运动的学习和练习则紧密地穿插其中，在教学中除教学法和练习法之外，还比较多地运用提问—回答、设疑—假说、验证—发现、讨论—思考、归纳—总结等教学方法。

案例：某教师进行大一的跨栏跑教学，教师事先设计出："什么是跳栏、跨栏、跑栏？""跨栏为什么要攻栏？""攻栏的要素有哪些？""如何练出攻栏的动作？""你的攻栏的动作如何？""你的同伴攻栏的动作如何？""你和你同伴要改进什么？""如何改进？""改进得怎么样？""你从学习攻栏中领会到了什么？"等相互关联和层层递进的课题与问题，然后将问题放在 8～10 个课时的单元中进行教学。如课题是"攻栏的要素"，教师先让学生们测量自己起跨点到栏的距离和下栏第一步着地点与栏的距离，以诱导学生认识攻栏的技术结构，在实地验证和讨论中得出攻栏与速度、身体柔韧性与技术之间的关系，使学生找到练习的方向，并实践了如何理性地进行运动学习的过程与方法。

（四）小群体教学模式

体育小群体教学模式也是主体性体育教学的重要形式。自素质教育改革以来，为了发展学生的社会性，提高教学效率，典型的班级教学形式越来越受到批判，由此产生了小群体教学活动的模式。研究表明，学生在学习中有结友、交流情感、讨论问题的需求，这实际上是学生发展社会性的需求。

体育教学中的小群体教学模式是把学生自然分成若干个学习小组，在教师的指导下，教师与学生之间，同组学生与学生之间，小集团与小集团之间通过运动，相互切磋与观摩，从而提高教学效率的一种教学模式。在这里，体育教学的分组既是坚持从实际出发原则所采取的组织措施，也是小群体教学模式中学习集团的基本形式。体育小群体教学模式的小集团是指根据学生的实际，按照区别对待和有利于集团学习的要求所采取的组织分组。体育小群体教学模式的基本教学程序为：教师提出要求→小集团组成→小集团学习→集团间活动→集团解散。

体育小群体教学模式的主要方式是合作竞争教学模式。重视竞争与协同并重是素质教育对全面教育的发展。为了使学生适应未来学习的发展，素质教育重视现代竞争的意识，同时注重协同意识的培养与评价。从发展趋势来看，社会的组织和企业越来越趋于大型化、社会化、国际化，作为一个社会的人，了解周围的世界，与周围的世界协调工作，是个人生存的必不可少的意识和技能。

素质教育不仅要培养人的竞争和协同的意识，同时要培养人对竞争与协同的选择，甚至方法与技巧的选择与运用，要适应未来社会的需要。对于了解和善于协同者来说，人们经常用"集体情商"的能力来描述。这种观点和实践在体育教育中越来越被广大教师所理解和接受。

合作竞争教学模式是指在教师的指导和学生的参与下，通过运用运动的手段，利用适宜的条件，创造一种较为复杂的运动环境，使学生们通过个人的努力或与同伴进行协作，克服困难，完成任务，促进学生合作与竞争意识双重发展的一种教学形式。这种教学模式的作用是能够促进学生合作能力与竞争意识的发展，其特点是师生共同参与，使学生在运动中学会合作与竞争。这种教学模式的适应条件是：根据教材特点，低年级更适宜强调合作，高年级更适宜强调竞争。其教学基本程序是：分组→设置问题→寻求解决方法（可以多个）→协调合作→竞赛→体验合作乐趣。竞争与合作模式的不足是，不利于技能教学，教师不容易控制教学的方向。

综上所述，我们所归纳的都是一些相对独立的有特色的模式。这些模式是为了更有利于实现某些教学目标。但是我们建立的模式不是体育教学改革的终极模式，它还会并且应该随着我国体育教学改革的深入不断发展。在对这些教学模式进行了初步探讨之后，还需要指出，这些模式的发展还不是很完善，有待于继续深入探索。从发展的角度看，突破教学模式,也是教学和研究的需要,"建模"是为了"无模"说的就是这个道理,"建模"表示一种相对的成熟和稳定,"无模"是一种突破和发展。根据新的学校体育思想,我们应善于总结教学经验,使体育教学模式的发展更加完善。

第五章　高校体育分层教学模式

随着素质教育的不断深入和《学生体质健康标准》的全面实施,体育教育工作者对体育课程进行了合理化的设计和实施。然而课堂教学中存在的一些问题也逐渐显现出来,由于学生基础水平的巨大差异,导致教学任务不能完成、教学目标不能如期实现,出现了基础好的"吃不饱",基础差的"吃不了",最后导致学生失去了学习的兴趣。分层教学模式就是针对学生在智力、非智力因素发展中的个别差异提出的,做到有的放矢,区别对待,从不同学生的差异中寻求教学的最佳结合点,使全体学生都能主动、和谐的发展。

第一节　国内外分层教学模式研究概况

一、国外分层教学发展与现状

自 17 世纪中叶捷克教育家夸美纽斯总结推广了课堂教学以来,班级授课制便作为学校教学的主要组织形式沿用至今。班级授课制是在统一的教学目标下,统一的时间和空间范围内,使用统一的教材对成批学生进行集体教学的一种教学形式。人们在质疑、思索的同时也在不断地探寻既能保持教学规模,又能体现因材施教的新型教学形式,"分层次教学"应运而生。

"分层次教学"这一教学模式,在国外已为许多国家政府和教育机构所重视并加以推广。关于分层次教学的理论与实践研究是国内外教学研究的一个热点,并已取得十分丰硕的成果。如 20 世纪 70—80 年代,美国布鲁姆的"掌握学习"理论、罗杰斯的"人本主义教育"理论、布鲁纳的"发现学习"理论、苏联巴班斯基的"教学过程最优化"理论等等,都从不同的角度提出了以分组教学为主实施个别化教学的思想。他们关于个别化教学的理论与实践,对于进一步繁荣和多样化发展分层次教学产生了重要影响。

二、国内分层教学发展与现状

清末的国民教育思潮和义务教育运动为西方的"分层教学"理念传入提供了较好的时机,20 世纪初,"分层教学法"主要由日本传入我国,起初称之为"分团教学"。1913 年在《中华教育界》中对分层教学以"分团式教育"的方式进行了介绍,1914 年 10 月,天民在《分团教授之实际》中介绍了分团教授的产生时期、组织儿童的座次、教授科目及课程、分团教授的顺序、教授的方法和实效等。朱元善于 1914 年实验的"分团教授法",陈文钟在尚公学校开展的分团教授法实验,按照学业成绩的差异进行分组,在有的学科上还考虑了学生的能力,学生间的互助问题,并且在课程、教材、学习年限上实行了统一。

20 世纪 30 年代以后,开始进行"分团教育"实验,并且形式日趋多样化,但受战争和社会动荡的影响,分层教学改革实施发展缓慢。新中国成立以后,分层教学曾一度兴盛，但之后一段时期被废止。到 20 世纪 80 年代末由于社会主义现代化建设亟须人才，以及在国外先进教学理论的影响、教育教学质量急待提高、班级授课制本身存在不足等多种原因的影响下，国内积极采取措施，于是，分层教学再度在国内兴起。

在我国体育教学中也进行了一些分层教学的实验研究。1990 年，龚少清、郑定明的《体育课分层教学的探讨》在我国体育分层教学中进行了首次教学尝试。之后，张正明在 1997 年发表的《浅谈体育学科的分层教学》中提出分层教学的理论依据。同年，赵晶、孙艳丽对哈尔滨体育学院三年级的篮球专修课实行了"层次法"教学，提出了一些分层教学的具体实施方法。2000 年，朱寒笑的《普通高校体育基础课实施分层教学的研究》通过对学生 100 米跑、立定跳、铅球三项素质进行测试，并按其成绩分层进行教学实验在学生素质提高上取得了一定成绩。2000 年中国地质大学在全校推广体育课选项分层教学，受到了同学们的欢迎。2001 年，王港的《体育教学中分类指导与分层教学的应用》中提出了在教学班级内针对不同类型的学生接受能力设计不同层次的教学目标，并针对教学目标，提出不同层次的学习要求并给予不同层次的辅导。2002 年，鲍庆君《篮球普修课实施分层教学的试验研究》一文对体育系篮球课实行分层教学进行了系统的理论和实验研究。2002 年，周俊平在《体育课"分层"教学模式探讨》一文中通过分层教学对于学生个性发展，培养特长，促进差生转化起到积极作用。2003 年，李文杰、周庆丰发表的《体育课分层次教学的方法研究》通过对女大学生建立数学模型的方法有效的分析出有关女生的分层教学模式与评价方法。2004 年，王大中在《体育课分层教学模式的意义、设计与实施》中通过对北京广播学院 2011 级和 2002 级学生进行实验研究，论证出分层教学的优越性，在操作层面上提出了具体实践方案。2004 年，阎洪杰对《高校体育选项课分层教学影响大学生身心健康的实践研究》研究了分层教学对学生身心健康的影响。2005 年，王焕波、毛武陵在《普通高校体育课"分层教学"模式的实验研究》中通过对德州学院 2003 级、2004 级普通本、专科 1860 名学生从分层标准、目标体系、内容体系、组织实施几个方面进行"分层教学"模式的实验研究，表明分层教学对大学生的身体素质、运动能力和终身体育的意识行为，以及提高体育教师的业务水平具有非常重要的作用。2006 年，刘留、张进喜在《分层教学法在体育教学中运用的研究分析》中提出分层教学在我国体育教学实践中存在的问题，通过文献资料法、逻辑分析法和对比法并结合国内外学者的研究成果，对分层教学法提出新的审视标准。2007 年，苟清华、王诚等以西南科技大学健美操教学为例实施"三自主"分层教学模式探讨，学生在选课率上达到 83%，深得学生喜欢，极大地提高了学生上体育课的积极性。2008 年，刘建敏，赵建芳等在《普通高校健美操教学中实施小群体分层考核评价的可行性研究》中对健美操提出了一套新的、有效可行的评价方法。2010 年，侯玉鹭，黄钊林在《分层互助教学模式在体育院校排球普修课教学中的应用》中得出运用分层互助教学模式在体育院校专项技术课教学中具有可行性，且富有成效，教学效果明显优于传统教学模式。2012 年，孔敏亚在《普通高中篮球模块教学中分层教学的策略研究》中从有效解决教学要求的整齐划一性与学生的实际可能的差异性之间的矛盾，采用按技术分层教学，从目标、内容、教学、评价等方面进行了分层实践研究和深层次的理论探讨。蒋晓鞠对分组分层教学在体育教学中应用进行了研究，并在本校进行了实践，改变了体育课"一刀切"的教学模式，使体育课气氛活泼，又能抓好普及与提高，不仅有利于学生身体素质的提高，而且培养了勇敢、顽强的良好品质。

总之，目前我国高校的分层教学实践与研究不断向多样化和合理化方向发展，在理论上总结出一套较为成熟的体系，并在不同的高校进行实验与总结，从教学目标、内容、教学具体操作、评价方法、学生的身体素质、运动能力和终身体育的意识行为以及提高体育教师的业务水平、学生个性发展，培养特长等方面进行了论证与实践。

第二节 分层教学模式的相关理论分析

一、分层教学模式研究的目的及意义

（一）分层教学模式研究的目的

体育教学中强调素质教育的全体性、全面性和自主性，是体育教师在具体的体育教学实施过程中所应努力的方向和目标。但很多体育教师习惯运用传统的组织方法进行教学，同时忽视学生身体素质、心理、性别、技能等差异，采用统一教材、统一教学、统一要求、统一考核标准，这种"一刀切"的教学现象，严重影响了学生上体育课的积极性，不利于学生的个性发展。

学生来自不同的地区、文化、身体素质、心理素质、思想品德、思想意识、认知程度、性别不同等因素，都将导致在体育教学中存在不可避免的教学难点。同时也造成有的学生学习比较快，要求增加难度与知识，而学习比较慢的学生，希望教师授课的进度放慢，同时要求教师在课后业余时间给其巩固与提高的指导。这就产生了一个矛盾，如果矛盾的激化程度越来越严重，势必导致两类学生同时产生厌学的情绪，抵触教师正常的教学，因此就产生"吃不饱"和"吃不了"的矛盾。为了解决这一矛盾，使两方面的学生都能够得到学习和锻炼，体验体育运动所带来的愉悦与成功的满足感，更好地完成教学任务，采用分层教学是适宜的。

（二）分层教学模式研究的意义

教育必须面向全体学生，以全面提高教学质量，学校既要对每一位学生负责，又要对家长负责，对社会负责，应使每一个学生在高校学习期间，都能得到所需的基本知识，又能达到身心的健康。随着高校体育资源的不断丰富以及体育教学改革的不断深入，学生在教学中的主体地位越来越被重视，学生的个性发展也被充分尊重，高校体育选项课采用分层次教学，就能真正提高学生的身体素质、心理素质以及竞争意识。

1. 分层教学真正意义上突出"因人而异，因材施教"的原则

分层教学尊重学生的个性，真正实现了高校体育教学促进学生身体健康发展的体育教学目标。同时也能提高学生的竞争意识，让学生认识到只有通过体育锻炼才能有一个健康的体质。针对学生的个体差异，不同层次设计相应的教学要求、内容和方法，促使不同层次的学生都能掌握所学的技术动作和练习方法，有效地解决学生中"吃不饱"和"吃不了"的现象，使学生变被动学习为主动学习，并得到最优发展，感受到成功的乐趣。它打破传统教学的束缚，增强了学生之间的交往能力与合作精神，为和谐校园、和谐社会的创建起到很大的促进作用，同时培养学生个性发展，为"终身体育"与"快乐体育"奠定基础。

2. 分层教学有利于素质教育

素质教育就是以全面提高全体学生的基本素质为根本的教育。它的核心是培养人的创新精神与实践能力，是展现人的独立个性的教育。素质教育要面向全体学生，使每个学生都能得到全面发展，在分层次教学中，更应该加强素质教育。根据学生身体素质差异、个性差异、心理差异等方面，分成不同的层次，再根据不同层次学生的特点，安排合理教学内容，使每个层次学生在学习中都能得到提高。

3. 分层教学有利于教学评价

体育课考核是衡量学生学习的重要手段，是了解学生在学习过程中掌握知识的情况，也是对教师教学效果检验的重要手段。通过成绩考核，可以了解学生学习的效果，可以从中发现问题，并在以后的教学中避免这一情况发生；强化学生学习动机的同时，也反馈了信息。在分层次教学考核中，根据不同层次的运动技术水平，制定不同的考核标准，使学生得到公平、合理的成绩，增强教师的信誉度，同时也提高学生学习的积极性与主动性。

二、分层教学模式的结构分析

（一）分层教学模式的内涵

分层教学，是指在人的发展过程中，由于受遗传、家庭及社会环境等因素的影响，个人在发展过程中存在着不同的生理、心理及个体差异，根据学生的认知能力、学习能力和掌握能力，教师在安排课堂教学内容、教学方法、教学手段上要符合学生实际学习的可能性，有针对性地设计和进行学习指导、检验、评价，从而使每一个学生都能在原有基础上得到完善与提高。

体育分层教学是指在承认学生有差异的前提下，教育者根据学生的个体差异、兴趣爱好、身体素质、运动技能等因素基本相同的情况进行组合，划分不同层次，确定基本相同的学习目标，有针对性地进行体育教学，并制定不同的评价标准的一种教学模式。

正确理解分层教学的内涵，应注意以下几点：

①分层教学的着眼点是为了学生的发展。

②分层教学的对象是全体学生。素质教育的精髓是面向全体学生，使每一个学生都能全面地、主动地、和谐地发展。分层绝不意味着对某一部分学生，特别是后进生的放弃。

③实施分层教学应当考虑的要素。作为一节特定的课堂教学来说，它至少包括了学生、教师、教材和教学媒体四个要素，四个要素互相联系，互相作用，形成一个有机联系的整体。实施分层教学，应基于对以上四个要素的科学分析。

（二）分层教学模式的理论原则

1. 区别对待原则

学生的差异是客观存在的。因此，在体育教学的过程中应充分考虑学生的个体差异，因材施教，区别对待。即教师在备课、选择教法时要因人而异，按照不同学生的水平、智力、素质及能力，精心设计教学程序，制定出不同的教学方案，"区别对待"地进行教学。我们要利用学生的这些特质促进学生个体优势的发展，做到学有专长，使不同组别层次的学生都能学好。而组与组之间不是固定不变的，低层次组的学生通过努力学习达到高层次水平时可调到高层次组学习；而高层次组的学生学习时感到很吃力、压力太大而跟不上进度时可换到低层次组去学习，同时鼓励学生之间相互帮助、共同进步，达到提高教学质量的目的。因此,"区别对待原则"为分层教学提供了理论支持。

2. 目标导向原则

分层教学总要面对学生的认识问题,对分层的正确认识是分层教学取得成效的前提。对此,我们把建立正确的分层观念作为实施分层教学的首要内容,务必使学生认识到:分层是为了全体学生全面发展的需要,是因材施教的手段、素质教育的召唤,而不是给学生划分等级的依据。教师只有通过分层次教学,才能根据学生个体的差异情况提供不同的教学方法,才能有助于各类学生共同得到发展,从而摆脱传统教育只注重少数尖子生而忽视多数学生的落后观念的束缚,真正使每个学生都获得平等的教育机会。只有使每个学生都认识到分层次教学的真正目的,才能获得学生们的积极支持和主动参与,分层次教学才能取得成功。

3. 联系实际原则

联系实际是落实教育方针和实施素质教育的需要,是体育课自身发展的需要,是建立学生正确的体育科学价值观的需要。体育教学中联系的实际不外乎学生实际和社会生活实际两方面。因此在教学中要引导学生从实际出发,着眼于运用,让学生的间接经验和直接经验相结合,运用到生活实际当中去,优化学习,培养学生的体育素质。教师要牢记体育教学的本质和根本目的,准确地、深入地分析和把握教学的各项环节,让学生在学习掌握体育技术知识的同时,还能接受体育文化的熏陶,加深学生对体育的认识与理解,以优化学生的学习过程和学习效果为中心,努力引导和培养学生的体育素质。避免将体育技术装"门面",盲目追求"高""精""尖"并滥用,以进一步培养学生分析问题、解决问题的能力,"联系实际原则"为分层教学提供了动力支持。

4. 民主平等原则

民主平等原则强调人与人之间的相互尊重,给予每个人参与活动展示自己的机会,从而学会合作,善于竞争,促进学生人格的健康发展。民主平等的人际关系,特别是良好的师生关系所营造出来的那种生动、活泼、和谐的教育氛围,有利于教育信息的充分交流和各种思想火花的激发,能够调动学生参与学习的积极性,保证分层教学的各个教学环节取得实效。特别需要提出的是,民主平等原则能够培养学生的民主思想、民主精神和民主参与能力,从而造就一代富有民主意识的新人。

5. 全面发展原则

全面发展原则也可称为目的性和方向性原则,因为它规定了体育教学的目的和方向。全面发展原则有时被称为教育性原则。因为广义的教育,包括技能教育、智能发展和思想品质教育三个方面,而"全面发展"包括了这三方面的内容。分层教学强调学生是学习的主体,是学习的主人。强调学生学习主体地位的体现,充分发挥学生的体育特长和学习潜能,使学生的自主学习过程达到最优化。实施分层教学的目的就是为了更好地体现和发挥学生学习的主体性,让学生成为学习的主体。引导学生主动参与教学,学会自主学习,学会发现问题,提出问题,解决问题,培养学生创新意识。"全面发展原则"为分层教学提供了正确的导向作用。

6. 鼓励性评价原则

表扬和鼓励是提高学生兴趣、增强学习自信心的有效途径之一,能够促使学生经常处于一种追求成功的心理状态。教师要善于运用夸奖的言辞、友善的微笑和热情的鼓励来引导学生学会尊重他人的学习成果，善于发现别人的闪光点。特别要注意保护那些稚嫩的、具有创新特点的思想火花，培养学生对自己能力的自信和获得成就的勇气，激发学生不断成功的欲望，形成积极探索、勇于创新的精神和良好的学习习惯。

（三）分层教学模式的主要分类

1. 班内分层目标教学模式（"分层教学、分类指导"教学模式）

班内分层目标教学模式保留行政班，但在教学中，从层次不同的各类学生的实际出发，确定不同层次的目标，进行不同层次的教学和辅导，并制定不同的检验标准进行检验，使各类学生得到充分发展。具体做法：

①了解差异，分类建组。
②针对差异，分类目标。
③面向全体，因材施教。
④阶段考查，分类考核。
⑤发展性评价，不断提高。

2. 能力目标分层监测模式

知识与能力的分层教学是根据学生自身的条件，先选择相应的学习层次，然后根据努力的情况和学习的现状，再在学期末进行层次调整。这一形式参照了国外的"核心技能"原理，给学生以更多的自主选择权，学生在认识社会及认识自我的基础上，将自身的条件与阶段目标，科学地联系在一起，更有利于学科知识和能力的"因材施教"。

3. 分层走班模式

按照学生的知识和能力水平，分成三或四个层次，组成新的教学班级（称之为 A、B、C 教学班）。"走班"并不打破原有的行政班，只是在学习这些课程时，按各自的程度到不同的班去上课。它的特点是教师根据不同层次的学生重新组织教学内容，确定与其基础相适应又可以达到的教学目标，从而降低"学困生"的学习难度，又满足"学优生"扩大知识面的需求。

4. 定向培养目标分层模式

这种模式多限于职业教育中。指按照学生的毕业去向进行分班分层教学。具体做法是：首先在入学时对学生进行摸底与调查，既了解学生的知识能力水平，又了解学生对就业与升学的选择，在尊重学生和家长意见的同时，也反馈学生自身的学业情况，进行正确定位。再以学生的基础和发展为依据，分成两层（即升学班与就业班）。两个班安排同样的教材、同样的教学进度，只是教学的目标和知识的难度不同，升学班主要注重"应试能力"的训练，就业班则突出文化知识与职业实践的结合。当二年级学生参加水平测试并合格后，学校再给学生提供第二次选择，升学班进一步强化文化课与主要专业课，而就业班则以职业技能训练为主。

5. 课堂教学的"分层互动"模式

"分层互动"的教学模式，实际上是一种课堂教学的策略。这里的"分层"是一种隐性的分层，首先，教师通过调查和测试，掌握班级内每个学生的知识水平、特长爱好、学习状况及社会环境，将学生按照心理特点分组，形成一个个学习群体。其次，利用小组合作学习和成员之间的互帮、互学形式，充分发挥师生之间、学生之间的激励与互动，为每个学生创造整体发展的机会，并利用学生层次的差异性与合作意识，形成有利于每个成员协调发展的集体力量。

分层依据：主要依据学生个体差异、身体素质、运动技能、兴趣爱好和教师意见等决定分层。

分层管理：一般实行弹性机制，分层不是固定的，每学期或每学年要进行调整，层次变化的主要依据是学生的学习情况，如进步显著就可以上调，学习吃力则可以下调。

（四）分层教学模式的特点

与传统的教学模式相比，分层教学模式具有以下特点。

第一，分层次教学在不改变班级授课制的前提下，实现了集体教学和个别教学的完美统一，解决了教学要求的整齐划一和每个学生实际学习需求差异之间的矛盾。

第二，分层教学法符合人文主义的教育理论，强调人的能动性、自主性和创造性。重视人作为社会实践活动的主体作用，重视人的尊严价值，重视激发每一个学生的学习潜能，相信学生能够积极主动地完成各项学习任务，具有强烈的进取心和竞争意识。根据学生的具体差异性，制定适合不同层次学生的具体学习目标和内容，采用不同的评价体系，充分调动学生学习的主动性和积极性。

第三，分层教学法的立足点是面向全体学生，根据学生在兴趣、性格、能力等方面的差异，制定适合每一个学生的"最近发展区"，激发每一个学生学习的积极性和主动性，有利于增强每一个学生的自信心和自觉性。

在分层教学法中，教师处于主导作用，教师主导作用发挥得好，学生就能够积极主动地参与教学过程。只有教师对学生满怀信任和期待，采用适当的教学方法，严格要求学生，热情帮助学生，学生才能对教师的信任和期望做出积极的反应。分层次教学针对不同层次的学生采用不同的教学内容和教学方法，促进"教"与"学"的互应，为教师主导作用的发挥提供了广阔的空间。

（五）分层教学模式的优越性

高校体育课进行分层次教学，符合学生实际水平和因材施教的原则，培养学生锻炼身体的意识，对学生身体素质与自信心都有所提高。

1. 分层教学针对性较强

学生在高中学习期间，由于学校对体育课不重视，奉行应试教育的理念，为使学生考上理想的大学，往往把体育课减之又减，甚至有些学校采取取消体育课的做法。还有的学校不重视对体育器材的购置，场地资源不够，体育经费少，体育师资力量缺乏，而学生对体育的认识不够。因此在这种基本条件下，学生进入高校，选择自己喜爱的体育运动项目，运用分层教学，更能激发学生学习体育的积极性，调动他们学习体育的热情。

2. 分层教学能满足学生学习的需要

分层教学以"因材施教"为原则，对不同层次学生采用不同教学方法、教学内容与教学手段，使学生在不同层次的教学中都能体验成功的乐趣，既培养了学生个性化的发展，促进学生心理素质的提高，又满足了学生对知识的需要。

3. 分层教学成绩明显提高

分层教学经过全面实践，学生普遍认为自己学有所获，学有所得。学生能享受体育带来的快乐与成功感，提高加强体育锻炼的意识，加深对体育的理解和认知，使学生自身的基本技术动作得到了提升。

4. 分层教学有助于师资的提高

分层教学要求教师有较强的理论基础与过硬的技术本领。要求教师要加强对教材的研究，要做到横向与纵向相结合，更要了解前沿领域的相关资料等，以此来提高教师的理论知识与动作技术的提高。体育教师要有掌控、驾驭课堂的能力，合理科学地安排好每一堂课的教学内容，采取不同的教学手段，上好每一堂体育课。教师要与时俱进，真正提高自己的综合素质，以适应现代化的教学。

5. 分层教学能加强培养终身体育意识与行为

分层教学使之划分不同层次教学，在层次中设计相应的教学环境，学生在这种环境中得到锻炼，加深对体育锻炼的认识，培养其个性，提升创新和拓展的能力，促进意志品质的提高，分层教学对学生团结协作、努力拼搏、积极进取、不甘落后精神的培养，使学生养成自觉锻炼身体的习惯，为培养"终身体育""快乐体育"奠定基础。

（六）分层教学模式的理论依据

1. 分层教学模式的心理学依据

分层教学模式和任何其他教学模式一样都要符合教育规律和心理活动规律，也必须符合心理学原理，符合学生心理发展特点。下面我们就从心理差异的影响因素方面来对分层教学模式的心理学基础加以分析。

心理学认为影响学生心理差异的因素是多方面的，如兴趣爱好、情绪状态、智力水平、动机以及知识结构等各个方面。《教育心理学》中，将心理的个别差异分为性格差异、能力差异、兴趣差异。而造成心理个别差异的原因很多，如先天不同的遗传素质，后天的教育影响、社会生活条件和实践活动等方面。心理的个别差异既是教育的结果，也是教育的前提。心理学原理告诉我们，对学习质量有重要影响的还有兴趣、情绪、动机等非智力因素，因人而异，是可以在后天的教育中加以培养的。这就要求我们在教学中要根据这些具体情况制定相应的教学模式。

心理学认为，学习动机和学习效果之间存在着相互制约的关系。如果学习效果好，学生在学习中获得更多的成功体验，学生的学习动机就会得到加强，主动性和积极性就会提高，从而会以全新的状态投入到学习生活中去，学习效率就会更高，效果就更好。"学习动机的强弱直接影响认知活动启动的早晚和认知活动的质量。"可见学习动机与学习效果相互促进的关键是学生要在学习活动中获得成功体验，从而形成学习上的良性循环。奥苏伯尔明确指出："动机与学习之间的关系是典型的相辅相成的关系，绝非一种单向性的关系"，心理学认为，愉快情绪对学习质量有巨大的促进作用。成功体验，必然会带来愉快情绪、高涨热情，继而提高学生学习的主动性和积极性，促使学生产生新的学习需要。愉快情绪是从成功的自信和满足中得到的。孔子说："知之者不如好之者，好知者不如乐知者。"用现在的话说就是，掌握知识不如对所学的知识产生"浓厚兴趣"，而产生"浓厚兴趣"不如参与学习时感到愉快，也就是说最佳的学习过程是没有心理压抑的快乐学习过程。因此，动态分层教学模式的核心思想是为每个学生提供成功的机会，体会成功的愉悦，变"要我学"为"我要学"，调动每一个学生的积极性，充分开发他们内在的潜能，从而让不同层次的学生都能获得成功的体验以及由此带来的成就感和愉悦感。动态分层教学模式在教学组织和教学设计上符合心理学理论原则，划分层次应当尽可能照顾到学生的心理特征（智力与非智力因素方面的）。

2. 分层教学模式的教育理论依据

（1）"因材施教"原理

法国教育家卢梭在他的自然教育理论中，强调对学生进行教育，要遵循自然的规律，顺应人的自然本性。教育要适应学生身心发展，还要适应学生天性的个体差异，进行因材施教。苏联教育家苏霍姆林斯基在其转变差生的理论中，反对全体学生采取划一的教学形式，主张对后进生进行分组施教和个别施教。他主张对后进生不仅在脑力劳动内容，而且在时间安排上也应个别对待，真正做到因材施教。

"因材施教"是我国古代一条重要教学原则，孔子对自己的学生很了解，他根据学生的不同个性特点将颜渊、宰予、冉有、子夏等人分别培养成在"德行""言语""政事""文学"四个方面各有所长的人才。唐代学者韩愈在《进学解》中对因材施教的思想进行了形象化的描述。在现实中，由于受到遗传、家庭、社会等因素的影响，每个人都存在着差异，教师在教学中要根据学生的能力特长、兴趣爱好、不同基础类型等特质不同，因材施教，才能使学生"人尽其才，各得其宜"。

（2）层次性原理

教学过程是师生互动的过程，交流可分为元素层次（词语交流）、命题层次（语句交流）、模式层次（语句网络交流）。师生必须在同层次下才能顺利进行交流，即交流双方必须有"共同语言"。为了在每个班级中让所有不同层次的学生都有交流的机会，教师必须提供不同层次的交流方式和交流内容，尽可能使各个层次的学生都获得他们适应的学习情境和过程。美国心理学家布鲁姆在掌握学习理论中指出："许多学生在学习中未能取得优异成绩，主要问题不是学生智力欠缺，而是由未得到适当的教学条件和合理的帮助造成的"，如果提供适当的学习条件，大多数学生在学习速度、学习动机、能力等多方面就会变得十分相似。这里所说的学习条件，就是指学生学习并达到掌握所学内容必需的学习时间，给予个别指导和全新的学习机会等。分层教学模式就是要最大限度地为不同层次的学生提供这种"学习条件"和"全新的学习机会"，从而为每个层次的学生都能获得成功心理体验创设应有的前提条件。

（3）"掌握学习"理论

美国著名教育家、心理学家布卢姆提出的"掌握学习"理论："每个学生都有能力理解和掌握任何教学内容，达到掌握的水平。"他认为现实中学生的个体差异是客观存在的，针对差异问题，关键在于怎样对待这些差异。"只要在提供恰当材料和进行教学的同时给每位学生提供适度的帮助和充分的时间，几乎所有的学生都能完成学习任务或达到规定的学习目标。"他在《掌握学习》一文中表明："如果给予充足的时间及适当形式的帮助，95%的学生（5%的尖子学生加90%的中间学生）能够学习任何一门学科，达到高度的掌握水平。在适当的条件下，一个班里95%的学生都能达到作为掌握一门学科的指标值的A等。"而分层教学正是实现他"从差异出发达到消灭差异"这一理论构想的有效手段。"差异"教学体现在教学过程之中，通过这些不同的教学使每个学生都得到适合自己最大可能的发展。

（4）教育、教学过程最优化理论

苏联著名教育理论家巴班斯基，针对苏联20世纪60—70年代教育改革中出现的许多新矛盾,总结了先进地区和优秀教师的教学经验,力图克服教育理论中某些片面性、决定化的倾向,创立了"教学过程最优化"的理论。

巴班斯基指出"最优化"是在教学规律和教学原则基础上,教师对教育过程的一种明确的安排,是教师有意识的、有科学根据的一种选择(而不是自发的、偶然的选择),是最好的、最合适于该具体条件的课堂教学和整个教学过程的安排方案。根据系统一结构观点,巴班斯基按照逻辑顺序完整地分析研究了教学过程中多种多样的联系,在此基础上揭示了教学规律和教学原则。根据教学规律和教学原则,教师对教学的基本目的、任务要有整体的了解,进而把每节课的教学任务最合理地结合起来,并突出主要的、占主导地位的任务。在教学组织形式上,要全班的、小组的和个别的教学形式最优化地结合起来,实现区别教学的目标。

(5) 加德纳的多元智能理论

霍化德·加德纳教授提出"多元智能理论",他认为智力不是一种能力而是多元的能力,不是以语言—表达能力和数理—推理能力为核心的、以整合方式存在的一种能力,而是在某种社会或文化环境的价值标准下,个体用以解决自己遇到的真正难题或生产及创造出有效产品所需要的能力这些智力包括言语—语言智力、音乐—节奏智力、逻辑—数理智力、视觉—空间智力、身体—动觉智力、自知—自省智力和交流智力,它们错综复杂,以不同的方式不同程度地结合在一起,形成有机的整体。这个整体在个体身上由于智力成分的独特组合而表现出每种优势智力或主导智力,使每个人的智力各有特点,各不相同。这一理论给我们看待"成功"问题与"聪明"问题提出了新的视角,同时也给我们的课程观、教学观、评价观带来一些新的变化。教师要改变传统的观念,要以学生为中心,充分了解学生的智能结构和特点,正视学生的差异,尊重差异,善待差异。改变教学的方式,调整课堂教学设计思路,把"多元智能"理论与教学相结合,突出学生的个性发展,使学生较好地运用发展自己的每一种智能。

(6) "最近发展区"理论

维果茨基认为,任何学生在学习中都存在着两种水平:一是现有水平,被称为"最近发展区";二是潜在水平,被称为"教学最佳区",教学就是这样一个使潜在水平转化现有水平,并不断创造新的现有水平的过程。根据这种理论,学生的个别差异包括现有水平的差异和潜在水平的差异。我们组织的教学活动只有考虑到这些差异,尽可能靠近各个层次学生的"最近发展区",循序渐进,才能顺利开发其"教学最佳区",并不断地建立新的最近发展区,层层递进,促进学生的全面发展。分层教学模式的层次化课堂教学就是为了给学生寻找贴近各自特征的最近发展区、适合自身特点的教育方法,使他们获得成功体验,产生愉快情绪和强烈学习动机,激发他们的学习主动性,从而提高教学效果和学习质量。

3. 分层教学模式的学习理论依据

(1) "人本主义"学习理论

现代西方教育的一个重要教育思想是以马斯洛、罗杰斯为代表的人本主义学习理论,其承袭了欧洲文艺复兴时期的人本主义教育观,重视对人的情感、智慧、意志、人格的整合,强调受教育者的主体地位,提出"以学习者为中心"的观点,主张学生要充分发挥自己的潜在能力,能够愉快地、创造性地学习,追求人的个性的发展。一方面它强调以人为本，即强调教学以学生为中心，认为教师要充分调动学生的主体性、主观能动性，充分尊重学生的自身价值和挖掘学生的潜能，使学生能够得到全面发展。另一方面人本主义学习理论强调学生的自由学习，主张尊重学生个性特长，让学生自由发展。这就要求我们的学校教育不能按照一个模式进行教学活动，而应该采用适合学生实际情况的多元化教育模式。人本主义学习理论启示我们，学生是学习的主体，师生关系的核心是尊重学生。尊重表现为两方面的含义：一是承认每个学生都有自己的兴趣、认知水平、需要，尊重学生个性的存在，教育活动而且要以此为出发点，发展学生的个性；二是在尊重每个学生的人格和尊严的前提下，尊重学生群体的存在，强调师生的交流，教师要走入学生的情感世界去理解他们。学生是不成熟的群体，通过教育教学活动，可以使他们不断走向成熟。但是学生又是一个充满情感、活力和个性的生命群体，教师和学生之间、学生与学生之间在人格、地位上是平等的。实施素质教育下的动态分层教学模式，教师要在把握教学方向、内容、进程和方法后，"以学生为中心"，充分尊重和信任每一个学生，使学生们在愉悦的情绪下学习，强调教师的教学要以学生为本，以学生的发展为本，教师在组织教学活动时要十分关注自己的教育对象，这样才能调动学生的主动性、积极性和自觉性。

(2) 建构主义学习理论

建构主义是学习理论中行为主义发展到认知主义以后的进一步发展，是当代教育心理学的一场革命。建构主义理论的内容非常丰富，但其核心用一句话可以概括为：以学生为中心，强调学生对知识的主动探索，主动发现和对所学知识意义的主动建构。建构主义认为，学习是获取知识的过程，学习是在一定的情境下，借助他人的帮助，如人与人之间的协作活动、交流、利用必要的信息等，通过意义的建构而获得的。建构主义学习理论认为"情境""会话""协作"和"意义建构"是学习环境中的四大要素或四大属性。学习环境中的情境必须有利于学生对所学内容的意义建构。这就对教学设计提出了新的要求，也就是说，在建构主义学习环境下，教学设计不仅要考虑教学目标分析，还要考虑有利于学生建构意义的情境的创设问题，并把情境创设看作是教学设计的最重要内容之一。在学习过程中帮助学生建构意义就是要帮助学生对当前学习内容所反映的事物的性质、规律以及该事物与其他事物之间的内在联系达到较深刻的理解。这种理解在大脑中的长期存储形式就是关于当前所学内容的认知结构。教师的教学活动围绕着意义建构这个最终目标来进行。建构主义提倡在教师指导下的、以学习者为中心的学习，也就是说，既强调学习者的认知主体作用，又不忽视教师的指导作用，教师是意义建构的帮助者、促进者，而不是知识的传授者与灌输者。学生是信息加工的主体、是意义的主动建构者，而不是外部刺激的被动接受者和被灌输的对象。建构主义理论为教学改革提供了一种全新的指导思想，在将其付诸实践的过程中，我们应当注意到，学生在对知识的探索、发现和意义建构上存在很大差异，并且这种差异体现在各自的能力、方法、过程和所需条件等各个方面。因此，动态分层教学模式必须要以学生为本，尊重差异，以培养个性、能力和综合素质为指导思想，针对不同层次学生的实际情况，因材施教，发挥每个学生的主体性、自主性、能动性和创造性，实现其最大限度的全面发展。

第三节 分层教学模式在高校体育教学中的实践研究

一、分层教学模式的教学设计

(一) 分层教学目标的制定

在制定分层教学目标时,应该考虑到总体目标的制定,教师根据同一个班学生体质的差异性以及运动能力的高低,因材施教,针对不同层次的学生来设计相应的教学内容、教学方法、教学要求等,具体来规划目标的制定。为了突出分层教学中的层次感,即每节课教材规定内容的目标都应该达到要求,但教材内容的深度、广度、教学进程、理解知识的层次、各种练习的设计、教师的指导与帮助都应该视情况而定。在体育教学中,根据学生的身体差异、运动技术水平的高低、体育素质及个体心理素质等方面的因素,以及体育的合格标准和体育达标成绩的依据来划分层次,打破传统的教学模式,将学生划分三个层次(即初级、中级、高级),进而设计不同层次的体育教学目标。

在体育教学中,各个层次的学生并不是一成不变的,为了鼓励学生积极锻炼,努力向上,在教学中引入竞争机制。在一定时间内适当调整层次,对进步快、能力有提高的学生升入高一级层次,对后退的学生降低一个层次。这样,激励学生有竞争意识,力争上游,不甘落后,努力学习,既控制了课堂的教学气氛与氛围,又调动学生学习的积极性和主动性,有效地促进了学生身体素质和思想品质的提高。

(二) 分层教学目标的设计

分层教学能否顺利进行与开展,达到体育教学目标,重要的是在课堂授课中对练习的设计。因此,在体育教学中要结合教材的内容和各层次学生实际情况出发,设计出不同层次的教学目标、教学方法和教学内容。根据因人而异、因材施教的原则,可将教学目标划分为三个层次。

高级层:对大纲教学内容有所提高,进一步拓宽视野,对运动技术内涵的加深与理解,努力提高运动技术水平,能深刻理解运动技术,动作标准、正确、连贯、协调,促使不断提高身体素质,培养其能力。

中级层:掌握教学大纲的所要求的基本内容,掌握基本理论知识。

初级层:初步掌握所学的运动技术,能理解动作要领。

除此之外,进行分组练习时要注意女生身体素质不如男生,所要求的难度与运动量都应根据其身体素质要减量,同时体育教师讲授课之后,不要无所事事。应该主动到练习场地进行巡视,纠正与帮助学生改进错误的技术动作。这样,各层次之间都有相应的教学内容和方法,各层次的学生都能从中学到知识,充分调动学生积极性与主观能动性,从真正意义上使学生感受到体育带给他们的快乐。

教学方法就是教师组织课堂教学活动的方法。教学目标的实现,是要依靠一定的教学方法的。问题是如何在分层次教学中针对学生不同的身体差异、个性特征及认知的程度不同,运用不同的教学方法,合理制定出科学合理的教学目的,以此来进行教学。体育分层次教学方法的运用具体如下。

1. 体育教师要认真进行教学研究，认真进行"三备"

"三备"即备教材、备内容、备学生。针对不同的学生，确定不同的教学内容，采用灵活多变的、行之有效的教学方式。在教学中，学生是课堂的主体，教师是课堂的主导者，教师充分调动学生的积极性，并促使学生能有一定的创新性与开拓性。教师帮助学生努力完成教学任务，使不同层次之间的学生都能理解所学的知识与运动技能，在原有的技术上有所提高。

2. 体育教师在教学中运用教学手段

体育教师在传授运动技能的过程中，由于学生对运动技术的理解存在着一定的差异性，因此在传授运动技术过程时，事先要了解各层次学生掌握运动技术水平的情况，针对该情况采用不同的教学方法、内容和手段。

3. 体育教师要激发学生的竞争意识及团队合作精神

在体育分层教学过程中，根据各层次之间的学生生理、心理、思想意识等因素，通过教学比赛手段培养学生的意志品质，激发学生竞争意识、团结意识、拼搏进取的精神，提高其对教学环境的适应能力和自我心理控制的能力。

在群体教学活动中，培养学生相互团结、互相竞争、相互理解的精神，促进学生在学习运动技术时没有畏惧感、没有思想包袱、没有自卑感，使学生感受到体育是一门有趣味、轻松的课程。只要科学地将分层次融入教学中，就会使体育教学质量与教学效果有所提高。

4. 解决对学生的学法指导与帮助

先天身体素质、运动能力基础差的学生，应以模仿为主，主要模仿体育教师与基础好的学生的技术动作，通过模仿、教师指导、课后咨询基础好的学生，从而达到自己的学习目标。而学习基础好的同学，要向教师了解更深层次的知识、了解难度较大的运动技术，课后自己通过查询相关影像与资料，学习并创新知识，进行纵向与横向的联系分析，形成网络知识结构，从深度与广度上进行拓展。

5. 要及时处理教学信息的反馈

在体育教学中，教师通过课堂的询问，以及平时对学生的理论知识与运动技术的测验，了解学生近期的学习状况，根据这些情况，要及时调整教学内容，有针对性地进行教学，特别要对基础差的同学进行知识的缺陷补漏与技术动作的矫正。

（三）分层教学模式的运作程序

分层教学模式的运作程序是指教学活动在时间上展开的逻辑步骤以及每个步骤的主要做法。任何教学模式都具有一套独特的操作程序和步骤。例如，杜威实用主义教学模式的程序是：情境—问题—假设—解决—验证。由于在教学过程中，既有教材内容的展开顺序、教学方法交替运用的顺序，又有内在复杂的心理活动顺序，因此，人们通常从不同侧面提出教学活动的基本阶段和逻辑顺序，分层教学模式运作流程图如图5—1所示。

```
测试分层 ────→ 制定不同 ────→ 分层教学
   ↑         ╲ ╱ 教学目标 ╲ ╱      │
   │          ╳            ╳       ↓
升降级制 ───→ 提出不 ────→ 采取不同练习
调整互动      同要求         
   ↑          ╳            ╳       ↓
   │         ╱ ╲          ╱ ╲      
教学过程 ────→ 交叉练习 ────→ 分层讲
                               解纠正
```

图 5-1 分层教学模式运作流程图

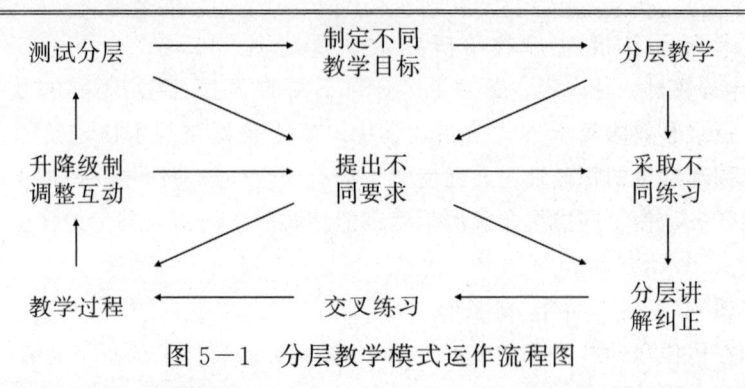

（四）分层教学模式的评价

分层教学评价与正常的教学评价有所不同，为了使所有学生都能达到一定的教学目标，在教学评价时要考虑到各层学生的学习情况，为了鼓励与加强学生在平时课堂上的学习与练习，不以期末的理论考核与技术动作评定为最终考核结果，要以平时考核与期末最终考核相结合来评定每个学生的成绩，同时与各层学生在不同程度上的进步与提高相结合的原则为标准。采用统一的考核标准，势必会挫伤那些因身体素质的原因影响运动技术的学生积极性。以往的考核标准，过于单一化，不够合理，不够公平，这种"一刀切"的方式在分层次教学评价体系中是不可行的。在评价时要改革技术动作的评定的标准，量化的标准也随之要改变，而不是古板、一成不变的。为此，采用新的考核标准，力求体现出分层次教学的特色，对各层学生的考核标准给予不同的要求来评定，做到有针对性的、合理的评价不同层次的学生学习与进步。高层次的学生要适当加大考核难度，而低层次学生势必要降低考核难度；高层次鼓励与激发学生把技术动作做得比较完美，量化的标准也更要准确、无误。低层次的学生要求把技术动作基本完成就可以，量化的标准也相对降低要求，并结合平时课堂测验、表现的积极性确定考核的最终成绩。

这样，让各层次的学生都能切身体会到经过自己的努力而取得的成绩的同时也感受到体育所带来的乐趣与喜悦，体会到成功的价值，使学生明白只有通过体育锻炼才能有健康的体魄。加强体育锻炼，可以促进学生身心健康、增强信心、锻炼意志品质、提高人际交往能力等，为建设和谐校园、和谐社会奠定一定的基础。

对分层教学模式的评价，应注意以下几个方面。

1．评价的基本原则

（1）教育评价目的性原则

教育评价的最终目的就是为了实现教育目标。

（2）教育评价客观性原则

要求评价主体以真实的资料为基础，对教育成果进行客观的价值判断。

（3）教育评价的全面性原则

要把握评价事物的整体及其发展的全过程，要站在全局的立场上去解决评价中的局部问题。

（4）教育评价的诊断性原则

是指通过评价对教育工作中的问题及其性质做出判断，并采取相应改进对策。

(5) 教育评价的连续性原则

教育在整体结构上具有层次性，在目标内容上又具有连续性。它要求评价主体从发展的观点出发去评价教育成果。

(6) 教育评价的法治性原则

就是在有关的教育法律和法规范围内来进行评价。

2. 评价的目标因素

(1) 知识目标因素

知识目标因素应包括知识和理解两个方面的内容。知识的评价目标是指在所学内容的范围内，正确地记忆、掌握和再认的能力。理解是一个心理过程，而知识的形成过程，也是个理解的过程。理解要求必须正确把握构成学习内容的诸要素之间的关系。这样的理解过程就会使学生把学习内容作为原理和法则去掌握，容易形成系统化的知识。

(2) 技能目标因素

它是由智力技能和运动技能构成的。智力技能是指借助内部语言在头脑中进行的认识活动的方式，主要是思维活动的操作方式。运动技能是指在学习活动、体育活动和生产劳动中的各种具体操作能力。

(3) 能力目标因素

能力通常包括：注意能力、记忆能力、观察能力、想象能力、特殊能力、思考能力、判断能力、评价能力、鉴赏能力和表现能力。

(4) 情意目标因素

情意是指兴趣、爱好、习惯、态度等内容。对分层次教学的评价，一是，注重对学生的全面评价，引导学生健康全面发展。应从认知和非认知两个方面着手，改变传统的"一卷定乾坤"的评价方式，着重评价学生在原有基础之上的发展程度，对学生进行多角度、多方面评价。认知方面包括基础知识的掌握、理解和应用；非认知方面的评价内容可包括学习方法、学习习惯、学习兴趣、学习动机、创造能力、探究能力、学习信心、问题意识、上课时的心情、关心他人程度、课堂参与程度、学习负担等。二是，重视过程评价，这是现代教育评价的一个特点。评价学生时，不仅要关注结果，更要注重学生成长与发展的过程，有机地将终结性评价与形成性评价结合起来，给予多次评价机会，促进学生的转变与发展。过程评价包括日常检查、定期检查、总结检查。

3. 评价的方法

(1) 将评价贯穿于日常的教育教学行为中，使评价实施日常化、通俗化

分层教学、分层评价，即对不同层次的学生采用不同的评价标准，充分考虑学生的个性差异和不同的专长，及时肯定他们的成绩，并指出努力方向。评价方式可包括教师对学生的评价、学生对学生的评价、自我评价。自我评价是学生按照一定的标准对照自己的发展做出主观性评价，也可以制定评价标准，采取教师评价与定量评价相结合等方式。

(2) 转变评价观念，体现育人为主的教育理念

要建立发展性课程评价体系，淡化评价的选拔功能，强调发展与激励的功能；淡化对结果的评价，关注对过程的评价；改变评价内容过于注重学业成绩的倾向，重视综合素质、全面发展的评价；改变单一的评价方式，体现评价方式的多元化。教育目的是整个教

育工作的出发点和归宿,也是检验教育工作的尺度。评价目的是教育目的的具体化,在整个评价体系中具有方向性作用。为了达到选拔的目的,传统教育的评价主要是为了选拔少数尖子,淘汰绝大多数,评价是终结性的。而今天的教育是面向绝大多数,学校课程的编制及实施都要围绕"育人"这个中心,课程与教学评价也要由传统的重"选拔"转向重"育人",保证能使绝大多数学生全面发展。因此评价就要立足于促进学生身心、素质和能力的健康全面发展之上。

(五)分层教学模式的教学效果

经过对教材的了解,教学目标、教学方法和教学内容的改进,教学内容的重点、难点的掌握,了解学生的身体差异、个性特征及心理需求,通过分层教学制定相应的要求,对教学评价做出合理、科学性的制定,使得分层教学效果有显著性效果。在教学课堂上做到调动学生学习的积极性和主动性,有效地促进学生身体素质和思想品质的提高,全面提高学生的身体素质与运动技术水平。

1. 学生身体素质得到提高

分层教学尊重学生身体差异,从实际出发,因材施教,把学生学习体育锻炼的积极性与主动性调动起来,让学生明白在课堂练习能加强身体的锻炼,以提高学生的身体素质。

2. 学生运动技能得到提高

分层教学,是面向全体学生因材施教,是所有的学生都积极参与课堂学习全过程,使各层学生练习时都有自信,敢于做技术动作。各层学生都感受到成功,感受到其中的乐趣,享受体育给他们带来的快乐。各层学生在达到所要求的标准而能熟练运用技术动作与完全掌握的同时,还可以自主选择高一层次的学习,充分发挥学生的创新性与开拓性;灵活而又弹性的选择方式,更能提高学生的锻炼热情。

3. 教师业务水平得到提高

分层教学,是教师对教材的深入研究,熟悉教材,对教学大纲与教学目的以及对学生充分了解的过程。在进行教学时,教师要对自己的教案设计有一个详细、科学、明确的要求。教师不仅要对教案熟悉度高,还要对所教每个学生的个体差异、个性特征、心理需求都了解,这就要求教师要投入很大精力、花费大量的时间去备课,这本身就有利于教师业务水平的提高。只有不断创新、拓展新的领域,才能应对学生在学习时暴露出来的问题并及时解决。分层教学,教师必须有一个科学的、周密的教案,才能上好一堂课,教好每一个学生。所以教师的业务水平经过一系列的要求,必然会得到提高。

二、高校乒乓球教学中分层教学的教学实践

分层教学的主体是学生,层次分得科学与否,直接影响到分层教学的成功与否。为此,对学生进行分层要坚持尊重学生、师生磋商、动态调整的原则。首先,要向学生宣布上述分层方案的设计,讲清分层的目的和含义,以统一认识;其次,教师应指导每位学生实事求是地评估自己,通过学生自我评估,再根据基本功测评的结果,帮助学生选择适应他们自身水平的学习层次;学生的层次也不是一成不变的,经过一段学习后,由学生自己提出要求,教师根据学生的变化情况,做必要的调整。前两周内可根据学生自己的要求随时做个别调整,一个学期后根据考核情况和整体评估情况做较大范围的调整。

分层教学的教学实践实施流程如图5-2所示。首先，是对全班学生进行原始水平测试分层；其次，根据学生的实际水平制定不同的教学目标（教学任务）；再次，根据不同层次的目标进行分层次教与学，对不同层次的学生提出不同要求，分层进行练习，之后安排不同层次的交叉练习，进行不同层次的交流；最后，根据上课情况进行小结，并以此调整练习内容、负荷与要求。整个教学流程是环状的控制系统，不断地根据学生在练习中的反馈进行调整，以期望达到教学效果的最大化。

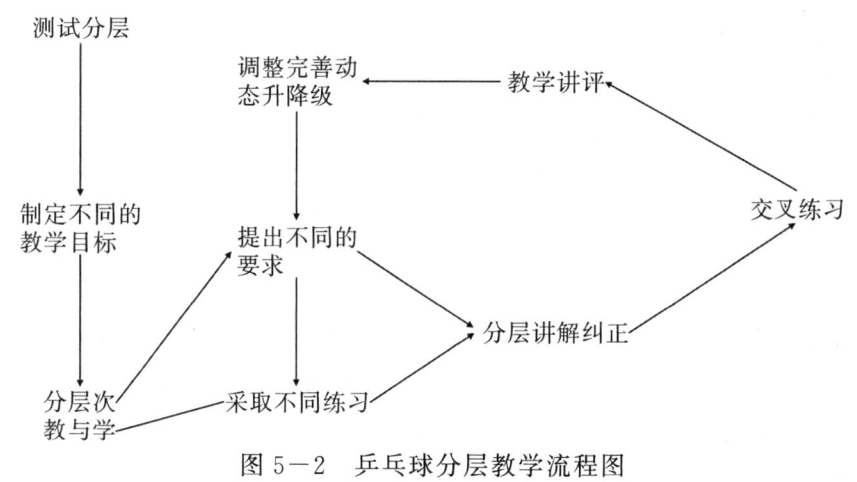

图5-2 乒乓球分层教学流程图

（一）进行科学客观的分层

在进行分层的时候一定要严格按照学生的乒乓球技术水平，首先要讲清分层次教学的原因，使学生了解自身素质，能够乐意接受教师的分层安排。确立自己的目标，树立学习的信心。在教学中特别对基础差的学生进行鼓励辅导帮助他们完成练习，使他们能充分感受到成功的喜悦，培养学习的兴趣。

实验组根据乒乓球专项技术要求，在实验前请两位乒乓球专项教师对学生3项乒乓球基本技术进行测试，即把反手推挡、左推右攻、正手发奔球几项基本技术根据动作技术评定结合个数进行综合打分（最后分数以两位教师的平均分为准），以平均分为线。分数在班级平均分之上的为A层，在班级平均分之下的为B层，这样就将学生原有掌握的乒乓球基本技术分成A、B两个层次。分层教学是以不拆开原教学班，不改变原教学计划为前提，只是针对不同的教学群体特点设定不同的教学内容和选择不同的教学方式、手段，根据学生的实际水平设定不同的考试方法。给不同层次的学生一个更符合实际的学习目标，使之逐步掌握专项技能。

（二）制定不同层次的教学目标

根据分层次教学的优势，各层次学生的乒乓球技术水平大体接近。根据最近发展区的理论可接受性原则，制定不同层次的教学目标。所定的目标力争使每个学生看得见、摸得着且操作性要强，目标应是学生在经过刻苦练习后可达到的要求，应是稍高于该层次学生的实际运动能力。

A组以基本技术的衔接练习为主，要求熟练运用技术提高技能，辅以专项理论讲授和教学竞赛；B组以基本技术练习为主，要求掌握单个技术的动作的过程，辅以专项理论的讲授。

在一年的乒乓球教学中,对照组采用传统的教学方式,按照统一的授课计划、统一的教学内容、进度进行教学。而实验组采用分层次教学,在第一学期以反手推挡球、正手攻球、正手发奔球、基本移动步法等内容为主。第二学期以左推右攻、搓球、发侧旋球、教学比赛等的技术为主。同样的教学内容,但两个组的要求截然不同,要求A组在原有的基础上提高动作完成的质量,熟练运用乒乓球技能;要求B组能够从不会到会,初步掌握乒乓球技术。

(三)教学组织形式

1. 小组合作学习

小组合作学习可分为同质学习小组和异质学习小组。同质学习小组是将同类或技术水平大致相当的学生编排在一组,并为各组确定相应的学习目标和学习内容。异质学习小组是将不同层次的学生混合搭配,分配在同一小组,在异质学习小组中,技术好的、学习兴趣浓厚的学生必将带动和感染其他同学,一方面在帮助其他同学的同时巩固自己的技术,感受助人的快乐;另一方面也能使基础差、兴趣低的学生受到激励和帮助,形成以强带弱、以弱促强的格局,促进每一个学生都能够在自己原有的基础上获得提升,培养学生自学的兴趣和能力。这种课堂组织形式能通过同伴之间的教与学,激发学生的内部学习动机,促进全体学生技术水平的提高,同时培养学生相互学习、相互帮助的意识,形成互助合作的精神。

2. 个别教学

分层教学中把班级集体教学与个别教学相结合。但这不是简单地在集体教学中加进个别辅导,而是要将个别化教学的思想、策略和方法,在教学目标、课堂教学、辅导训练等方面体现出来。对基础差、学习落后的学生,教师要帮助其查找原因,寻找适合的学习方法,逐步形成自学能力,达到学习目标;对学有余力的学生,教师应注意课外拓展、练习的指导,培养他们养成良好的学习习惯,使得每个学生都得到最大限度的发展。

(四)注意不同层次间的交流

在每一节课中均安排一定时间让不同层次的学生相互交流,让较高层次同学对低层次同学进行帮助,在学习中共同提高并相互激励。这样的交流可以使层与层之间层次内部之间产生竞争与合作,使异步发展更能发挥作用,使全班的乒乓球运动技术共同提高。

各层次班要进行适当调整,对学习进步较快,对乒乓球运动感悟较强的,可在一定的课时后升到上一层次组,这样在整个分层次教学实验过程中,没有把学生定格在某一层次班组。分层教学训练与常规教学训练相比,能较好地贯彻因材施教、区别对待的体育教学原则,利于发挥教师和学生的互动作用,有利于学生体育成绩的考核与评价,提高体育教学质量和目标管理。分层教学训练能够激发学生竞争意识,使身体素质和运动能力不同水平的学生全面发展,对他们增强自信心和挑战自我起到积极的促进作用。分层教学训练对学生增强体质,促进专业学习,培养学生良好思想品德和顽强的作风,增强体育意识和终身体育思想有重要的积极作用。

三、高校网球教学中分层教学的教学实践

（一）分层教学模式的目标建立

学习目标具有导向、评价和激励的功能。之所以网球选项课过去取得的目标效果不是特别好，其中有一个非常重要的因素，就是用统一的目标和要求来对待所有的学生，其结果就必然造成一部分网球基础较好的同学，无须做出什么努力，就可轻松地实现计划目标，而失去学习的兴趣和动力；而另一部分网球基础较差的同学或身体条件不好的同学，无论做出什么样的努力都无法达成目标，屡屡受挫，丧失了学习的信心。因此，帮助学生制定适合自己实际水平的学习目标，是具有重要意义的。但是，一个班的学生最少也有30人，要教师帮助每个学生确立自己的学习目标是不现实的。而分层教学模式通过把学习目标分成多个层次，帮助学生选择适合自己层次的目标，是非常可行的，而且是非常必要的。

在分层教学模式中，教师通过了解学生，包括年龄、体型、运动能力、身体素质、运动基础、爱好和个性特点的基本情况，将学生划分成三个级别，分别是较好、一般和较差。为不同层次的学生制定不同目标，使学生把注意力集中在任务和达成任务相关的目标上，这就改变了以往的教学中学生注意力分散、练习不积极的现象。同时，为了避免由分级所带来的负面影响，应强调升降级制度。接受能力强的学生，在完成目标的情况下，教师必须立即提出更高层次的任务。因此，通过提高目标，使学生不会满足于他目前的学习状态。

（二）分层教学模式的实施步骤

1. 合理划分层次

教师要了解所教学生的身体素质和专项技能基本情况，综合考虑学生方方面面的情况，由于学生的个体差异在整个教学过程和教学环节上都会有所展现，因此，教师需要进一步研究不同层次学生的具体特点，提出与教学内容和水平相适应的目标和要求，并且在课程的设计上和教学手段上力求做到科学合理。特别是在客观分析身体机能、基本技术测试和个人改进计划发展的基础上，让学生明确本学期的教学内容和教学目标。为了促进学生的发展必须通过教学的各个环节，根据不同学生的特点制定不同的教学目标、要求和教学手段，需要照顾学生的个体差异，使每个学生在体育学习中积极参与，鼓励每一个学生的发展。在这种教学模式的基础上，提出两个具体操作要点，首先是合理划分教学层次，其次是教师教学目标的分层。具体分层标准如下。

测试原地抛球正手底线击球一项技术，给学生两次机会，每次测试时间60秒，击球次数20次。正手底线击球过网不出界不能累计10球者定编较差层。

测试原地抛球正手底线击球一项技术，给学生两次机会，每次测试时间60秒，击球次数20次。正手底线击球过网不出界能够累计10球者定编一般层。通过中级层测试标准的学生，再测试反手底线击球技术，每次测试时间60秒，击球次数20次，反手底线击球过网不出界能够累计10球者定编较好层。

2. 教学目标分层

分层教学理念是面向全体学生，使每个学生获得成功的体验。为接受能力强的学生创

造条件，使其提高能力；接受能力差的学生不能放弃，使他们树立信心，并逐步增加教学内容。教师应根据具体情况，分别制定教学目标，让学生通过自己的努力取得成功。

学习水平较高的学生，不断提高运动技术，树立体育技能的目标，不断增强身体素质，明确发展目标，提高分析问题和解决问题的能力，以及完成"教学的更高目标"的能力。这些学生可以成为教师在体育教学中很好的助理。这种水平的学生，教师应提高其教学难度，鼓励他们做得更好，不断提高身体素质，使之更加突出特长。同时应该对他们提出更严格的要求，防止他们有骄傲自满情绪。

对中等水平的学生，让他们更好地掌握体育知识和运动技能，使他们能够独立思考，具有一定的分析问题、解决问题的能力，树立运动参与的目标，达到"基本教学目标"，并鼓励他们积极参与"高层次的教学目标"的教学活动。一些身体素质好，能按教学进度要求熟练掌握练习的技能，具有一定分析问题和解决问题的能力的学生所占比例最大。此类学生具有较强的可塑性，在课堂教学结构中较为稳重，所以在这一层的学生有没有进展，直接反映了体育教学的课堂效果，在实际的教学过程中，由于这种水平层次学生数量最多，教师可以适当地指导，引导学生自主学习，自由发展，使学生实现自主学习的成功和满意度，同时鼓励他们向优秀学生学习，力争通过努力上到更高的层次，成为优秀学生中的一员。

对于学习水平较低的学生，首先要调动他们的学习积极性，放大他们的闪光点，树立他们的自信心，提高其克服困难的能力，创造条件，给他们更多锻炼的机会和勇气，注意培养学生的自学能力，让他们掌握最基本的理论知识、技能，着眼于本体，达到精神健康目标，完成了"一般教学目标"。对于这类学生，重要的是要增强他们学习的信心，并使他们逐步走出运动落后的困境。由于实施分层教学，他们可能有自卑感，学习的动机会有所降低，因此，在教学中应该更多地去调整他们的心理状态，能让他们体验运动的乐趣，鼓励他们走向成功，在教学内容的安排上，以基础技术学习为主，详细解释教学方法，示范和纠正错误的动作，建立正确的动作概念。

心理学的实验研究表明，有教学的目标比没有教学目标获得同样的学习效果可节省60%的时间。在导入新课时让学生明确每一层具体的教学目标，紧紧围绕目标，这样可以有效减少干扰因素和无效的实践过程。制定教学目标分层，为各级学生提供更明确的学习方向。只要学生有明确的学习目标，通过自己的努力来实现这一目标，才能体验到学习成功的乐趣。

高校网球选项课开设的主要目的不是培养高水平运动员，它的任务仅仅是使学生通过网球选项课的学习、锻炼，提高对网球运动的兴趣，掌握一定的网球基本技术，培养学生自觉锻炼的习惯，为终身体育打好基础。为此，高校网球选项课的教学，应根据学生的特点，既侧重于基本技术的教学又要使学生在较短的时间里大致了解和体验网球运动的全过程，根据学生不同的层次，确定不同的教学内容与教学重点。

较差层的教学目标与教学重点：

重视基础知识、基本技术、基本技能的教学，教学进度缓慢，多进行重复练习。具体教学内容是：球性、球感练习，基本姿势，基本站位，握拍法，基本步法，正（反）手击球、正手发球，常用的术语与简单的网球竞赛规则等。

在教学实验的过程中发现，对较差层的学生而言，掌握正反手底线击球技术，对于其网球技术的提高起着举足轻重的作用。对于正反手底线击球术的教学是这层学生学习的重点。对于正手底线击球技术动作而言，多数学生因其难度不大，掌握得较好。而反手底线击球技术的学习和掌握往往是难点。故开始时要给学生做徒手、多球等各种辅助练习，使他们找到正确动作的概念，慢慢地形成较正确、合理的正反手底线击球技术动作的动力定型。

一般层的教学目标与教学重点：

重视基础知识、技术、技能的提高，教学内容适当，教学进度相对较快。具体教学内容是：

正反手底线击球技术、发球技术、网前小球技术、高压球，全面学习网球竞赛规则及裁判法等。

在一般层中的教学重点是正反手击球的线路变化练习，再逐步转入全面的攻、防战术中练习。同时应注重发球与接发球的训练，使学生能掌握1~2种发球技术，增加对接发球的判断能力及处理球的能力。

较好层的教学目标与教学重点：

教学目标最高，教学要求最高，对知识、技术、技能的质量要求更严格。具体教学内容是：结合步伐的运用，将所学技术动作熟练运用到比赛中去，有较强的战术意识，能代表学校参加各种比赛，能组织小规模的网球比赛。

较好层学生大都已经具有一定的技术和战术基础，因此教学重点在于熟练应用基本的技战术，以赛促练，增强临场对抗能力，同时从理论上加深对网球技术动作和战术的理解，还要求其多指导一般、较差层的同学，培养其对网球技术动作和战术的教学与训练能力。

3. 教学训练与层次调整

在教学的过程中，定期和不定期地对学生网球技能进行重新评估，并调整学生的学习能力水平。教师在评定教学的质量时，让每个学生独立完成测试，并综合各学生的考试成绩来评估，通过平时的观察和单元测试，教师在教学中进一步了解学生的学习成效，并及时对学生层次进行调整，对存在的问题进行解决，从而更好地实现教学目标，让所有学生掌握所教的内容。

4. 分层教学模式的教学评价

学生学习的评估是体育教学中的一个重要环节，是最有效激励学生进步的手段，许多教师往往忽视这个重要的组成部分，要"建立促进学生评价体系的全面发展"，因此，在课程改革的过程中，如何科学、理性、客观地评价，使学生得到准确的评估，以促进学习和体育活动积极参与的有效手段，是摆在一线体育教师面前的一个新课题。

分层教学使每个学生获得成功的体验，获得学习上的成功，突破了传统的教学评价。在实际教学中对学生的不同层次，给予公正、客观的评价，以建立他们的自信心，培养他们的兴趣，养成体育锻炼意识的习惯。

四、对高校体育教学中分层教学模式应用的认识与建议

（一）对高校体育教学中分层教学模式应用的再认识

1. 分层教学模式可以充分体现因材施教原则

教师依据一定的原则或标准将学生划分成不同的层次，采用不同的教学方法进行教学，以提高教学效率、改善教学软环境，最终达到各层次学生共同提高的目的。具有较强的针对性，充分发挥了学生主体作用，符合当代素质教育的要求。同时，注重学生的主体地位，使不同层次的学生的知识、技能、智力和能力都有所发展。教学目标和教学进度符合学生的实际，减轻了学生的课业负担。

2. 分层教学模式可以兼顾到学生的择业倾向

分层教学能有效地培养学生学习的兴趣，激发其良好的学习动机，调动学生学习的积极性和主动性。一方面，分层教学可以在区分学生学习动机的基础上，正确引导学生明确自己的学习目标，兴趣爱好，组织学生进行初步的职业规划，尽早确定自己的努力方向，从而调动学生的主观能动性，更加有效地组织教学活动。另一方面，分层教学还可以帮助学生和家长克服盲从心理，并为培养学生终身体育意识打下良好的基础。

3. 分层教学模式使得学生的评价体系更灵活

人才多元化、多层次的良性格局被片面地追求学历的人才观所扭曲，并深刻地影响着人们的教育观念。为适应社会发展的要求，建立以能力为核心的人才评价指标体系和相应的素质教育体系是高校正努力完善的目标。分层教学可以在不同的层次设置不同的考核方式，这种考核具有针对性，是完善高校学生评价体系的一种途径。当今社会需要的是综合性人才，当前尤其需要具有独立思考和创新能力、解决问题能力和团结合作精神的人才，这就使得分层教学成为可能。

4. 分层教学模式具有超越传统模式的先进性

分层教学优化了课堂教学结构，提高了课堂教学质量和效率。因材施教、尊重差异，面向学生的全体、培养学生的全面，注重个性培养和能力开发，全面提高学生综合素质。这些优势正是素质教育所要求的，因此，分层教学模式完全适合在普通高等学校的各类体育选修课中推广实施。

（二）对高校体育教学中分层教学模式应用的建议

1. 要彻底转变陈旧传统的教育观念和思维定式

观念是思想的先导，思想又是行动的先导。先进的观念、开放的思想、创新的意识可以使我们视野开阔，思路宽广，勇于开拓出课堂教学的新天地。教师基本的课堂教学要求应该是：一是为学生提供课堂主动学习的条件、二是把方法教给学生，让学生会学、三是增强课堂活力，培养学生质疑能力、四是学会倾听学生意见，培养求知的强烈愿望；五是加强书本知识与学生生活实际和社会实践的沟通。

2. 要认真地对待分层教学的开展和实施

做好实施前的各项准备工作，确保分层教学的目的性和实效性。在制定各层次教学目标、要求、授课计划和确定教学方法之前，必须对学生的情况作一番深入细致的了解。这包括对学生的年龄、性别、身体形态、身体素质以及心理的了解。

3. 要合理地划分层次和制定各层次的教学目标

教师应合理地划分教学层次，将教学对象根据专项运动技术、身体素质、体育基础等因素，按递进的关系划分。并且教学层次的划分不宜太细，具体的实施细则，要通过进一步教学实践的检验和完善。同时正确地制定不同层次的教学目标，采取不同的教学方法，要注意各层次的连续性，实现教学的总体目标。另外具体的实施策略需要充分调查研究，实证分析，并在教学过程中不断调整、优化，使之日趋完善。

4. 要注意适时调控学生合作互动的动态

要注意调动学生的积极性，不要让学生产生好坏的定性心理，适时的组织各层次教学组之间的交流，营造同学之间互帮互助的学习风气。学生的知识水平与能力发展是处于不断变化之中的。因此，在教学过程中，对学生知识层面、小组的搭配，要动态地进行把握，视发展情况及时调整，以激励学生不断地竞争向上，但同时要注意不可调整过频。

5. 要特别关注学习中的优秀学生和学习困难生

素质教育本身就是在强调要使所有受教育者均能得到全面发展和进步。分层教学模式，要求对优等生、中等生、学习困难生给予不同层次的目标和不同要求的指导，使他们均能取长补短，让不同层次的学生都能得到充分发展。这就要求教师要关注优等生的潜力挖掘和学习困难生的弱项补缺，让中等生在优等生的拉动和学习困难生的推动下不断进步，最终实现全体学生的共同提高。

到目前为止，分层教学模式的研究，很大程度上还停留在理论研究和初步实践的基础上。应该说，分层次课堂教学模式能体现教学的基本原则，符合新课程课堂教改的指导思想，但其真实的作用和效果有待在进一步的课堂实践中加以论证。

第六章　高校体育网络教学模式

第一节　概述

一、相关概念

(一) 网络教学

网络教学是利用计算机设备和互联网技术，在此基础上实行信息化教育的教学模式。借助互联网平台实现异地、实时的教学和学习，平台将多媒体视频、音频、图像、动画等资源融合在一起。网络教学的主体是教师和学生，教师制作多媒体课件或开发网络课程时参考教学大纲、学生学习特征和学生认知水平，有针对性地调整课程、课件内容，将制作好的多媒体课件或网络课程与相关资源、扩展信息发布到网络教学平台。学生则通过网络设备接入到网络学习平台，可按教学要求选择课程或针对自身特点进行学习，同时师生双方可通过平台的交流模块针对学习问题及时进行交流。

(二) 教学管理

教学管理是学校正常教学秩序的保障，教学管理者通过一定的管理手段，使学生按照学校既定的培养方案进行学习，包括教学大纲、教学计划、教学运行、教学质量评估、学籍的异动审批以及学科、专业、教室、考场等管理。在确保正常教学秩序的前提下，同时对教师及学生在校期间开展的各类活动的辅助与监管。

(三) 网络教学管理平台

网络教学平台是建立在以互联网为基础的现代远程教育的支撑平台，为在网络上进行学习的学习者和教育者提供交流的平台，可以方便教育者进行授课、答疑、谈论以及作业的批注。它是支持共享和交互的平台，为学生学习质量提供了一定的保障，且符合统一的标准，它是现代网络教学必备的教学支撑平台。

网络教学管理平台建立在网络教学平台的基础上，教师可以在这个教学平台上开设教学课程，方便学习者自主选择要学习的课程并进行自主学习内容的挑选。不同学习者之间根据教学内容来进行交流互动，教学活动围绕着教师的教和学生的学来开展，方便教师和学生进行讨论和交流。它是支撑教学活动最重要的应用管理系统，为教师和学生提供了强大的施教和网上学习的环境。同时，将学校教务管理平台的内容进行融合，教师可以在平台上对学生的作业进行批注，可以编辑教学课件，可以在线对学生进行考试等。平台可根据教学的课程需要，定制个性化的学习工具。同时，学生也可以在这个平台上选修课程，安排学习计划，查看选修课程的内容，向教师提交作业，汇报协作学习的情况等。

二、理论基础

（一）教育传播理论

教育传播理论是教学技术的重要理论基础，现代远程教育的教与学活动，是一种以教与学的异地分离为特征，以媒体传播信息为特点，以学习者的自主学习为主的获取知识量的新的学习形式。由教育者按照一定的教育目的和要求，选定教育内容，并借助媒体通道，将知识、技能及思想等传输到特定的教育对象的过程。著名学者拉斯韦尔认为，一次典型的传播包含了五个方面的内容，分别为发送者、信息、渠道、接收站和效果。而我国教育技术学者也对教学过程中信息的传播进行了深入的研究，他们把教学传播过程分为六个阶段：确定信息、选择媒体、通道传送、接收解释、评价反馈和调整再传送。

教育传播理论六阶段的动态传播过程也为网络教学提供了有力的理论支撑，网络教学平台在教学信息传播过程中也需遵守以上六个阶段。尤其是评价反馈阶段，网络教学平台的互动性、便利性更加有利于师生相互交流，有利于教师及时反馈评价意见。

（二）人本主义理论

人本主义心理学主要体现在培养"完整的人"或"自我实现"为目标，强调人的认知发展和情意发展的统一，强调人的情意发展和认知发展的统一；同时罗杰斯认为人的学习倾向和内在潜力是天生的，保持学生的好奇心将会推动终身学习的发展。好奇心可以帮助学生解决学习中的困难，而且可以不断激发学生自主学习的潜力。从这个意义上说，网络教学管理平台的个性化学习有利于学生"自我"目标的实现，以兴趣为引导点，推动学生学习，提高学习效率与品质。

（三）混合学习理论

混合学习理论的主要特点是将现代教学与传统教学融合在一起，通过综合运用不同的教学手段来满足不同的教学需求。在传统的教学中，只要存在不同教学手段的结合，就可以称为混合式。例如，在课堂中播放录音、录像等。需要教师对"混合"的内涵有充分认识，才能将教学活动有效地体现出混合式学习，并将混合式学习的思想融入教学活动之中。

在网络教学平台的教学活动中，将传统学习与网络学习结合起来。根据学习者自身的特点和教学内容要求，针对实际的教学环境和教学条件来选择多种传递通道进行知识传输，不局限于任何一种教学方法、教学手段和教学设施，同时通过教师有效的引导和规划，学习者根据自己的能力去进行自定步调的学习，以取得更好、更有效益的学习效果。

（四）绩效评价理论

绩效评价理论是组织依照预先确定的量化指标及评价标准，运用科学的评价方法，对评价对象的工作能力、工作业绩进行定期和不定期的考核与评价。而在网络教学管理平台中，师生双方均可互相评价，互相监管。同时，引入第三方监管机制即教务部门对师生同时监管，既可以考核评价教师日常教学活动的开展、课件资源的上传、师生日常的交流情况，又能够对学生完成课程进度、日常考试、教师评议、学业完成情况进行考核评价，在一定程度上督促师生双方有序地进行教学活动，保证教学顺利开展。

第二节　网络环境下高校体育教学的改革

一、高校体育教学的困惑

一切为了学生的身心健康，这是学校体育教学的出发点和归宿。《国家中长期教育改革和发展规划纲要》再次明确了"健康第一"的学校教育指导思想，也首次提出要建设开放灵活的教育资源公共服务平台。然而，现在的大学体育课过分强调"统一性"，忽略了学生生理、心理诸方面的差异，"吃不饱"和"吃不了"的现象普遍存在。自主选课、主附项兼修、体育俱乐部教学对教学模式的改革发挥了积极的作用。但不可否认，在教学内容、方法、手段上与中、小学重复较多，大同小异。此外，期望每周一两次的体育课教学来增强学生体质，培养他们的自学、自练能力，使之成为具有健身意识的自觉个体是不现实的，也与未来社会对人才的要求脱节，知识、技术、技能的传授与时代对发展大学生个性，激发潜在能力还有一定距离。

二、网络信息技术在体育

（一）资源丰富，方式、手段更具吸引力

学生在较短时间内，对相关信息资源进行收集、加工、处理，一方面为其搭建展示自我处理信息能力的平台，另一方面为其在有限的课时内保证重、难点的突破打下基础。此外，多角度、多方位的比赛场面以及先进的运动技术方法通过交互式的个体化教学资料，会吸引学生观看、模仿与学习，并可以把自我技术及特点进行电脑分析、比较，查找症结，有针对性地进行改进。

（二）有助于改变体育教师的劳动结构

体育教师劳动的特殊性随着一些民间体育项目、休闲运动以及新兴运动项目逐步进入高校课堂而日益凸显，每位教师能够准确、优美地示范难度比较大，尤其对于年长者难度更大。存在一定危险性动作，特别是对一些整体动作分解教学、集体配合项目的战术教学以及部分在空中完成动作示范，学生在观察学习过程中缺乏感性、直观的感受与认识。而通过由教师整理汇编放置在网络上的资料及其他相关的网络资料作为支撑的教学辅助手段，不仅弥补了缺点或打破了限制，而且可以增加教学容量和练习强度，提高课堂教学效率。同时，也能够督促体育教师无论在理论课还是在实践课教学中，合理有效地开发、编制程序（课件），实现信息的共享，从而节约时间和精力，以更好的状态投入到教学改革与科研工作之中。

（三）促进学生学习方式的变革

目前，国内高校的校园网建设已经趋于完善，既为学生提供了网络接入支撑服务，也为网络体育教学提供了可能性和可靠保障。网络学习强调感知、操作、交流，是直接经验和间接经验的融合统一，通过信息技术与学科知识的整合，学生在学习过程中与他人合作、讨论，在学中做，在做中学，将探究活动贯穿始终，有利于将信息活动转移到其他学习之中，培养和发展学生的信息素养。多向度沟通，使学生更善于发现问题，提出问题，培养人际交往和解决问题的能力。

三、"互动式"体育课堂教学实施

（一）在运动技能教学中的运用

传统的教学，学生在课前对所要学习的内容了解甚少，缺少明确目标。预先的网络学习，使学生对知识技能目标、方法策略目标、态度体验目标都有较好的理解。尤其是形、声、图结合紧密的视频使学生预先建立了运动技术的表象，对于球类的战术项目中需要同伴协调、默契配合的教学内容的作用更为明显。传统教学中，学生通过教师的讲解示范，进而模仿性地同步练习，层次性、自主性、针对性较差。而根据预先建立的动作影像，学生可以有选择地模仿，教师根据不同水准的学生，区别对待，进行异步教学，增加了有效练习时间，满足学生个体发展需要。

（二）在体育理论教学中的运用

体育理论课对于提高学生的积极性、针对性十分必要，然而有研究表明，无论是在教学时间的安排、教学内容的选择、教学方法和手段的运用，还是学生的体育态度等方面都存在着严重的问题。这可能与教学设施及环境条件恶劣有关，也可能与部分任课教师的理论水平有关。采用课内理论课与课外健康网络课堂教学为延伸和补充的模式，学生可以自主选择学习时间和空间、学习内容，有助于培养终身体育意识，提高生活情趣和娱乐品位。由专人负责网页内容的制作，以体育健康知识百科、课余锻炼导航、运动损伤预防与处理、阳光体育运动以及《国家体质健康标准》相关知识、项目规则、组织及裁判法为主，通过电子邮件、QQ、微信、微博等，使理论课内容更加丰富，时间更加灵活。促进学生锻炼的热情和科学性，并能针对学生提出的学习问题和锻炼过程中的问题进行个别释疑。

（三）把握课堂教学、网络教学的互补与互动性

互联网为体育教学提供了崭新的空间，它的优越性确实能够给课堂教学带来质的飞跃。但作为虚拟空间，不能替代教师的主导作用。教什么、怎么教、学什么、怎么学均取决于教师。而且因为互联网教学缺乏亲切感，在教育效果方面和课堂教学相比存在较大差距，网络教学作为一种先进的辅助手段，与课堂教学是相互促进、相互补充、相互完善的关系。两者的结合，不仅是技术问题，更是观念问题。课件的制作除力求内容清晰、形象生动外，还要针对学生的接受程度及学习过程中可能出现的问题，发挥教师的能动性。通过全面的交流互动，开阔视野，促进逻辑性、创造性思维的发展，与课件的表现力完善结合在一起，并充分认识引入网络教学的风险，加强监督与引导。

（四）精心组织，系统规划

网络课堂教学如果设计不当，那么将导致学习活动的低效和无序。因此，在学习目标

的设计上应结合具体教学内容,使其表述明确,符合实际。对学生知识技能、学习态度、协作能力的分析是教学设计的基础环节,问题的设计要有趣味性、实用性、迁徙性,注重情境的工具支撑作用。推荐小组讨论、搜索分析、师生互动等研究方法,使教、学、做融为一体,使得学习过程的相关设计和指导必要而不过僵化,具有较好的适应性和选择性,实现资源有效共享,促进"自主、合作、探究"学习。评价设计应在课前提出期望,更多地基于过程中的实际表现并贯穿始终,实现评价方式的多元化。

第三节 网络教学模式在高校体育教学中的应用

一、网络技术在高校体育教学中的应用发展现状与特点

(一)网络技术在高校体育教学中的应用的现状

网络技术应用于高校体育教学中的过程伴随着高校计算机网络硬件的普及与更新以及多媒体网络体育教学资源的丰富。特别是随着网络技术的发展,我国越来越多的高校开始运行或已经准备运行自己的校园网体育网络教学平台。高校校园网中的体育网是开展体育网络教学平台建设的网络技术平台,体育网是在校园网站的基础上建立的,平台的建设情况直接决定了该校是否具备建设体育教学网络平台的基础。早在1999年教育部就提出了相应的要求,国内的高校纷纷建立了自己的高校校园教学网络,随即在校园网中建立了有关体育教学的网络,为高校体育教学网络化的发展提供了基础保障。目前,我国高校校园网中体育网的建立已经得到了全面的普及,其中我国高校校园网中体育网的网页数量较多。此外,部分高校体育网的主页仅仅局限于运用简单的文字和图片进行概况简述,无法应对自身高校所开设的体育教学的有关专业进行多层分类的网络进行建设,其中能够利用高校体育网络平台进行开发教学功能的高校比较少。未来高校体育网中,建设网络教学平台的数量和质量都有很大的改进空间,且高校对体育网络教学平台功能的开发是当今我国高校深化体育教学、运用网络技术的核心关键。

目前我国高校体育教学中运用网络技术的应用形式,多数是校园网的体育网模块、共享体育教学的素材等辅助式的教学形式。国家体育教学的教育部门以及高校体育教学的专家学者对于网络技术应用于高校体育教学的研究时间较短,从技术角度分析网络技术应用于高校体育教学中的可行性比较欠缺。如今我国体育教学技术的研究在体育网络教学软件的开发上取得了一定的成果,大量软件开发商对高校体育网络教学软件的开发给予了有力的支持,使高校体育教学的网络技术环境不断得到改善,也使得高校传统模式下的体育教学得到了改进,优化了高校体育教学的教学环境与学习过程。目前,我国高校体育教学网络平台的建设已经初具规模,特别是在重点院校以及一些高等体育类高校,在网络技术应用于高校体育教学中得到了快速的发展。

(二)网络技术在高校体育教学中的应用发展的特点

网络技术应用于高校教学的快速发展和变化,是以网络技术为核心,通过运用网络平

台实现高校师生之间教学辅助功能的过程。与传统模式下的高校体育教学相比，高校体育教学的信息化、智能化是计算机网络技术、信息技术高速发展的必然结果。学校开展体育网络化教学，需要建立一个完善的体育教学管理系统，包含体育教学管理系统和体育教学资源管理系统以及体育课堂教学的网络管理系统，从而营造基于互联网的信息化、智能化的体育教学环境。丰富的体育教学信息资源提高了网络技术的应用效率，能够有效地整合各个方面的体育教学资源，实现高校体育教学信息资源的及时整合与分享。通过网络技术可以及时对高校体育教学资源进行更新，及时满足体育教学知识更新的需求。为高校体育教师和学生提供丰富的体育教学资源，提高学生自主学习的积极性。在高校体育教学中，使学生突破传统体育教学模式下被动"灌输式"的教育方式，学生可以根据自身需求设定符合自己特点的学习目标，从而极大地提高了体育教学过程中学生自身的积极性。在这种新的体育教学环境中，体育教师不再仅仅是传统体育教学中知识的教授者，也是学生自主学习过程中学习的引导者，它丰富了师生之间的交流渠道，方便了学生学习过程中教师的指导。此外，这种模式极大地丰富了传统模式下的体育教学形式，拓展了学生在体育课堂之外的学习环境，营造了不受时空限制的体育教学环境。总之，对传统模式下的高校体育教学模式进行改进，有利于高校体育教学质量和效益的提高，而传统模式下的体育教学也能够得到开放性的发展。网络技术在体育教学中的应用使得体育教学形式日趋多元化，高校体育教学过程中环境更加自由，为学生提供了更加方便接受体育教育的教学形式。

网络技术应用于高校体育教学，使得高校体育教学更加适应时代发展的需求，这也是现代信息化社会发展对于高校教学发展的现实需求。网络技术应用于高校体育教学提高了高校体育教学的学习效率，这也是网络时代背景下学生接收的学习知识的方式之一。体育知识的更新频率高、时效性快等特点，使得传统模式下的体育教学方式很难适应网络时代发展的要求，而通过将网络技术运用到高校体育教学之中，可以及时地让学生接收到最新的体育科学知识信息。

网络时代的到来使得网络技术得以飞速地发展，各大高校越来越多地采用网络技术进行网上选课以及教学管理。高校体育教学管理工作的智能化发展离不开网络技术的支持，运用网络技术开发的教学网络管理系统为高校体育教学繁重的管理工作带来了巨大帮助和改善。通过体育教学网络管理系统的运用、建设，及时掌握学生体育课程的选课情况信息，方便高校教师结合所教授的体育专业课程及时地进行教学计划的调整，更加有效地应对高校体育教学的需要，全面详细地掌握本校体育类学科教学过程中教学资源的分配情况，并对本校体育教学的相关数据信息做出更加准确的统计。体育教学网络系统可以根据管理员以及教师和学生操作人员的身份以及功能需求的不同，来进行不同功能使用权限的分配，保障体育教学网络管理系统的正常运行。管理员掌握整个系统数据库的安全操作权限，其中学生拥有查询自己考试成绩以及管理选课等权限，体育教师则可以通过使用网络教学管理系统，及时了解体育教学所需的有关信息，并对所教授学生的学习进度与成果进行了解，从而方便教学计划的顺利实施。

当前，高校体育教师传统的体育教学理念急需转变，而高校体育教师对体育教学未来信息化发展的认识也亟待提高。特别是面对未来网络时代知识信息化的开放性和跨时空性的突出特点，这对高校体育教学的发展是一个全新的挑战，高校体育教师只有不断学习新的知识，充实自己的知识储备，才能站在网络时代发展的前沿，把握网络时代高校体育教学的发展方向，迎接网络时代现代化体育教学改革的挑战。高校体育教师教学理念的转变对体育教学中学生体育运动兴趣的培养，高校体育教学的发展起着至关重要的作用。高校体育教师通过正确、合理、高效地利用网络技术和互联网资源，不仅可以提高自身获取体育知识与更新体育教学的能力，而且可以通过网络技术的强大功能探索出未来新的体育教学模式，培养出适应当前网络时代下信息化社会所需要的新型人才。网络技术在体育教学的应用传统模式下弥补体育教学的不足，优化了传统模式下体育教学的效率。结合互联网的特性和优点，使高校传统体育教学的价值更加倾向于当前现代化教学的趋势。只有提高高校体育的教学质量与教学效率，才能适应未来知识信息化的迅速更新和发展趋势。新的网络时代背景下的体育教学环境更加致力于发展学生个性、培养学生终身体育学习能力、促进学生综合素质的发展，从而最大限度地发挥网络技术对体育教学资源的作用，构建良好的体育教学环境，为实现终身体育做贡献，对实现全面育人和终身体育的目标有着重要意义。

（三）网络技术应用在体育教学的相关师资队伍建设现状

当前高校体育教师在教学中应用网络技术已经有了许多具体实例，高校体育教师多数倾向于在体育理论课上应用网络技术手段，而在大多数的体育实践课上，体育教师由于受到一些客观条件的制约，在教学过程中应用网络技术的情况相对较少，甚至有的体育教师在体育教学过程中从未使用网络技术，这些因素制约了高校体育教学信息化的发展。高校体育教师在体育教学中运用网络技术进行教学，需要高校体育教师对网络技术以及计算机多媒体网络运用都能够全面掌握。

目前，国内高校的体育教学中都已经配备网络平台的多媒体教室，高校计算机的数量以及校园互联网的全面覆盖已经得到了较好的保障，所以高校体育教师对体育网络多媒体教学平台以及计算机网络技术的运用有着良好的环境支持。通过网络技术应用于体育教学的相关师资队伍的建设现状，可以看出影响高校体育教师在体育教学中应用网络技术的主要因素包括：①体育网络教学资源平台与高校网络化教学硬件设备的建设情况；②高校体育教师自己运用网络技术相关软件的能力；③相关高校体育教学的网络应用软件较少，与高校有关的政策扶持力度不足。

目前，高校体育教学的网络技术环境，主要是指在体育教学的教学实践活动中所涉及的标准化和系统化的网络技术硬件教学设施与环境。高校网络技术平台硬件建设的资金投入和管理中，网络技术相关的教学硬件基础设施和师资力量还严重缺乏。在高校体育教学中开展网络技术应用辅助体育教学的首要条件，就是要在标准化的网络硬件设备环境下进行相关体育教学活动，搭建一个能够实施应用网络技术于体育教学硬件环境的平台，也就是建立一个与互联网相连接的多媒体教学的基础平台。这些硬件环境的开发建设对高校多媒体计算机设备和网络设备提出了更高的要求，正因为如此，才使得实施建设过程中经常会遇到设备以及资金缺乏的问题。

目前,国内高校校园网络基础建设还存在着很多问题,例如,互联网信息宽带拥挤,少数高校计算机设备普及还不全面,网络数据传输的兼容性、宽带多媒体服务商的选择等数据传输信息的安全性和稳定性都有待提高。

目前,高校校园网中体育网的建立已初具规模,但由于国内大部分高校校园网中体育网的建设开通时间相对比较短,因此在高校体育网络教学平台的建设中还面临许多技术问题。高校校园网中体育网建设的体育教学内容的页面数量比较少,体育教学中所需教学素材以及相关体育教学的课件不够丰富。

高校体育教学师资力量的强弱,同样是直接影响体育网络教学平台建设的重要因素。网络技术在高校体育教学中的应用推动着新型高校体育教学模式的产生,对高校体育教师网络技术相关的知识技能都提出了更高的要求。网络技术在到高校体育教学中的应用,最终还是需要通过高校体育教师在高校的体育教学过程中予以实施与贯彻。信息时代网络技术的飞速发展和不断更新,使得网络技术在应用于高校体育教学之中,需要一批能够参与相关体育教学网络素材以及网络课件开发的体育教师发挥带头作用。在这种新环境形势下的高校体育教学,对高校体育教师以及学生启发和指导的教学理念意义十分重大,高校体育教师自身对网络技术的理解和掌握程度都将直接影响并决定高校体育教学的效果。目前高校体育教师对网络技术辅助体育教学功能的认识还不全面,存在许多教学理念较为落后的问题。高校体育教师运用现代信息网络技术的能力普遍较差,这些因素都极大地制约了网络技术在高校体育教学中的应用和发展。

网络技术在高校体育教学中的应用,为我国高等体育教育的现代化发展提供了有力的技术保障,推动了我国高校体育教学现代化的发展进程,促进了国内高校体育教学的信息化发展,并将有效地提高国内高校体育教学的质量,为我国全面地实现终身体育事业的发展奠定了基础。目前,我国高校在体育课程建设过程中还存在一些问题,单一地注重网络硬件方面的投资,同时对体育教学中网络技术实践的应用不够重视,高校体育教学的相关软件以及体育教学网络信息资源的建设还不完善。高校体育教学过程中运用网络技术的同时,忽略了与传统体育教学模式的结合运用。因此,高校可合理地进行体育教学网络硬件和软件的建设,加强体育教学网络资源库的建设,加强高校体育教师有关网络技术的教学培训,有效地利用高校已经建设完备的网络技术资源设备。此外,还要不断深化对快速发展的现代网络前沿技术的学习,加强网络技术应用与高校体育教学运行机制和相关规章制度的建设,加强运用网络技术辅助体育教学相关技能的培训等。

二、网络时代在高校体育教学中的应用策略

(一)体育信息化背景下高校体育教学改革的需要

高校体育教育是高等教育的重要组成部分,而高校现代化体育教学又是高等教育现代化发展重要组成中的关键环节。同时,高校体育教学在大学生接受高等教育的过程中肩负着全面提高高校学生身体素质的重要使命,为现代化素质教育发挥着重要的作用。网络技

术在高校体育教学中的应用为改变传统模式下高校体育教学提供了技术上的支持和保障，同时也为高校体育教育工作者未来信息化教学的发展带来了难得的机遇。网络技术应用在体育教学中，并与其他学科进行多学科教学辅助整合后的教学方式得到了迅速发展，并且受到了学术界许多专家学者以及高校体育教师和学生的认可，在网络技术运用于高校体育教学的过程中展现出其特有优势。与此同时，高校体育教学工作者在体育教学过程中，通过将网络技术融入传统体育教学过程中来设计新的教学模式，使网络技术更好地服务于高校体育教学的需求，为高校体育教学的现代化发展起到良好的辅助作用。运用网络技术在高校体育教学管理的工作中，可以有效地促进高校体育教学管理效率的提升，为高校体育教师与学生间提供了良好的教学科研环境以及更加便捷的交流途径。未来一段时期，网络将从根本上改变原有的高校体育教学模式，并更加有效地整合高校体育教学资源，极大地推动高校体育教学的现代化发展。

建立和完善高校体育教学网络技术应用平台的环境，需要加大高校计算机硬件设施的投入，加强高校校园网中体育网的建设。良好的高校体育教学网络技术平台环境是建设现代化高校体育教学的基础，其中包含了标准化的网络技术设施和系统化的教学软件。随着网络时代背景下网络技术的快速发展以及高校已经基本普及的网络多媒体教室和大量的体育教学网络应用软件，高校体育教学网络技术平台的应用环境得到较好的硬件保障，具备良好的教学环境可以促使高校体育教师在体育教学中更好地应用网络技术来完善高校体育教学。但是根据相关调查，国内大多数高校目前仍面临网络设备以及多媒体网络教学硬件数量不足，高校校园网中体育网建设的功能不够齐全，相关体育教学软件开发较少等诸多问题。高校所面临的上述问题如果得不到及时解决，必将严重阻碍高校体育教学现代化教学模式的发展。因此，为保障未来高校体育教学水平的持续提升，必须采取必要的执行措施。

随着当前网络时代背景下网络技术的发展与广泛应用，网络技术给高校体育教学带来的影响越来越深刻，应用网络技术的体育教学网络平台受到了广泛关注。在高校体育教学中应用网络技术，营造对软件和硬件建设的良性教学环境也有要求，如果不具备良好的体育教学软件和网络硬件教学环境的支持，那么在体育教学的过程中就发挥不出应有的教学效果。此外，目前我国高校体育教学的教学网络资源以及体育教学所需的教学软件严重不足，这些都严重影响了高校体育教学现代化发展的进度。为此，高校应加大对高校体育教学软件开发的力度，使之可以更好地为高校体育教学提高优质的服务。高校体育教学中运用多媒体网络教学离不开体育教学网络资源的支持，丰富的体育教学课件和教学素材是未来高校体育教学的保障，高校应及时对体育教学所需的网络教学资源库进行更新，增加体育教学所需的相关课件，对体育教学所需数据信息资料进行教学共享。高校体育教学网络资源库的建立为高校体育课程提供了充足的体育教学课件，为体育教学课件的自主设计提供了丰富的体育教学素材，而且体育教学网络资源库的建立也拓展了学生的学习途径。高校体育多媒体教学网络资源库的建立和完善离不开高校体育教师对体育教学资源的制作和搜集，需要多方面的支持，及时建立有效的激励机制提高积极性，使广大师生积极地加入体育多媒体教学网络资源库的建设中来。高校之间应加强相互合作，实现体育教学资源库的共享，及时对优秀的体育教学资源进行收录，并建立长期稳定的教学合作和共享关系，进而加强高校体育教学网络资源库的建设。

（二）改进传统体育教育模式提高教学管理的质量和效率

在高校体育传统的教学模式中，多数是体育教师课堂讲述的形式，其中大多依赖于体育教师的板书以及静态投影图等单项式教学。这种传统的教学模式形式和方法都比较单一，教学过程中运用的教学技术相对落后，使得高校体育课程的教学效果受到了局限，没有得到充分的发挥。网络多媒体技术是集各种网络信息载体平台于一体的技术，通过网络技术把图文以及视频动画等影像进行体育教学信息的整合，是网络技术应用于高校体育教学的重要表现方式之一。网络多媒体技术在体育教学中的应用，从而辅助高校体育教学，已经得到了高校体育教师的广泛认可。在高校体育教学中应用网络多媒体技术，可以针对高校体育教学的特点发挥其特有的优势，结合不同体育教学中实际教学网络软硬件设施的具体情况，应采用相对多样的体育教学课件制作软件进行网络多媒体课件的制作。这些方法的运用有利于节约教学成本，提高高校体育教师工作效率，改进高校体育教学的质量。

其中，在高校体育教学中，体育理论课程教授的各项运动技术的理论与方法以及动作理论分析，还包括运动技能的教学步骤与方法和影响成绩因素的分析都需要有与之相应的图像解析和相应的视频教学，这样不仅能极大地提高学生课堂学习的积极性，还能提高课堂上体育教学的效果。网络技术的运用可以使体育教学中，及时选取最新的优秀赛事中运动员的数据材料和视频做教学示范，这将能够较好地调动学生学习过程中的积极性。在体育教学过程中运用情境式的教学使得体育教学的效果成倍增加，利用网络多媒体技术对体育教学进行科学处理是高校体育教学现代化发展的重要表现。

体育教学智能化的管理涉及高校体育教学的方方面面，体育教学网络信息化管理可以加快体育教学工作的进度，提高高校体育教学工作效率。高校体育教学管理还包括高校体育教学资料和文档的智能化管理，当前高校体育工作中存在着一些单调、烦琐、重复的细碎工作，如高校举行校园运动会，从校园运动会的报名准备、赛程编排，到各项赛事的成绩记录以及对应的统计分析。随着现代网络信息技术的快速发展，基于高校体育教学的实际需要，对高校体育教学管理所需要的软件加强开发和运用，从而推动高校体育教学智能化管理的发展。

现代化的高校体育教学不应仅仅局限于传统模式的体育教学方式，尤其在这个网络技术飞速发展的时代，网络技术应用于高校体育教学已经成为未来高等体育教育发展的必然趋势。网络技术在体育教学中的运用有效地突破了时间与空间的限制，弥补了传统体育教学中所使用的纸质教材的不足，极大地拓宽了学生体育学习的知识面，拓展了新的体育学习方式，丰富了高校体育教学内容，强化了高校体育教学效果，增强了学生在体育教学中自主学习的积极性，提高了高校体育教学的教学效率。

高校体育教学有其独有的特性，由于体育教学中体育运动项目的种类比较多，不同的运动项目其运动技术相应也有所不同，在不同运动项目和运动技术的教学中都需要体育教师进行相应动作的示范。高校体育教师由于自身随着年龄增长等原因，对于体育教学中一些体育运动技能的动作示范能力有所减退，不能保证每个动作都能做得符合标准。网络技术在体育教学中的运用，有利于克服体育教师自身因素的限制，引用与相关体育课程所需的体育运动项目的标准进行示范，并整合运用到教学之中。这样不但不会因为体育教师自身年龄增长、身体技能的退化而受到影响，反而可以更好地利用体育教师本人对该运动项目多年的体育教学实践经验，以达到更高标准的体育教学水平。网络多媒体技术能够将不同运动项目的技术动作全方位地展现在体育教学课堂之上，同时还可以对相应的体育运动项目中的细节动作进行细致的分解教学。通过视频动画的视角转移，每个时间点的定格等，给学生在运动项目每个时间段多个视角的视觉呈现，保障学生对所学的体育运动项目每个细节的学习都有科学直观的认识，激发学生进行体育学习的兴趣，提高高校体育教学的效率。网络信息技术作为体育教学技术的一种，其被广泛地应用到高校体育教学的课程之中，以促进高校学生对体育知识的学习。在当前高校体育教学过程中，不能一味地只对单一体育学科的相关的体育知识、运动技能进行教学。在如今知识信息迅速更新的时代背景下，为了更好地提高高校的体育教学的效率，应该考虑将体育教学的课程与其他学科的课程进行整合。

由于计算机网络技术与网络多媒体技术的迅速发展，新的网络信息技术不断被运用到高校体育教学的课堂之中，与体育教学的课程相结合，出现了许多新的现代化的体育教学模式和学习方式。多学科间的课程整合就是把与课程相关的交集部分进行教学内容的辅助融合，在体育教学过程中运用教学技术融为一体的体育教学理念。这些对高校体育教学有很大的帮助，在体育理论课程的教学中，通过集合网络多媒体技术进行课程的设计，能使体育理论的教学过程变得形象生动，同时能够提高学生在体育课堂上的学习积极性和课堂学习效率。

网络技术的运用可以使体育教学中各项体育运动技术的分析更加细致准确，在高校体育教学中运动训练过程中对学生的体能监测十分重要，网络技术的运用促进了高校学生体能监测的科学化，通过网络技术及时反馈出每个学生在运动训练中的负荷等相关数据并加以合理系统的分析，从而达到体育教学过程中科学化的训练效果。体能监测借助于先进的网络信息技术可以使体能监测标准化，对于体育教学过程中运动训练及时进行科学数据分析，并对相关的数据进行准确的保存，有助于历史数据的统计和分析研究。使高校体育教学中运动训练计划更加合理化，从而对体育教学中运动训练的全过程进行跟踪，包括对训练的目标和制定的训练计划以及实施训练的目标实现等。使高校体育教学在保障学生在掌握一定的运动技能的基础上，发挥学生自主练习的积极性，使训练的过程更加科学有效。

（三）加强网络技术在体育教学中的普及与相关师资队伍建设

高校体育教师是高校体育教学过程中的指引者和实践者，高校体育教师是否具备现代化的教学技术运用理念，直接影响到高校体育教师自身的教学行为。高校体育教学中网络技术的应用使传统模式下的体育教学理念和方式上都发生了转变，有效地促进未来高校体育教学的改革和推动高校体育教学现代化的发展。高校体育教师在高校体育教学中运用网络技术辅助教学，需要突破传统体育教学理念的束缚，不断促进高校体育教师体育教学理念的提升，这有利于高校体育教师在网络教学技术等专业技能方面的提高，有效地建立现代化的体育教学教育理念，使高校体育教师对网络技术应用于体育教学过程中，对体育教学的效果以及教学模式和方法的提高有准确积极的思想指导。因此，高校体育教学中体育教师对网络技术在高校体育教学中所发挥的具体作用，要用高校体育教学理念进行指导，才能在高校体育教学中提高高校体育教学效率，有效保障高校体育教学质量和高校体育实现现代化教学。网络技术全面应用于对高校体育教学中对体育教学智能化的发展，高校体育教师工作效率的提高和学生学习效率的提高方面产生了极大的推动作用。网络技术在高校体育教学中的应用，可以有效地发挥其特性来提升高校体育教学的效果，使高校体育教学发展符合当前信息化社会现代化发展的需要，为高校的体育教学效率提高提供保障。目前，多数高校体育教师对网络技术应用在体育教学实践中的作用没有全面、深刻的认识，在体育教学实践中还局限于传统的教学形式。由于部分高校体育教师对网络技术应用于高校体育教学中的教学理念陈旧，使得高校体育教师依然采用传统的体育教学模式。对网络技术在体育教学中的应用价值认识不够，从而导致许多已经具备很好运用网络技术条件的高校在体育教学中得不到好的运用，严重浪费了教学资源和限制了高校现代化体育教学的发展。学生通过网络技术的运用可以及时获取学习所需的信息，同时提高自身的学习能力，学会借助网络环境进行主动学习对学生创新能力的提高有非常大的帮助，对养成良好的学习自主性也会起到重要作用。在传统模式下的体育教学中，通过课堂传递体育知识信息的教学方式过于单一，而运用网络技术的体育教学环境更加形象、直观、多样，有效地提高了学生体育学习的积极性。整合网络技术与体育学科课程融合的教学过程，突出了学生自主学习方式的加强，真正把信息技术和信息资源作为学生学习的认知工具，促进了学生体育学习能力的发展。

目前大多数的高校体育教师需要加强现代化网络教学技术知识的培训和学习，从而使网络技术可以在未来高校体育教学中得到广泛的应用和发展。未来高校应增加开设有关网络教学技术类的培训课程，增强学生在体育学习过程中对网络技术运用的意识。加强网络教学技术相关理论知识的学习和实际运用，从而提高学生网络技术相关知识的基础和运用能力，使学生在体育学习过程中具备积极应用网络技术的态度，为在高校体育教学中广泛应用网络技术提供良好的学习环境，最终促进高校现代化体育教学的实现。

网络技术应用于高校体育教学，使得高校体育教师的教育职责不仅仅停留在体育课堂教学之上，网络技术的运用拓宽了体育教师在课堂之外与学生交流的渠道，使得高校体育教师在课堂之外的时间可以方便快捷地解答学生在体育课程学习中遇到的问题。高校体育教师应及时对高校体育教学的网络素材库进行完善建设，为高校体育教学提供一个良好的网络支持平台和体育教学环境，这些都需要体育教师彻底转变传统模式下的体育教学理念，从而促使高校体育教师熟练掌握运用网络技术于体育教学之中的特性。现代化的体育教学技术对高校体育教学中学生的学习有积极的促进作用，能够更好地提高未来高校体育教学效果。实现这些，需要高校体育教师把现代化的体育教学技术合理地应用到体育教学实践中，为网络时代下高校体育教学建立一个体育教学多媒体网络平台，为高校大学生自主学习和合作交流提供良好的学习环境，从而更好地培养高校大学生的创新能力和合作精神。

  高校应及时建立完善的体育教学网络技术管理激励制度，为高校体育教学更好地应用网络技术提供完善的保障体系。高校体育教学管理制度应跟随网络教学技术的不断发展进步，及时更新有关新网络技术应用的管理规定，从而不断完善高校体育教学管理体系。高校为保障现代化体育教学技术的运用，需要重视高校的教学网络管理系统，及时采取应对措施，完善体育教学网络管理系统。要及时建立高校体育教学现代化教学技术运用的有效激励制度，如设立行之有效的奖励措施，并纳入高校评定考核体系之中，积极利用借助网络多媒体技术制作的体育教学课件开展教研活动。对优秀的体育教学课件及时给予相应的奖励，充分调动高校体育教师在体育教学中运用网络技术的积极性，使高校体育教师及时掌握最新的现代网络教学技术，从而积极促进高校体育教学现代化的发展。

第七章 高校体育运动教学模式

运动教育模式是由当代西方著名体育学者西登托普先生提出的一种课程与教学模式。经过 20 多年的实践及不断完善，已经成为当代比较成熟的体育课程与教学模式。然而对于我国的学校体育教育界来说，运动教育模式还是一块未开发的领域。鉴于此，对该模式的研究有益于我们更加全面地了解当今世界体育课程改革发展的特点，为我国新世纪体育课程改革的实施提供多重参照和借鉴。

第一节 国内外运动教学模式的研究现状

一、国外有关运动教学模式的研究

（一）运动教学模式的历史沿革

运动教学模式最初是由美国俄亥俄州立大学的西登托普所创立的。他在博士论文《学校体育课程论》中首次提出这一概念，并在文中提到运动教学模式的基本理论是游戏理论。他认为身体的各种活动是社会活动的基础，应通过教育培养学生的身体活动文化，因此将体育作为一门学科是合理的。但在当时由于运动教学模式自身的不完善，并没有成为有影响力的学校体育课程。同时，游戏教育也从来没有对体育课程的实践起到指导作用。

之后的十多年间，西登托普对自己首先提出的游戏教育重新定位，让运动教学模式由起初的理论研究逐步付诸到实践中。西登托普与他的博士学生进行了一系列教学效果的研究，用大量时间观察体育教师的上课情况，在观察中发现体育课程普遍缺乏新意，学生们学起来较为枯燥，即便是在有着良好的教学效果的课堂中，都不能充分激发学生的学习兴趣，同时课程的内容也缺乏挑战。因此，他认为让学生获得真正的运动体验才是体育教师应当思考的内容。

1982 年，在澳大利亚布里斯班，西登托普受邀在运动联邦会议上进行演说，这是首次讨论运动项目可以被视为体育教育的一个科目的会议。在这次会议上，西登托普第一次提出了运动教育的思想。

1994 年，西登托普出版了《运动教育——通过积极的运动体验提高教学质量》专著。这本书对运动教学模式的介绍为更多的学校教师运用此模式提供了有效的理论指导，使运动教学模式作为一种有效的体育课程教学模式在世界各国得到广泛应用。

2002 年为了纪念西登托普退休，《美国体育教学杂志》推出了名叫"用朋友的书来赞美他——献给西登托普"的专栏，以此来说明西登托普在运动教学模式研究领域的重要地位。

运动教学模式大致经历了萌发期、创立期、成熟期三个阶段。萌发期阶段是以游戏理论为理论基础，逐渐从游戏理论到游戏教育最后达到运动教育的时期；创立期阶段是由教学实验的探索阶段开始,逐步进行完善,从而迈向一个较为完整的科学的教学体系,此阶段也是运动教育较为关键的时期;成熟期阶段是运动教学模式发展和传播的主要时期,随着西登托普运动教育专著的发表,运动教学模式正式进入成熟的发展时期,全世界越来越多的国家和地区开始运用运动教学模式,如表7－1。

表7－1 运动教学模式的发展阶段

发展时期	发展阶段	发展情况
1968~1982年	萌发期	游戏理论—游戏教育—运动教育理论
1983~1993年	创立期	形成教学过程、教学方法
1994年至今	成熟期	《通过积极的运动体验提高教学质量》出版

(二)国外运动教学模式的研究概况

从20世纪80年代开始,经过近30年的发展,"运动教学模式"在一些国家和地区的发展和实践运用已经非常成熟。2005年,Wallhead和O'Sullivan基于对28篇以实验研究为基础的文献进行分析,发表了对"运动教学模式"的研究回顾。在回顾中,作者肯定了该模式的某些优点,特别是其连续的团队会员身份,有利于学生参与到以学生为中心的学习任务中来。但是在其他方面,例如,学生领导技巧方面,被认为存在潜在的问题。同时,该回顾对未来的研究提出了很多意见与建议。2011年4月,著名学者Peter Hastie等又发表了对"运动教学模式"的回顾研究。研究发现,与以往相比,"运动教学模式"的实证研究运用在更多的运动项目和国家及地区中,而且趋向于更加成熟的实验设计,并使用更大的样本量。但同时,更多的研究需要在某些领域进行,例如,同伴指导、从学校体育到社区体育的迁移等方面。

1. 运动教学模式对学生健康水平的影响研究

Wallhead和O'Sullivan在2005年的评论文章中指出,在2005年以前的所有研究中,关于"运动教学模式"对学生健康水平影响的研究是最少的,事实上,只有Hastie和Trost在2002年发表的一篇文章是以学生健康水平为研究中心的。2009年,Hastie等人在以障碍跑为教学内容的研究中发现,通过"运动教学模式"教学,学生在有氧心血管耐力跑测试(PACER)中取得了重要的进步。但是,值得注意的是这个研究选用的运动项目是障碍跑,障碍跑的核心任务就是提高心血管耐力。目前,在其他运动项目中,研究"运动教学模式"对学生健康水平的影响,仍然是空白。

与Hastie和Trost在2002年的研究相似,2005年Parker和Curtner-Smith在"运动教学模式"中,使用体能教学时间观察系统(SOFIT)研究学生的身体活动水平。这次研究最大的发现是学生在"运动教学模式"中只有36.6%的时间达到了中高强度活动水平(MVPA),而在传统的、以练习为主的教学模式中学生的中高强度活动水平时间略高于50%。然而,我们必须看到在该研究中,赛季设计非常短,10节课,每节课30分钟,再加上5节课的比赛课程,而且是由实习教师教授。而Hastie和Trost在2002年的研究中,赛季长达22节课,课程由经验丰富的教师教授,整个赛季学生的中高强度活动水平达到了60%以上。

2. 运动教学模式对学生技术水平与战术能力的影响研究

自2004年以来,仅有少数几篇文章研究"运动教学模式"中学生技能发展情况。2004年Browne等人发表的文章和2008年Pritchard等人发表的文章均对"运动教学模式"和传统教学模式教学效果进行了对比。在 Browne 的文章中，研究结果表明在两种教学模式中，学生在比赛知识和技术方面均获得了重要的进步。另外，在"运动教学模式"中学生自觉学习的意识增强，另外他们也能更好地理解比赛。

2008 年 Pritchard 等人在以排球为研究项目的文章中也显示，在"运动教学模式"下，学生在项目知识方面有重要提高。与 2004 年 Browne 等人获得的研究结果不同的是，Pritchard 等在该研究中未发现学生技能测试分数的提高，然而却发现在"运动教学模式"中学生比赛质量得到了提高，特别是学生能正确地决定采用哪种击球技术，并能准确地执行，从而提高了技术的准确性。与该项研究相一致的是，Hastie 等人于 2009 年在俄罗斯一个年级的学生中运用了"运动教学模式"，研究表明学生在"正确决定"和"准确执行"两方面都得到了提高。另外，在该研究中，学生也在控制球和击球的攻击性等羽毛球技术测试方面取得了重要的提高。

2009 年，通过使用 Blomqvist 等人 2000 年研制的评估量表，Hastie 等研究者通过让学生观看羽毛球比赛的录像，测试了学生的战术意识，该研究结果表明学生选择战术方法方面的能力得到了大大提高。Hastie 等研究者在 2006 年的研究中，也测试了学生战术理解能力的发展。在研究中作者在"运动教学模式"的理论框架下，采用了问题解决、指导发现等策略。该研究发现学生能够理解、重视，执行大量基本的战术。学生也理解重要的原则、规则、比赛组织方法及其重要性，并能够将它们移植运用到其他运动项目中。

3. 运动教学模式对学生社交能力的影响研究

在 2005 年的评论文章中，Wallhead 和 O'Sullivan 指出，在"运动教学模式"的运用中，课堂权力与责任从教师向学生的转移还存在一些困难，例如，学生角色责任的执行等方面。特别是被赋予职责的学生不应疏远或压制他的队员。随后的研究则在这方面得出了不同的结果。例如，2008 年 Pill 的研究中，教师认为"运动教学模式"更能激发学生的学习动机，包括那些平常参与积极性特别低的学生。此外，2004 年 Kinchin 等的研究表明，学生在"运动教学模式"中具有很强的团队归属感，证据表明团队作为一个重要的因素，促进了学生的课堂表现。

但是，2009 年 Brock 等在深入研究中，发现大量的证据表明不是所有的学生都能表达自己的选择。通过在整个赛季中观察一个团队的所有社交活动和决定，Brock 等研究者清楚地发现在团队中，具有更高社会地位的学生控制着团队的社交活动。在这种情况下，比较富有、外形出众、有吸引力的学生总是具有较高的地位，在课堂之外的体育活动中也是如此。这种发人深省的研究结果促使我们思考如何打破这种不平等，教师如何创造一种学习氛围，使学生能够通过平等的交往和参与，获得在身体活动、认知和社交能力方面的提高。尽管有些教学研究已经肯定了"运动教学模式"促进更多学生平等的参与进来，例如 1999 年 Ennis 等著的和谐体育，2000 年 Hastie 等著的激励体育，但是在能否有效地促进所有学生参与等领域，"运动教学模式"仍然有研究空间。另外，不可忽视的是 2009 年 Brock 等学者的研究设计中包括违背"运动教学模式"目的的因素，例如，没有让所有人参与比赛。尽管教师观察到大部分学生相互以公平平等的方式相处，或者大部分学生以积极的态度对待队员间的关系，但必须注意部分学生并没有话语权。未来"运动教学模式"应更加注重在团队合作方面的研究。

4. 运动教学模式对学生运动热情的影响研究

"运动教学模式"对学生运动热情的影响已经有一系列大量的研究。许多研究表明使用"运动教学模式"促进了体育教育对学生的吸引。这些研究显示不受地点的限制，学生都很享受参与到体育课中，在课上他们得到了更多关注，同时他们也会认真对待体育课。

随后，研究者将研究重心从一般性的描述转移到客观的解释说明。例如，在2008年MacPhail等的研究中，研究者大量搜集了学生对于"乐趣"和"愉快"两个概念的综合理解，并使用了访谈和大量的心理学方法进行研究。他们发现学生认为"运动教学模式"非常有意思、使人愉悦，并且促进和发展了团队群聚力。学生自我管理的意识也得到增强。除了这些，学生对于成功的理解也发生了改变。许多学生认为他们在该项目的身体运动能力和心理能力方面都得到了提高，学生具备了更多的战术意识。

2009年Kinchin等研究者将研究重点放在赛季的高潮部分。通过研究考查学生和教师对于"运动教学模式"中赛季高潮的观念与看法，发现在赛季前期，学生对于庆祝活动的兴奋程度和预期效应存在不确定性，而在庆祝活动之后，学生关注团队的表现，积极地谈论他们共同学习的美好记忆。教师认为庆祝活动的成功之处在激发学生的学习兴趣，使学生渴望通过积极练习，战胜对手，获得成功。

新的方法学也被用来研究学生的观念与看法。2004年MacPhail和Kinchin的研究和2006年Mowling等人的研究都运用了绘画的方法研究年轻学生对"运动教学模式"的体验和理解。在MacPhail和Kinchin的研究中，学生表现最多的是学习中的乐趣、比赛、凝聚力和归属感。Mowling等人的研究扩展了研究设计，包含了更多的、更加广泛的分析系统，以及多维数据分析点（在整个赛季中，绘画收集了六次）。在2004年的研究中，被描绘最多的是团队凝聚力和庆祝活动以及正式比赛。而在2006年的研究中，在赛季的后半阶段，许多学生认为获胜是主要的目的。从以上这两个研究中，我们所获得的最关键的信息是绘画提供了大量的信息，但是仅仅是在绘画伴有语言或文字叙述时才发挥作用。

5. 运动教学模式对学生价值观的影响研究

"运动教学模式"一大特点是组织系统的公平比赛。赛季冠军由多因素决定，而不是由一次胜负决定，这样有助于加强体育体验的教育价值。这也正是"运动教学模式"的创始人Siedentop等所倡导的。公平竞争的目的应该在赛季中被反复强调，这在研究中已经得到了证实。2006年Mowling等人在研究中发现，随着赛季进行到后期，赢得比赛成了学生的主要目的。2007年Brock和Hastie的研究也表明，尽管赛季开始时，队员们会反对队长让技术好的学生上场时间长于其他学生，但是随着比赛的进行，特别是到了赛季后期，如果比赛非常激烈，赢得比赛存在风险，其他学生也认为应该让技术好的学生多上场比赛。因此，作者建议在未来的"运动教学模式"中，应该让年轻的学生将更多的注意力放在公平竞争和所取得的成就方面，而不是简单的输赢。

2009年Vidoni和Ward在研究中设立公平竞争行为标准和范围，并考察哪些公平竞争行为标准的干预能够引导赛季中公平竞争行为的发生。研究结果表明公平竞争行为标准对于增加学生活动参与性有积极的作用。然而，对于增加学生互助行为作用不太大，但是从积极的方面来说，降低了学生之间伤害行为的发生。

当前，研究者发现运动教学模式对学生与老师都产生了积极的影响，在实施运动教学模式中可以激发学生的学习兴趣，提高参与度，同时有利于培养学生的团队意识和人际交往能力。而教师获得更为灵活的教学方式，从而真正关注学生的需要。

二、国内关于运动教学模式的研究

（一）国内运动教学模式研究概况

2004年10月运动教学模式的提出者西登托普先生应邀来北京师范大学讲学，我国对运动教学模式的研究由此开始。但现阶段国内对于运动教学模式的研究较少。

高航在《当代运动模式研究》中对运动教学模式进行了深入的研究，并运用运动教学模式在国内首次开展了教学实验。他指出：运动教学模式是一种课程教学模式，有完善的理论体系，在提高学生运动技战术、学习态度等方面有良好的效果。他将运动教学模式应用在中学足球课中，并通过实验表明运动教学模式和常规教学模式是相辅相成、相互补充的。在运动教学模式教学设计中与常规教学模式相互穿插，使学生学习技能的同时，学习到在常规教学模式中学不到的体育文化、裁判知识。

高嵘等在《当代运动教育探讨》中对运动教学模式的特点、教学目标、教学过程结构、主要教学方法、学习评价进行了详细地分析。他指出：运动教学模式与常规教学方式的不同之处在于：①超大单元的教学；②学生扮演不同的角色；③注重学生对运动文化的全方位学习；④根据学生身心特点对运动进行教学化改造；⑤充分发挥运动竞赛的多种效应。通过运动教学模式与常规教学模式的对比发现，常规教学模式的教学单元多为小单元，学生对技术的学习属于了解性的学习，而运动教学模式要求的教学单元为大单元，学生对于技术的学习有了长时间了解的过程，并在加深技术的同时逐渐加入比赛，使学生学习的技术有了实践的机会，真正掌握项目技术和战术，了解项目文化。其次，常规教学模式中学生主要为技术的学习者，而在运动教学模式中，学生角色的变换是一个亮点，学生可以担任教练、队长、裁判、运动员、记录员等，在角色扮演中学习体育项目的礼仪、文化、规则，并加深对于项目全面地了解。

高嵘、张建华等在研究国外学者对运动教学模式的理论研究基础上，对运动教学模式提出了一个参照的结构。他指出：运动教育的设计和实施可以从宏观和微观两个层面把握其具体的教学过程。前者要求其教学设计从"运动季开始前的准备阶段"和"实施课堂教学阶段"两个方面全面地考虑其教学过程；后者则要求教学设计和实施要从每次课教学的各个方面入手，深入考虑运动季早期、中期和晚期三个不同教学阶段的具体课堂教学实施及其时间分配。

综上所述，运动教学模式在我国还未得到全面推广，理论与实践的研究相对较少。通过分析运动教学模式的教学理念，发现其与我国目前体育教学改革的理念有相似之处。如将运动教学模式引入到我国体育教学中将对我国体育教学的改善起到有益的作用。

（二）国内运动教学模式研究文献综述

1. 有关运动教学模式由来研究文献概括

运动教学模式对于传统教学模式来说，是一个新兴的教学模式，因此，要想把该模式运用到国内的体育教学中，首先应该了解运动教学模式的历史渊源和发展，从统计里显示出，文献资料大多数都是对运动教学模式的来源、形成、教学结构和主要特征进行探讨和分析。

高航在《试论运动教学模式的历史渊源》一文中提到了运动教学模式是由美国体育学

家西登托普提出的一种新型的、具有显著教学效果的课程教学模式。并对运动教学模式的发展过程进行了分析与总结,结果显示出运动教学模式的发展经历了启蒙期、成长期和成熟期三个阶段。

高嵘等在《当代运动教育探讨》一文中就运动教育的形成与发展、目的意义、课程教学过程的结构、运动教学模式的主要特征,以及它与传统体育课程和教学的差异等问题进行了分析并得出相应的结论,并结合我国教学实情对运动教育学习引入提出了建议。

姜熙等在《试析美国体育教育运动教学模式》中指出运动教学模式是国际体育教育界当前流行的教学模式和课程模式之一,现阶段已经在多个国家得到了成功地应用。但现阶段我国学者对运动教学模式的研究还比较少。对运动教学模式的概念意义、课程框架结构、教育目标与方式等做了详细的描述与分析。

2. 有关运动教学模式引入我国体育教学的研究文献概括

陈雁飞在《运动教学模式对学校体育课程改革的启示》一文中分析得出运动教学模式中所阐述的教育理念和课程理念与我国改革后的体育课程提倡的理念有部分地方相通,并且能在体育教学具体实施过程中提供更为有效的教学方法、教学手段和过程模式,能解决体育课程中难操作的问题。

蒋新国,肖海婷在《美国运动教学模式对我国学校体育课程改革的启示》一文中指出,我国要将运动教学模式引入体育教学中,必须要结合体育课程的特点和目前状况,对教学场地和教学器材等进行改进、完善和创新。

蒋晓培在《运动教学模式引入普通高校体育选项课的理论研究》中通过对运动教学模式与我国传统教育模式进行对比,结果显示运动教学模式能凸现学生在教学中的主体地位,对于引入我国体育选项课更有针对性和可行性。

3. 有关运动教学模式在体育选项课的应用研究文献概括

谭小燕在《"运动教育"课程模式研究——武术课程运动教学模式的建构》中通过运动教学模式理论,对武术课程提出了新的教学模式,对于学生的武术技能、传统武术文化知识的掌握和提高起到了极大的促进作用,并真正实现中华武术的继承。

汪素霞在《在健身操教学中运用运动教育理论的实验研究》一文中采取实验法、问卷调查法等多种方法得出:运动教学模式能使学生作为主体,有利于学生学习兴趣和学习积极性的提高,并且能使课堂气氛愉快轻松。

杨慈洲在《运动教育在高校公体篮球教学中的应用研究》一文中通过准实验法的结果表明:运动教学模式更能促进学生的体育学习的积极性和参加运动的热情,对于我国体育教学的改革有较高的参考和借鉴价值。

于国辉在《运动教学模式在普通高校排球选项课教学中的应用研究》中表明:运动教学模式运用到排球选项课中,能提高学生的排球运动能力和学习态度,使学生的适应能力、组织能力、实践能力和裁判能力得到加强,养成了学生相互协作、团结友爱、持之以恒的优良传统。

通过以上所有文献的概述可见,我国对于运动教学模式的研究还处在初级阶段,很多领域的实验研究还处在空白阶段。在现有文献资料研究中,大部分体现了学生学习的积极性和学习兴趣性的发挥,这说明传统体育教学发挥学习学生积极性和学习兴趣存在一定的问题,这些问题促使我们必须对先进的教学模式进行前瞻性分析探讨和研究,对于我国体育教学的改进提供参考和借鉴。

第二节 运动教学模式的理论与实践基础

一、运动教学模式的理论基础

（一）运动教学模式的理论来源

"运动教学模式"是一种课程和教学模式，它是由美国教授开发的。俄亥俄州立大学已经运用"运动教学模式"培训体育教师三十多年，自从运用和推广"运动教学模式"之后，学校在培养体育教师的方式方法上与以前相比有了根本性地改变，相应地，对于普通学校应该怎样教授体育课的教学理念，也有了根本性地改变。"运动教学模式"是经过许多教学实验，在体育教学领域效果非常好的课程和教学模式。经过几十年的发展，"运动教学模式"已经在全球许多国家和地区推广开来。

运动教学模式的主要理论来源是游戏理论和游戏教育。西登托普教授认为体育来源于游戏，体育的本质就是游戏。西登托普教授早年在其博士论文"学校体育中的课程理论"中，在汲取游戏理论的基础上，曾重点论述过游戏教育理论。他作为当代运动目的论的主要倡导者，非常看重体育的游戏价值。他认为，游戏并不是一个微不足道的概念，它在心理学、社会学和历史学中有着丰富的内涵，并且足以证明体育的本质是什么，即体育就是让人们参与到游戏中来，并且受到别人的关注。当体育具备较强的游戏性时，对参与者的意义很大，而当体育失去游戏性时，参与者将明显减少。体育是发展了的游戏，是人类文化中健康与生命力的重要表征。当个人以正面且积极的态度投入体育时，体育将承担人类文化的社会化功能。因此，体育教学的目的是通过竞争性的、表现性的运动和比赛，提高人的品行和能力。

（二）运动教学模式的主要理论支撑

1. 团队学习理论

有研究认为固定的学习小团队有利于学生学习成绩的提高，研究认为稳定、和谐的学习团队能产生高效的学习效果。团队学习理论是"运动教学模式"的核心概念，而且团队成员之间的关系从运动季开始一直保持到运动季结束。也就是说在这段时间内团队成员关系具有很强的稳定性。因此，"运动教学模式"的团队学习有利于学生学习成绩提高，具有理论上的先进性。

2. 情境学习理论

情境学习理论认为学习实质上是一个文化适应与获得特定的实践共同体成员身份的过程。"运动教学模式"就是以竞赛为工具，把学生置身于丰富真实的运动情境中，并以团队为基础，为了实现共同的目标而协同合作，在真实的运动情境中完成所学知识的实践应用。

3. 社会学习理论和构建主义学习理论

社会学理论认为，人类的学习是与环境和其他人相互影响的，我们通常是通过模仿他人、倾听他人、与他人交流来获取知识，这是以行为心理学理论为基础的，其特别强调他人在学习过程中的影响。"运动教学模式"的一个重要的特征就是学生在团队协作的环境中从其他成员那得到指导,并相互提高,这个过程本身就是学生与学生之间相互交流与影响的过程。

其中,运动教学模式的教学过程结构为九部分:建立教学常规、明确角色分配、学习基本技术和战术、学习裁判规则、小组自我评价与复习、比赛、奖励与庆祝活动;而运动教学模式的教学方法是将直接指导、合作学习和伙伴学习3种不同的教学方法融合为一体,综合应用,形成一套有效的独具特点的运动教育教学方法,最终在整合已有相关教学手段的基础上创新高校体育课教学模式研究的实施,将为高校体育教学工作者在制定具有针对性的、可操作性且有效的教学方法和手段方面提供参考和依据。

二、运动教学模式的实践基础

1983年,西登托普成立研究小组,在俄亥俄大学主持了运动教育课程与教学模式的研究工作,并首次提出运动教学模式的特征、形式和教法。1983年,他的学生Chris Bell首次采用运动教学模式,选择体操和足球两个教材开始了运动季的学习。1986年,西登托普在怀俄明州大学进行了运动教学模式的专题讨论,取得一些建设性意见,并对运动教学模式的思想体系和教学方法进行了进一步完善,虽然收到一些实效并产生一定的影响,可是教学效果以及科学研究依然没有产生实质性的效果。1990年,新西兰奥塔哥大学的Bevan Crrant利用希拉里(Hillary)委员会的资金对新西兰的部分学生的高中生进行了国家级的运动教育实验,由于这次试验所取得的效果震惊了大批教育者,希拉里委员会决定在新西兰推广这一教学模式,推出了教师用书来满足更多教师应用教学的要求。继新西兰的研究之后,Andrew Taggart和Ken Alexander在西澳大利亚对一些学校成功地进行了运动教学模式的国家级实验,这为运动教学模式在澳洲的推广奠定了基础。1995年,运动教育全国大会召开,并在《健康生活方式》杂志上用正版详细介绍了运动教育在澳洲开展的情况。1998年3月和5月在《体育、娱乐和舞蹈杂志》刊出运动教育专栏。1998年11月,在英国的利物浦大学召开了关于英国的学校和社区中如何开展运动教育的大会,就此掀开了运动教育国际体育教学中的序幕。

第三节 运动教学模式的内涵及结构分析

一、运动教学模式的内涵阐释

(一)运动教学模式的概念界定

理解"运动教学模式"的内涵,首先应该来了解一下美国体育研究者是如何看待体育与竞技运动的。美国佐治亚大学的布莱恩·麦克利克以及刘文浩对此有过大体的介绍,"在美国,体和竞技运动既有所不同,又相互联系……"美国并没有一个公认的体育定义,但一般认为,体育是整个教育系统的一个有机组成部分,其具体表现形式是体育课。西登托普教授对竞技运动的定义是:竞技运动是由规则所制约的,其结果由技术、技能、战术所决定的游戏和活动。"运动教学模式"是将竞技项目作为体育课的教学内容,重点是传授竞技项目的技能、知识、规则等。

"运动教学模式"的创始人西登托普教授指出"运动教学模式"是一种课程和教学模

式，该模式使学生在以竞技运动、舞蹈和各种锻炼活动为内容的体育课中获得真实的、愉快的学习体验。

由美国俄亥俄州立大学出版的体育教育专业教科书《体育、健身和运动导论》中指出"运动教学模式"以竞技运动项目为体育课内容，所有学生能够在体育课中通过多种方式学习该项运动。

几乎所有的英文文献与中文文献都没有对"运动教学模式"给出标准的定义，但是相对权威的英文文献中，均强调了"运动教学模式"给学生带来真实的竞技运动体验。

（二）运动教学模式的具体特征

有别于我国传统课堂整体教学之处在于，运动教育把运动季、分组合作、教学比赛、角色扮演、责任分担、最终比赛、成绩记录与保存和庆祝活动这八个内容作为其主要特征（如图7-1所示）。

图7-1 运动教学模式特征图

1. 运动季

周宏室先生在其2002年出版的《运动教育学》一书中提到，运动教学模式将一个教学周期称之为运动季。与我国传统的体育教学单元相比较，此称谓带有明显的不同。运动季又具体划分为练习期、季前赛期、正式比赛期和季后赛期这四个阶段。每个不同的教学时期都规定有不同的教学内容与之相适应。但是每个不同的教学时期在传授新内容的同时却并不孤立，又能承前启后，每一个期间都是一个逐步衔接的过程。最终比赛是整个运动季中的主线，起着导向的作用。近似于运动员的学生在教师地辅导和帮助下，为了最终比赛这个目标会在整个运动季中共同努力，以期获得最终的胜利。

2. 分组合作

运动教学模式一个突出的特点就是团队进行合作。它打破传统的体育教学思维模式，学习小组可以由学生自由组合而成，也可以由教师根据不同学生的能力进行分组。整个运动季中充分体现"团队合作"精神，要求以固定的学习小组为单位来共同学习、共同练习技术、共同拟订比赛策略、共同体验所在团队的成败得失，要求团队要努力创造小组的特色文化、捍卫小组的荣誉。以培养学生"团队意识"的形成是运动教学模式一个突出的特点。

3. 教学比赛

运动教学模式中整个运动季过程主要情境的体现均由比赛的形式表达出来，以对抗性练习、循环竞赛、联赛等形式为主的正式的比赛穿插在各部分赛季的练习中，也是由正式的比赛赋予了运动教育真正的含义。通过比赛在教学过程中可以促进各小组之间的相互检验，从比赛中发现本小组的不足，督促各小组中学生向着最终的目标前进。通常在运动季的前期具体的赛程表便以公告的形式告示学生，以使学生对未来赛事的安排做出相应的提前准备。

4. 角色扮演

在运动教学模式中每位学生除了学习运动技战术，担任比赛运动员角色外，都还有其在小组中的固定角色：比如记录员、裁判员、管理员等。角色的不同也决定了其责任不同，这样在小组中的角色扮演，其实就是社会角色的迁移和模仿。一个大的团体就是一个小型的社会，其中每个学生都有自己的定位，以后学生步入社会就是在社会这个团体中生存，在社会这个团体中担当各自的角色。

5. 责任分担

运动教学模式一个明显的特征就是责任分担制，在小组中每个学生都有其不同的责任，大家都为小组的荣誉而共同努力，这明显不同于以往的体育教学。在小组之中，学生各自发挥着不同的作用，为了小组的利益而努力，这样在学习中学生更多了交流与合作的机会，一方面促进学生之间的感情，有助于学生的心理健康；另一方面增强了学生的责任感与集体荣誉感。

6. 最终比赛

运动教学模式中要求全体参与者营造欢庆的气氛，以最终比赛来结束整个运动赛季。结束部分通常也是最高潮的部分，运动教学模式的最终比赛为学生提供了全体参与的机会，整个赛季中全体的参与者为了最终比赛付出的所有努力都会在最终比赛时候完全地流露和释放。因为运动的本质就是竞争，对于争强好胜的大学生，最终比赛给了他们这样一个发挥和宣泄的机会。在传统的教学中也会经常贯穿一些比赛的形式，但运动教育所要求的最终比赛是以正式比赛计划的形式出现，并要求以团队联盟的形式贯穿于整个比赛季。所以传统教学中的比赛和运动教学模式中的最终比赛有着本质的区别。

7. 成绩记录与保存

对整个运动季过程进行记录也是运动教学模式的一个特点。可以记录比赛的结果、名次、时间、小组学习、战术学习以及相关的赛后小结、总结等。每次的记录由记录员负责，并且贯穿于整个学习、比赛过程，组长和小组其他成员共同监督。我国传统的体育课中也有记录，但主要用于记录考勤和单独的技术测验，一般由教师来完成，这与运动教学模式下的记录相比较显然功能非常单一。运动教学模式下的记录有助于对个人和团队提供信息反馈，及时对与其他小组的差距做出准确的评价，帮助小组成员在学习和练习的过程中进一步规范其标准和制定更为具体的目标。在最后的时候，教师和共同参与的学生会对整个学习历程进行回忆和总结，这时成绩的记录和保存也可作为重要参照。

8. 庆祝活动

庆祝活动是整个教学过程中的最终活动，教师和学生需要共同努力创造一系列的庆祝方式，包括邀请特别嘉宾参加、赛前运动员宣誓、赛后对优胜者的颁奖典礼，还包括对比赛场地的装饰布置、拍摄录像带等形式，努力营造出节日的氛围。所有这些庆祝活动的内容在最终的比赛时都得以充分体现，这样可以极大地增强学生积极参与活动的热情，因为正规的比赛本身就是一种节日的庆祝方式，同时也渐进地培养了参与者的体育文化意识。

二、运动教学模式的结构分析

（一）运动教学模式的指导思想

它是以基于游戏教育的运动教育思想为指导，强调激发学生的运动热情，使学生积极主动地投入到真正的运动中来，让学生参与一系列经过修改的、适合学生发展水平的运动，以"全面参与"和"人人成功"为导向，在学习过程中给予学生一定的学习自主权，真正体现了以"学生为中心"的教学。

（二）运动教学模式的目标

1．运动教学模式的总体目标

西登托普在其《运动教育——通过积极的运动提高教学质量》一书中明确指出："通过采用运动教学模式进行教学，使学生体验到真实的、完整的运动体验。使学生最终发展成为有运动能力、具有运动素养、具有高度参与运动热情的体育人。"这是运动教学模式所追求的最终目的。

（1）有能力的运动参与者

能力，是指人们顺利完成某一活动所需的主观条件，它是抽象存在的，在人进行具体活动时而有所体现。运动教学模式对人的能力的培养主要强调学生的运动技能，而并非简单的运动技术，主要表现在自己或者与队友参与竞赛的能力。不仅如此，运动教学模式注重对运动员全面能力的提升，包括运用战术的能力，评价比赛的能力，通过锻炼身体素质的提高，选择与自身运动能力相适应的运动项目的能力，与同学配合管理比赛或者共同学习的合作交往能力等。运动教学模式对学生能力的发展突出重点也注意综合，这主要决定于运动教学模式的教学过程是以形式多样的竞赛形式展开进行，它为运动员提供了培养运动能力的运动环境，并通过完整的竞赛规程锻炼了学生完成活动的综合能力。

（2）有运动素养的参与者

运动素养，指的是人们对体育运动的修习涵养，不仅包括参与运动实践的涵养，还包括对体育文化知识的修习。运动教学模式对学生运动素养的培养目标主要体现在对运动规则、对运动的传统习俗以及运动礼仪的了解上，对体育行为以及体育道德的捍卫上，对体育运动的审美享受方面等。这些能力的培养都在模式的教学操作过程中有所体现。

（3）有运动热情的参与者

个人参与到运动中来的动力并不是外在的奖励，而是运动参与提供给他一种内在的价值，这种内在价值集中体现在参与者对这项运动的参与热情。运动热情是人们参与某项体育运动的精神动力，是人们喜爱某种运动的先决条件，是人们树立终身体育意识的关键结合点。运动教学模式呈献给参与者的是一种完整的运动形式，将运动项目的文化魅力最大限度的表达，将运动项目对人的价值最大化的实现。

2．运动教学模式的具体目标

通过运动教育应该使学生达到如下的具体目标，共包括10个方面的要求：

有能力发展专项运动技能；有能力欣赏并能够运用战术；有能力参与适合自身运动水平的比赛；有能力和伙伴共同制定运动策略并且加以管理；有能力担当领导角色；有能力团结合作学习；有能力欣赏所学习运动项目的比赛；有能力做出理性的决定；有能力运用所学裁判知识和运动训练；有能力积极主动参与课余运动。

(三) 运动教学模式的教学条件

1. 教学过程中教师进行督促和引导

在教学中，教师主要起到引导的作用，是教学设计的主要策划者。教师要向学生传授相关项目的运动文化以及关于裁判的原则、内容和要求，并且帮助学生认识、深刻理解与执行在课程中担当角色的任务，这就要求任课教师对于相关运动项目的文化、裁判及各个角色的职责和任务在教学开始之前就应该有很好的准备，在教学过程中创造可以尝试不同角色的机会。其中的关键是，任课教师是否能准确理解和把握运动教学模式及任课教师是否具备丰富的教学经验和教学能力。

2. 教学过程中学生的角色

在运动教学模式主要是发展学生的积极性和自觉主动性，在分组中有足够的时间与空间，小组成员分配到不同的角色，承担不同的任务，一起制定课外训练计划和方案，相互之间有监督和促进的作用，这就要求学生在积极性、主动性、自觉性、责任心和集体荣誉感方面都要加强和提高，以尽快提高自身水平。

3. 场地器材的要求

教学中对于场地器材有相应要求，实验组中的分组练习，对于场地和器材提出更高的要求，这就需要确保场地器材充足，对正常教学不造成影响，教学能顺利地进行下去。另外，运动教学模式还有一个作用就是培养学生终身锻炼的意识，首先是把课堂教学的练习扩展到课外，这也需要学校的场地器材在课外也有保障，促进和固化学生锻炼的意识。

4. 保障教学时间

时间是保障，教学时间是完成整个实验的最基本的保障，因为每一个教学目标的实现都需要完整的教学时间来保证，在整个教学实验过程中固定学时为一个周期，中途不得因为个人原因停课或者延课，严格按照教学进度执行。

5. 教学评价的开展

在教学实验结束以后，需对教学的效果进行评价，包括学生、教师两个方面。通过调查问卷和成绩的评定，最终对运动教学模式在体育课程中的应用做出客观合理的评价。

(四) 运动教学模式的教法体系

运动教育在教学过程中采用的教学方法主要是：对学生进行直接指导、学生间合作学习、伙伴学习。教师在实际运用中将这三种教学方法融为一体，虽然三种教学方法融为一体，但是在整个运动季中顺序不同，比例也不一样。在教学的前期阶段中，教师对于学生的直接指导教学方法占的比例会比较大，以学生接受知识为主；在中后期教学过程中，合作学习和伙伴学习教学方法占的比例相对比较大，主要是发挥学生学习的主动性。

1. 直接指导法

教育是主体之间的指导学习，学习化社会发展教育的目的就是推进社会与个人进行指导学习。教育本质新概念既重视作为履行培养人职责的教育者的主体重要作用，又重视受教育者作为学习主体的重要作用，与传统教育本质观有质的区别。虽然教育是以客观知识为前提，然而教育的本质不是将客观的知识强加给受教育者，而是从受教育者的本身出发指导其进行学习。指导学习法能有效地体现教育者与被教育者之间的双主体地位，体现了教育的基本属性。

运动教学模式无论是在建立学习小组、分配小组角色，让学生体验真实的运动角色，成为角色中真正的主体方面，还是组织学习技战术、赛前准备，赛场运用技战术，赛后总结等方面都采用指导辅助的学习方式，最大化地调动了学生的主动性，体现了学生在整个学习过程中的主体地位。

2. 合作学习法

合作学习法兴起于 20 世纪 70 年代初，由于它在改善学生的课堂心理氛围，提高学生学业成绩方面取得了实质性的进展，被誉为"近十几年来最成功的教学改革"。合作学习法是一种集互动性、目标性、师生性、情境性、多维评价性于一体，注重发展认知、情感、技能多重能力的教学方法。运动教学模式以小组的形式进行教学，在小组教学中定位学生不同的角色，让学生积极担任各自的角色，承担各自的学习任务，让学生在民主的学习氛围中体验到集体归属感，不断努力以实现个人和集体的教学目标。

3. 伙伴学习法

伙伴学习法是指在各运动小组中，为了实现运动小组的整体运动水平所进行的小组成员互帮互助的学习方法。这要求技术水平高的学生在小组学习中要给予水平欠缺的学生以技术方面的指导，帮助他们完善运动技术，经过竞赛的洗礼实现其运动技能的提升，进而从整体上提高小组的竞赛水平。

（五）运动教学模式的教学过程

1. 运动教学模式的总体教学程序

运动教学模式教学操作程序性比较强，它把整个教学单元形象地看成是一个运动季，西登托普认为一个运动季应该完整地包括练习期、季前赛期、正式比赛期和季后赛期，每个特定的时期又有其相对稳定的内容组成，运动教学模式教学程序图如图 7－2 所示。

练习期	季前赛期	正规比赛期
教师安排学习内容，进行分组，包括基本知识、基本技术的教授	→ 技、战术的学习，理论裁判知识的介绍，学生练习	→ 教学过程中穿插比赛，以赛促练，学生各组对于成绩练习情况记录
		↓
		季后赛期
		以最终比赛来结束整个运动季，比赛要营造欢庆的气氛和提供全体参与的机会，请相关领导参加，并进行记录保存，师生共同回忆成长经历

图 7－2 运动教学模式教学程序图

2. 运动教学模式的具体结构（图 7－3）

建立学习小组 ──→ 使学生了解运动教育的目的、特点，并建立课堂常规

介绍运动教育 ──→ 形成固定学习小组，组员签署责任协定，制订学习计划

学习技战术、规则 ──→ 教师指导，学生自主进行技战术学习

竞赛阶段 ──→ 在不同的比赛时期进行不同形式比赛

奖励与庆祝活动 ──→ 在最后一次课进行颁奖，庆祝整个运动季活动

图 7－3 运动教学模式结构图

（1）准备阶段

向学生介绍运动教学模式历史发展进程、结构特征、教育目的，并建立教学的课堂常

规，教师向学生提出整个学期教学计划，对学生提出任务要求。

按照异质分组的原则对学生进行小组划分，划分成固定小组后就会贯彻整个教学单元，然后小组内部以书面形式签署一份责任协定，开始制订单元的学习计划。

（2）实施课堂教学阶段

①技战术、规则学习阶段。运动教学模式关于技战术的学习是通过小组形式展开的，提倡小组成员相互合作、帮助共同提高，它所关注的不仅是个人技术水平的提高，同时对小组成员的整体水平也提出要求，为接下来提高小组的竞赛水平建立基础。另外，对技战术以及规则的学习，前期是以教师指导为主，而后期则是以自主学习为主，学习的形式也是要求学生以竞赛的方法展开。

②竞赛阶段。竞赛，是运动教学模式进行的高潮部分，而竞赛分为季前赛、正式比赛和季后赛三大部分。在季前赛部分，小组内部之间以及小组之间可以展开多种形式的比赛，人数、规则等都可以根据开展的形式相应地做出规定，等到正式比赛和季后赛阶段，比赛的形式基本采用常规竞技比赛形式，裁判员、教练员、记录员、统计员等都要有相应同学扮演。由于运动水平的差异，比赛规则以及判罚的标准可以适当调整。

③奖励与庆祝活动。庆祝活动标志着整个运动季的结束，它通过教师与学生之间的讨论或者观看录像的方式对整个教学过程进行回顾总结，并通过对优胜队和个人颁发荣誉和奖品从而举行庆祝活动。

（六）运动教学模式的教学评价

运动教学模式与我国传统教学模式相比较最明显不同之一就是在整个教学过程中采用角色扮演的教学方式，这样可以将最真实的运动情景展示给学生，让学生在这个真实的教学场景中充分发展自己，并展示自己的能力。所以，从某种意义上来讲，运动教学模式是一个完全真实的教育过程。运动教学模式在教学评价过程中非常重视过程评价与终结性评价的结合，重视对学生的技能表现、知识和行为的真实评价，其主要内容包括运动技术、战术评价、课堂管理和行为评价、认知评价等。

教师在准备工作阶段可以事先设计好评价系统，在教学和比赛过程中由经过培训的学生专门记录学生的各种技能表现和学生扮演不同角色时的责任承担情况，这样在学期结束时每位学生在整个赛季中的表现就会一目了然。我国正在进行的关于体育课程与体育教学方面的改革所提出的体育课程学生学习评价体系其主要内容应包括体育理论知识、心肺机能、专项技术与专项技能和平时成绩这几个方面，显然，运动教学模式的评价系统与当前我国体育课程教改所要求的思想有很多相通的地方。

第四节　运动教学模式的实际应用辨析

一、基于模式自身属性层面

我国学者对"体育教学模式"的研究可谓是日久岁深，时至今日依然未曾减弱对它的热情。在众多的研究结果中，异彩纷呈、千姿百态的教学模式称谓无时不出现在我们的视野。诸如情景教学模式、启发教学模式、快乐体育教学模式、小群体教学模式、俱乐部教学模式等。但是当我们怀着激动的心情去拜读各位学者的研究成果时，心中却萌生了种种疑惑：这些称谓的教学模式与教学方法的本质区别在哪里？将它们称之为教学模式正确，还是定性归类于教学方法更合理一些呢？既然称之为教学模式，那么用于指导实践的结构程序、教法体系表现在哪里？岂能是简短的几个教法步骤就可以匆匆了事。所以，当我们去定义一种教学模式时，必须在把握教学指导思想的前提下厘清教学模式的真正要义，必须以教学实践为最终目的建立完整的模式结构体系。教学过程结构是支撑教学模式的"骨架"，教学方法体系是填充教学过程的"肌肉"，教学指导思想是对"骨骼"与"肌肉"起协调和指挥作用的"神经"，只有将指导思想、教学结构以及方法体系一于教学模式之中，对操作程序进行重点合理的完善，才能让教学模式在体育教学中得以有效地运用。基于体育教学模式的属性而言，运动教学模式已经将体育教学模式的基因进行了完整的表达，已经统一"神经""骨骼""肌肉"于一体。

作为一种体育教学模式，对运动教学模式的把握必须从教学模式的实质出发。选择正确有效的教学模式，要求我们首先从哲学、社会、心理、教育等层面对教学模式建立的理论基础进行解读，深刻地把握教学模式的实质。只有领会了一种教学模式的理论基础和思想要义，并对教学模式的运作程序有了清晰的认识，才会根据教学内容选择相应的教学模式，在运用教学模式完成教学内容时不至于盲目和流于形式。另外，从外部教学因素而言，可以选择用一种教学模式处理同一类的知识传授，然而在选择教学模式之前，必须对所谓的"同类"有所甄别，对"类群"大小有所把握。对于教学模式的选择与运用，必须根据不同的知识体系选择不同类型的教学模式，教学中不存在适用一切年龄阶段、一切教材内容、一切教学情境的教学模式。所以对于运动教学模式的运用，必须基于学生身心发展的规律、教学教材的内容、教学课程的设置等客观实际因素进行着重考虑，实现教学效果的最优化。

二、基于实践运用层面

（一）从教学对象进行把握

教育者、教学对象以及教育媒介是组成教育的三大要素。准确地应用运动教学模式，首先必须从教学对象进行把握。就学生而言，按不同的年龄段，应选择不同的教学模式。而大学阶段多以专项教学与训练为主，加强与终身体育相联系的技能训练，培养学生的体育运动能力。结合运动教学模式的结构特点，主张发展学生的自主管理小组能力、自主组织学习能力，主张最大化地发挥学生的主体性，同时体现教师的主导性。它对学生的心智发展层次有一定的要求，对增强学生的自主能力具有很大的积极意义。将运动教学模式的应用锁定在大学阶段，结合高校阶段体育教学使命，选择于公共选项课教学中，具有一定的客观实效性。

（二）从教材内容进行分析

任何事物在发挥一方面作用时都有其自身所具有的优势性，同样也会显示出它在另一方面的局限性，这一规律在体育教学模式的运用中也同样应该被遵守。一种教学模式不能适用于不同体育教材，一种体育教材也同样不能采用所有教学模式，面对体育教材选择教学模式时，或者选择运用一种体育教学模式时，必须有所辨析，进行甄别。就像传统体育教学模式，它追求细化完美的动作技术，比较适合一些表现难美性的运动项目，因为难美性运动项目对动作技术的依赖程度要远远大于那些体能主导类和技战能主导类的运动项目。而运动教学模式，主张以各种比赛贯穿整个教学单元，主张强化身体参与运动时的感知能力、主张发展操作运用能力，它更适合于集体对抗性运动项目。因为集体对抗性项目更加重视技术的实战能力、更加体现集体合作对于运动参与的重要性、更加需要多角色人员来展现运动文化的精彩。

（三）对于课程设置的要求

运动教学模式从运动文化和运动技能方面对运动项目进行了总体把握，对实现的教学目标进行了更深层次的表达，在对教材的教学上提倡大单元教学，因此它对教学时数有一定的要求。只有保证一定的教学时数，才能保证教学模式完整运行，才会实现模式所蕴含的教学要求。当然，教学时数也要根据学生的客观现实进行把握，对于有一定技术基础的同学可以缩短技术学习的课程，对于无基础的教学对象就要适度延长一些。一般而言，运动教学模式的教学单元要控制在 20 课次以上，竞赛期的长短以及竞赛的竞技性程度与课次的多少存在正相关关系。

三、与传统体育教学模式的比较分析

（一）相同点

两种教学模式都是以发展学生的运动技能为主线，都以学生的认知规律为教学的主要依据，注重教学效果的总体评价，在经过教学实践的检验后得以继承和发展。

（二）不同点

1. 指导思想

运动教学模式强调学生自主学习，注重发展学生的学习能力，把教学主导权下放给学生，给予学生更多的自主学习空间。传统教学模式则依据运动技能形成规律和运动负荷规律，强调教师主导作用。学生自主学习空间比较少，大多都是在教师的带领下完成学习任务。

2. 教学目标

运动教学模式与我国体育教学模式都是以运动技能的传授为主要教学内容，为教学主线，运动教学模式强调通过体育活动进一步地提高学生的专项运动技术，发展学生的自主和团结协作能力；而传统教学模式则更强调通过体育活动达到增强体质的目的。

3. 教学程序

运动教学模式操作程序性很强，而且具有情节性、情景性，易于把握和执行；我国现行的体育教学模式在操作程序上不明显，重视学生在教师指导和控制下按部就班地学习运动技能，偏重以技能形成规律和运动负荷规律来安排教育模式的程序。

4. 师生关系

运动教学模式强调学生主体作用和地位，学生自定学习目标，自主地进行练习，进行自我评价，教师在教学过程中起教育、引导和辅导作用，用以鼓励和帮助学生自己学习。我国教学模式则偏重教师主导作用的发挥，教师设计、控制整个教学过程，学生则处于从属和被动地位，对教师依赖性较大。

5. 教学条件

运动教学模式主张学生自主学习，因而对学生的自觉性、积极性、体育基础要求较高，同时教师起引导辅助作用，要求教师指导较高。相反，中国因教学任务的完成很大程度上取决于教师的水平，故对教师水平有较高要求。运动教学模式的优点：学生居中心地位，有利于发挥学生的积极性、创造性，发展学生的个性和能力。

6. 教学评价

运动教学模式注重对学生的技能、参与态度、情意表现评价，突出过程评价，而我国基本体育教学模式评价内容较为单一，忽视了过程性评价。

（三）运动教学模式的优越性体现

1. 在心理发展层面

人的认知过程是主动、积极地加工和处理输入信息、符号与解决问题的动态过程，教学过程与方式必须尊重、体现这一规律。运动教学模式无论在教学目标的设置还是教学模式的结构特征方面，都在课堂中还原了学生的主体地位，给予学生主动探索与管理运动小组的机会，锻炼了学生发现问题与解决问题的能力。

体育活动对精神的调节作用主要体现在对焦虑、抑郁情绪的有所改善方面，而将这一功能最大化的体现方式却是与他人共同参与竞赛，追逐胜利的这段过程。在这一过程中，个人角色得到重新定位，个人归属感得以形成，都在为小组的成功集思广益、竭尽全力，实现精神与肌肉调节。运动教学模式主张以竞赛的形式开展教学，让学生在技术学习、技能增强的过程中体验收获与追求成功的感觉。

传统体育教学模式对学习的评价过多集中于运动技能方面，虽然在教学中涉及其他目标，但却缺乏评价的措施；虽然教学中强调总结性与过程性评价，然而由于模式结构有所限制，导致在最终目的教学评价中无所依据，导致教学在这方面的评价实践无法实现。运动教学模式以多目标、多角色的教学方式，为受教育者建立了展现自己多方面能力的平台，让受教育者可以通过多种方面展示自己，在最终的评价中得到应有的肯定，而不是"以技能论英雄""以技能定成绩"，不会因为运动素质差而在体育学习中始终低人一等、挫败不前。

2. 在社会发展层面

社会化是指通过个人同他人的相互作用，学习知识接受社会文化价值和社会生活中的行为规范的学习过程。从社会学角度去定义社会化，就是指一个角色学习与承担的过程。在学校教育中，体育教学在促进学生社会化方面具有独特的学科优势，怎样将这种优势最大化体现却取决于根植于教育者内心的教学思想，取决于体育教学工作者如何对体育课堂进行操控，显然社会化的教学组织形式是我们达到这一效果最简捷的形式。社会化的教学组织形式是指在体育课堂中还原一个完整的社会环境，塑造多重的社会角色让学生去体验，真正的最大化地促进学生的社会化进程。

3. 从运动生理学角度分析

在体育教学中，我们很容易陷入运动技术教学的误区，甚至认为运动技术是达成运动技能唯一的因素。然而如果忽视机体的统一性、个体生命性这一环节，就只会让我们在通往技能达成目标的过程中事倍功半。

意识对于运动水平的重要性与之技术相比较完全有过之而无不及，因为技能发挥的前提是神经对肌肉正确的调动而实现肢体位置的相对变化，比赛中意识水平达不到，技术效果也只会有心无力。意识水平的高低，取决于对比赛环境的熟悉程度，取决于对完整的运动项目的理解，所以要求我们对完整运动环境进行创设。运动教学模式，集技术练习和完整比赛于一体，重视运动技术的同时又不乏对运动意识的训练，真正地提高学生的运动水平，提高体育运动技能。

（四）运动教学模式的局限性分析

运动教学模式源于美国，教学目标上更为强调发展学生的能力和个性，强调在教师的指导下，学生以固定分组、角色扮演的组织方式，将比赛贯穿整个教学过程。因此，在教学实验的前期，需要使用大量的时间向学生介绍比赛的组织与管理、各个不同角色的扮演和担当以帮助学生尽快进入角色，而且每节教学课中比赛会占用很多的时间，相比传统教学模式强调学生对运动技能的掌握和增强体质而言，在运用于技术技能的教学时间相对要少，学生对于技术技能的掌握也不到位，同时学生练习的时间也会相应减少；在教学过程中，学生不再是简单的技能学习，还要体会和掌握不同的角色的职责并发挥其应有的作用等，这些都会让学生投入相当的时间和精力，对于正确、稳定的技术动作的形成是否有利有待于进一步观察。

运动教学模式教学过程是在教师的直接指导下学生自主学习，强调师生关系平等、师生互动和共同探讨的双向交流，这与我国传统的教学中注重教师的主导和支配作用有很大的不同，将主动权近乎完全交给学生，所以教师的"指导"应该贯穿于教学的始终，一方面督促学生的学习与练习，另一方面引导学生在教学过程中能够正确地把握方向，为了最后的比赛而共同努力。

运动教学模式偏重对于学生潜力的开发，通过运动情景的真实体验培养学生的兴趣爱好，进而发展其能力和个性，教学过程中强调对于动作概念和技能的传授，从而忽视了学生对于自身以及他人健康状况的认识与了解。我国新课程改革纲要中要求通过体育课程教学使学生较为全面地掌握有效提高身体素质和全面发展体能的知识与方法。除此之外，运动教学模式能否更为全面地促进学生的发展，使学生成为一名体育人的同时更多地掌握一些卫生保健知识，对于自身以及他人健康状况的诊断方法等。

第五节 运动教学模式在高校体育教学中的实践研究

关于运动教学模式在高校体育教学中的应用实践，本文以高校健美操为例，主要介绍我国普通高校健美操运动教学模式的理论构建。

一、我国普通高校健美操运动教学模式的构成要素

教学模式对理论和实践具有承上启下的"中介"作用。它为教学实践提供具体的操作程序和操作策略的同时，又必须为教学活动提供理论上的指导。构建一个体育教学模式首先需要明确体育教学模式的构成要素，即从哪些方面构建。国内外学者关于教学模式和体育教学模式的研究表明：体育教学模式是一个包含多个构成要素的多因素系统。本部分研究正是基于体育教学模式构成的要素这一思路展开的。针对"运动教学模式"本身的特征，构建以健美操项目为载体，以健美操运动竞赛为主线，以我国普通高校学生为对象，

以全体学生积极参与、全面提高为目标的教学模式。结合德尔菲法分析结果，本研究将从以下四个方面构建我国普通高校健美操"运动教学模式"，即教学目标体系的构建，旨在解决我国普通高校健美操"运动教学模式"要达到什么样的教学目标；教学过程结构的设计，旨在明确将如何规划整个赛季，以及如何安排每节课的教学；教学策略系统的设计，旨在解决教学模式运用过程中的具体措施、手段和方法；教学评价系统的设计，旨在解决如何对学生成绩做出评定，以及如何科学评价教学模式效果的问题（如图7-4所示）。

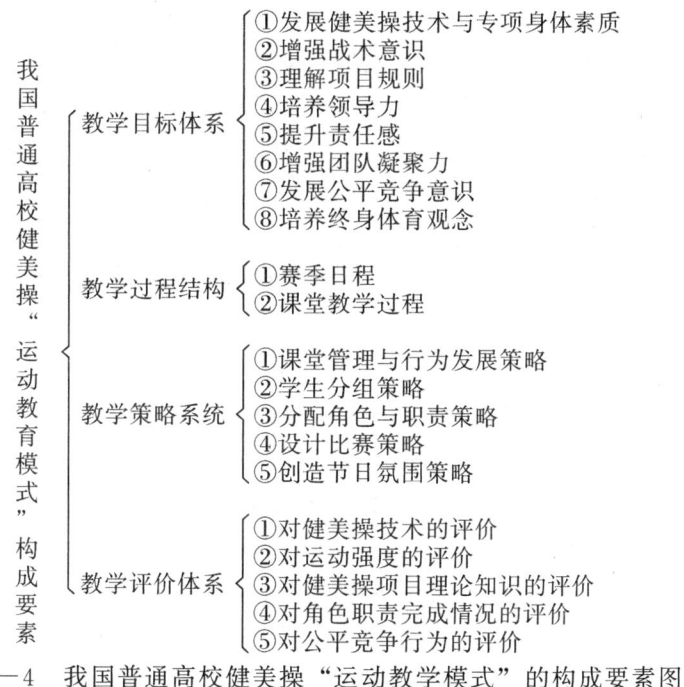

我国普通高校健美操"运动教育模式"构成要素
- 教学目标体系
  - ①发展健美操技术与专项身体素质
  - ②增强战术意识
  - ③理解项目规则
  - ④培养领导力
  - ⑤提升责任感
  - ⑥增强团队凝聚力
  - ⑦发展公平竞争意识
  - ⑧培养终身体育观念
- 教学过程结构
  - ①赛季日程
  - ②课堂教学过程
- 教学策略系统
  - ①课堂管理与行为发展策略
  - ②学生分组策略
  - ③分配角色与职责策略
  - ④设计比赛策略
  - ⑤创造节日氛围策略
- 教学评价体系
  - ①对健美操技术的评价
  - ②对运动强度的评价
  - ③对健美操项目理论知识的评价
  - ④对角色职责完成情况的评价
  - ⑤对公平竞争行为的评价

图7-4 我国普通高校健美操"运动教学模式"的构成要素图

二、我国普通高校健美操运动教学模式的教学目标体系

首先来看教学模式与教学目标的相互关系。教学目标和教学目的类似，我们常说的教学任务，是指通过教学所要争取达到的东西，教学目标有长远目标和近期目标之分。国外较有影响的教学目标理论有：布卢姆的教育目标分类理论，加涅的教学目标分类理论和广冈亮藏的教学目标理论。可以认为，教学模式是在特定目标指导下，为完成特定任务而产生的。不同的教学目标产生不同的教学模式，某一模式是为某一目标服务的。评价某一模式的优劣，以最后是否达到教学目标为依据。教学目标即是教学模式的出发点，也是教学模式的归宿。"运动教学模式"亦是如此。

学生是否能在大学这个特殊而重要的阶段，接受优质的健美操教学？我们希望通过健美操课的教学，培养什么样的人才，培养学生哪方面的能力，从而使他们更好地迎接步入社会后的人生呢？如何使学生在健美操课上的学习中表现得更好呢？他们是否能真正了解健美操这个运动项目，并认识到它的价值？怎样才能使学生在健美操课结束后，在校外仍然继续参与到健美操运动中？如何使学生在青少年体育活动、学校体育活动、社区体育活动中，辨别健美操动作质量的高低？怎样使学生参加当地的健美操组织，促进健美操运动更好地为儿童、少年、成人服务？这些问题的答案能够在"运动教学模式"的培养目标中找到。根据"运动教学模式"的培养目标，教育部颁发的《指导纲要》中所提出的五个方面的课程目标，结合德尔菲法分析结果，将我国普通高校健美操"运动教学模式"的培养目标体系归纳为以下几个方面。

（一）发展健美操技术与专项身体素质

目前，我国普通高校健美操课程内容普遍依据是由中国健美操协会审定的《全国健美操大众锻炼标准第三套》。《锻炼标准》依据有氧运动的规律，结合国际有氧运动发展趋势，针对我国大众健身具体情况而设计。在创编中遵循了有氧、安全、简单易学、循序渐进和提高身体基本素质的原则，适用不同年龄和不同体能人群的需要。通过练习，使锻炼者的体能水平逐渐提高，同时增加对健身知识的了解和认识，提高锻炼的兴趣，从而达到健身、健心的目的。我国普通高校健美操"运动教学模式"的首要目标，就是要通过运用"运动教学模式"，发展学生的健美操技术与专项身体素质，具体包括：准确地掌握动作技术、保持较好的身体姿态、具备良好的协调性、动作有力度、动作与音乐协调配合，并体现出音乐的情绪等方面，同时具备在健美操比赛中始终确保技术良好发挥的各项身体素质。

（二）增强战术意识

具备战术意识，并在比赛中合理运用战术是"运动教学模式"强调的重要方面。传统的体育教学重点在传授技术，但是对战术的学习方面较弱。战术是指运动员或各队在比赛中运用计谋或方法取得比赛优势。根据项群训练理论，健美操属于技能主导类表现难美性项群，难美项群项目的战术运用是建立在技术的高度发展和熟练的基础上的，战术运用的合理将保证技术发挥得更充分。健美操项目的战术运用的主要特征是：动作编排上扬长隐短、合理布局动作、全力争取规定动作比赛或预赛的成功。在健美操教学中，在规定动作的基础上，可以适当增加自选动作的比赛，例如，要求各队对成套动作的开始和结束部分进行编排，组成自选动作的主要战术原则是"扬长隐短"，突出"绝招"，以获得裁判和观众的最佳印象，从而争取最好的得分。在"运动教学模式"中，多把每场比赛的得分计入最后成绩中，因此在比赛中加强规定动作的成功率、保证发挥最好的水平，不仅可以为最后的胜利奠定基础，同时还可以给裁判、观众留下良好印象，从而扩大影响，增强自身的信心，给对手以心理上的压力。在"运动教学模式"下，学生可以学习基本的比赛战术，参与健美操比赛，从而真正地理解健美操运动项目。

（三）理解项目规则

在"运动教学模式"中，学生将承担裁判员的工作。这个目标强调"运动教学模式"的教学目的不仅是让学生学习运动技术和战术，而且使学生更加深刻地理解这项运动，反过来，理解健美操规则，能帮助学生更加准确地掌握健美操技术。在传统体育教学中，体育教师对学生进行体育规则方面的知识传授很少甚至没有。在"运动教学模式"中，如果学生不了解规则，就不能成为很好的裁判，参赛者也不会服从裁判员制裁能力的判断。赛季中产生的这种责任感会使学生非常认真的学习规则，他们会学着在比赛中做正确的决定，而不仅仅是在试卷上写一个正确的答案。学生对规则的理解会更加完整和真实，而不是仅从表面理解。因为学生会在每个赛季中担任裁判员，所以他们更加意识到好的裁判对于比赛的重要性，也意识到裁判任务的艰巨性。这种意识可以使学生具备更加客观的评判观点，使他们更加体谅裁判工作。

（四）提升责任感

在"运动教学模式"中，学生要扮演不同的角色，并承担起相应的责任，例如：队长、教练、健身指导、裁判员、记录员、宣传员、音乐策划员等角色。为了使赛季获得成功，学生必须具备高度的责任感，努力承担各自的职责，例如器材管理者必须确保运动器材总是在正确的时间放在正确的位置。如果学生没有机会在体育课中扮演不同角色、承担重要责任，成为有责任感的人，那么也不可能成为有知识、有热情的体育人。显而易见，每个队的成功，每个赛季的成功，都依靠所有学生在扮演不同角色时高度的责任心。在"运动教学模式"中形成了一个内在的责任监督系统，从而使学生认真地对待他们的任务与责任，提升责任感。

（五）培养领导力

在传统的体育课中，学生唯一要做的是遵守课堂常规，做教师让他们去做的事情，在这种教学状态下，学生不能成为独立的有责任心的队员，也不能成为体育活动中的领导者。而在"运动教学模式"中，学生通过分担不同角色，在完成各自职责的过程中，也大大培养了学生的领导能力。例如，学生教练员与队员们一起工作，计划和安排参加不同水平和场次比赛的上场队员，带领队员热身，组织集体练习，解决任何可能发生的冲突；队长必须督促队员坚守在各自的岗位上；裁判长务必确保裁判员、记分员准时到达正确的比赛场地，以保证比赛按时进行。因此，通过"运动教学模式"，教师可以帮助学生学习如何领导其他人，教师可以通过让学生从完成小的领导任务开始，然后逐渐拓宽任务的范围，以逐渐发展和提升学生的领导能力。

（六）增强团队凝聚力

在"运动教学模式"下，学生在整个赛季中，都保持同一个团队的队员身份，他们在一个团队里，为了共同的目标而努力工作。在"运动教学模式"中，赛季和分组的特点创造了一种氛围，促成了团队协作、共同完成任务的教学目标。在"运动教学模式"中获得的成功是以集体为单位的成功。只有每个队员努力为团队做出贡献，整个团队才能获得成功。最吸引队员的是，队员们为了团队的成功相互支持、相互帮助。赛季中通过创造队名、队伍的颜色、队伍的口号等方式，有利于构建和谐的氛围，使每个学生感受到自己为团队做出的贡献，从而使队员之间的情谊得到提升，加强团队的凝聚力。

（七）发展公平竞争意识

体育是平等的化身，是竞争的代言。早在现代体育诞生之前，"FairPlay"精神便在18世纪到19世纪的英国社会土壤中滋生起来，无论是美丽、正义、勇气、荣誉，或是乐趣、进步、和平，其深刻内涵很难用文字加以概括。无论时代怎么变化，体育如何发展，"FairPlay"精神应该是体育最具生命力的根基，"FairPlay"也是体育对现代社会伦理体系最重要的贡献之一，其内涵应随着时代发展不断丰富。作为人类社会的精神财富之一，"FairPlay"若失去了生命力，体育也许就真的成了没有硝烟的战争。在"运动教学模式"中，要发展学生公平竞争意识，培养学生在比赛中做理性决定的能力。在赛季比赛中，为了争取比赛胜利，队与队之间难免会发生冲突，那么，如何积极努力争取比赛胜利，如何正确地对待对手，如何正确地对待裁判，什么是公平，什么是恰当的、正确的表现行为？

这些是整个"运动教学模式"中应关注的内容。当学生在体育课中面临这些冲突、疑虑时，正是对学生进行教育的最佳时刻。学生在老师的帮助和引导下，学着解决和处理这些疑虑和冲突，从而使学生在参与体育运动时变得更加有修养，进而使学校体育、社区体育、青年比赛、体育俱乐部等各项体育运动更加容易组织和开展。

（八）培养终身体育观念

目前，最经常被提到的体育教育的重要目的是帮助学生发展终身体育的观念。"运动教学模式"有自身的优势，能帮助学生发展终身体育的观念。首先，运动教学模式符合青少年的心理、生理、兴趣特点及体育运动的规律，以竞赛的形式提高学生在课堂中积极参与的兴趣，并通过快乐、自信等方面的体验获得良好的运动感受和经历，促进其形成终身体育的观念；其次，在"运动教学模式"的运用过程中采用不同角色及分工的形式，促进了其对健美操运动如何组织、如何开展等相关知识的理解和能力的提升，同时，也促进了其在运动中的交往，为其形成终身体育习惯和行为提供经验；再次，在"运动教学模式"的实施中，通过互帮互助，培养了基本技术能力、战术能力，并加强了对比赛规则等的理解和认识，为其形成终身体育观念提供了技能和知识基础；最后，在"运动教学模式"实施过程中，运用了团队以及节日气氛等多种形式，促进学生运动兴趣提高的同时，这种欢乐的节日氛围深深感染了所有的学生，从而也吸引更多青少年到健身队伍中来。学生在学校体育中的这些经历，使学生更多地参与到校外的体育活动中去，促使其终身体育观念的形成。

三、我国普通高校健美操运动教学模式的教学过程结构

体育教学过程是实施体育教学并达成体育教学目标的教育过程，其结构是支撑体育教学模式的基本骨架。因此，深入分析体育教学过程的规律与范式，不仅对科学地建构体育教学模式，而且对有效地实施教学模式意义重大。北京师范大学体育与运动学院高嵘老师，就"运动教学模式"的教学过程结构，从宏观和微观两个层面进行了较为详细的分析。在宏观层面，他认为"运动教学模式"的宏观教学实施过程是指整个运动季的教学设计，它要求设计者从宏观上对赛季的教学过程全面考虑。具体设计时应从"赛季前准备阶段"和"实施课堂教学阶段"两个方面入手考虑。其中，实施课堂教学阶段又可分为课堂常规建立阶段、赛季阶段和庆祝活动阶段。在微观层面，他认为教学设计和实施要从每次课堂教学的各个方面入手，深入考虑赛季早期、中期和晚期不同教学阶段的具体课堂实施及实践分配。

在"运动教学模式"中，整个赛季按照既定的日程进行，强调技战术的学习，组织一系列的比赛，让所有的学生通过参与比赛，提高技战术水平，最后是赛季的高潮，整个赛季在节日的氛围中结束。赛季前准备阶段是指教师在赛季开始之前需要做的准备工作。其内容主要包括教师对运动教育教学目的、教学方法和教学过程等方面全方位的理解，教师对授课时具体影响因素的分析准备，以及所有教学材料与表格的准备。只有充分做好赛季前的准备工作，才能更好地开展整个赛季的教学工作。基于为该模式设计的本土化和具体实施的操作化提供有益参照的目的，结合德尔菲法分析结果，本研究主要从赛季日程、课堂结构两大层面对我国普通高校健美操"运动教学模式"的教学过程结构进行分析。

（一）赛季日程

教学单元是教学过程的基本单位，其大小不仅反映教学过程的长短和合理性问题，而

且也决定教学的容量和质量。根据"运动教学模式"的特征,"运动教学模式"以赛季为教学单元。赛季日程从宏观层面确定教学过程结构,它是指整个赛季每一节课教学内容的大致安排。西登托普(Daryl Siedentop)教授提倡加大教学单元长度,这是基于欧美国家中小学体育课的现实情况提出的。他在 *Complete Guide to Sport Education* 中指出赛季的长度由每节体育课的时间和体育课持续的次数决定,大量已发表的文献表明"运动教学模式"的赛季标准长度为 20~22 学时,同时他也指出得出这样的结论可能是因为在新西兰高中做实验时的实际条件决定的。"运动教学模式"是为了让学生对某一运动有更深刻的认识与理解,为学生提供更多彼此互动的学习机会,使学生学深、学透,在运动经验上得到精熟发展的机会,并受到运动文化的熏陶。这种以运动季为单元的教学过程设计,具有以学生参与运动竞赛为主线,设计其教学过程的鲜明特征,其目的也是为了更好体现其本来的教学意图,即"通过最为真实的运动情景使学生得到全面的运动教育,使之成为'有能力的''有文化的'和'热情的'运动参与者"。

根据我国普通高校体育课程设置,我国普通高校健美操教学,通常每周一节课,每节课 90 分钟左右,每学期小于或等于 16 节课。在"运动教学模式"中,赛季的课程内容可以分为三大类:第一类,学习与练习;第二类,练习与比赛;第三类,比赛。同一类内容的课程又有稍不同的教学节奏。教师指导练习是以教师为主导的教学。独立练习通常是以队为单位,在各队的练习区域,由教练或队长带领全队进行练习,而教师则在整个场地内巡回,对各队进行指导。独立练习的任务应该围绕比赛,为比赛做准备,队员之间应该相互鼓励,互相帮助。这种各队的独立练习应该尽可能成为赛季进行过程中常规的方法。在整个赛季中,教师使用这种独立练习的方法为学生提供机会练习技术,为比赛做准备。

以练习与比赛为内容的课程通常是在学生已经学习了一定的健美操动作组合,并且即使没有老师的解释与提示,也能知道该怎样练习的情况下开展。在这个阶段,独立练习已经成为常规的方法,练习的重点在于进一步精细技术动作,提高战术意识。而这时的比赛可以是热身赛,也可以是计入赛季总分的正式比赛。课上将分配时间给各队练习技术动作,准备当天的比赛,并对有缺席的队伍进行队形的必要调整。根据总的比赛时间的需要,教师在独立练习结束后,宣布比赛开始,同时参与裁判、记分员、器材管理的学生快速做好准备。裁判的职责之一是确保比赛流畅进行。比赛期间也应该留出特定的时间,以便使裁判、记分员等为下一场比赛,或下一个队的比赛做好准备,同时也使下一个上场队做好上场比赛的准备。

以比赛为内容的课程不仅可以安排在赛季末尾,也可以安排在赛季中。通常整个赛季比赛随着、学习内容的增加,难度逐级增加,或是随着学习内容的改变,不断变化比赛内容。学生总是需要不断学习和练习,以便更好地迎接所有的比赛。

(二)课堂教学过程

在"运动教学模式"中有三种主要的课程类型。第一种课程类型是以学习和练习为主,通常在赛季的开始之初,也可以在赛季中出现。第二种课程类型是以练习和比赛为主。第三种课程类型是正式比赛。并不是说在第二种和第三种类型的课上,教师不用教学,而是在练习和正式比赛期间,教师一直巡回在场地内,对各队进行指导。从宏观上确定赛季日程之后,便要从微观层面确定每节课的内容,即确定课堂教学过程,拟定每节课课堂教案。

美国学者德雷克·米沃什(Derek J. Mohr)等人以课堂教学的八个方面为基础,提出了教学过程中的具体实施原则和课堂教学分配时间原则。高嵘等在《运动教育模式教学过程结构探析》一文中，也做了具体介绍和分析，具体内容见表7-2（其中上课时间为90分钟；SC为Student Coach的简称，意思是在赛季中担任教练的学生）。

表7-2 课堂时间分配表

课的内容	教师	学生	赛季时间分配（m） 早期	中期	晚期
检查课堂角色和职责	提供检查表；进行监督	确认课堂角色；准备热身活动或SC会议	3	1	1
热身活动SC开会	提供热身活动的内容；提供SC培训计划；指导SC开会	领导小组的体能练习	10	12	14
复习技术和战术	辅导学生复习；监督学习情况；在小组需要时提供帮助	SC指导小组的学习，帮助个人和团体取得进步	10	15	15
教师指导技术和战术教学	复习或学习新的技战术；指导全班练习	观察教师教学；进行动作示范；复习技术	15	10	5
小组练习	提供学习的内容；进行辅导；监督学习情况；在小组需要时提供帮助	SC指导小组练习，监督小组的进步情况	30	20	5
比赛	设计比赛方式；提供比赛的统计记录单；为裁判员提供建议；指导比赛	SC为比赛做准备；统计员进行记录；裁判员进行裁判；运动员参与比赛	7	20	40
结束部分	复习技术和战术，学生提问；让学生自由展示动作；教师向学生提供反馈意见；预习下次课内容；布置课外作业	观察教师；回答问题；进行动作展示；提出问题讨论	5	5	5
总结学习情况	提供评价标准；检查记录保持情况	收集整理团体和个人学习情况的记录	10	7	5

从表中可以看出，这八个部分在每次课中所占时间是不同的，主要的影响因素有教学目标、学生的发展水平和运动季的学习阶段（包括运动季的早期、中期和晚期），也就是说，随着运动季的发展和学习难度的加深，在每次课上分配给各部分的时间将会发生变化。例如，在运动季的早期可能花费较多时间去检查角色的执行情况和责任，但在以后将会花费越来越多的时间在运动上；再如，在运动季的早期学生练习技术和战术的时间会较多，而在运动季的中、后期学生比赛的时间会越来越多。课堂教学的每个部分都十分重要，即使在运动季的后期也不能完全排除教师对运动技术的教学。

在我国普通高校健美操教学中，运用"运动教学模式"时，课堂教学过程主要包括以下四个基本部分。一是准备活动，每节课以准备活动开始，由队长或学生教练带领，准备活动的内容可以是身体素质类的练习，也可以是与健美操技术相关的练习，或者是两者的结合。二是基本部分，学习新动作和组合时通常由教师带领，练习或复习已学健美操动作或组合时，通常是分组练习，由各队的队长或学生教练带领，教师对各队进行指导。在这个部分，教师必须确保学生有时间为赛季的比赛练习健美操动作技术，组织健美操比赛队形。三是比赛部分，这时的比赛可以是热身赛，也可以是计入赛季总分的正式比赛。四是结束部分，赛季的每节课结束时，教师应该对本节课进行总结，对于学生在练习和比赛中的杰出表现给予认可和表扬,学生或者各队表现出的公平竞争行为也应该提出表扬。

在整个赛季中,课堂教学过程呈动态变化。变化的两大原则是:以教师为主导的教授时间比例,在整个课堂教学过程中呈现由多到少的变化;以学生为主导的练习时间比例,在整个课堂教学过程中呈现由少到多的变化。

四、我国普通高校健美操运动教学模式的教学策略系统

"策略"原意是指大规模军事行动的计划和指挥,一般又指为达到某种目的使用的手段或方法。在教育学中,此词常与"方法""步骤"同义,还指教学活动的顺序排列和师生间的交流。龚正伟在其编著的《体育教学论》中将教学策略界定为:教师对有效地完成特定教学目标而采用的教学程序、方法、形式和媒体等因素的总体思路、谋略或智慧[①]。根据德尔菲法分析结果,本研究论述的教学策略主要包括:课堂管理与行为发展策略、学生分组策略、分配角色和职责策略、设计比赛策略、创造节日氛围策略。掌握好这些教学策略是教师在健美操教学中成功运用"运动教学模式"的关键所在。

(一) 课堂管理与行为发展策略

在以教师为中心的课堂上,教师总是完全指导和控制整个课堂,而学生主要是服从教师的指导。尽管这样的教学模式对某些体育课教学起到了作用,但是它与"运动教学模式"的教学目标和战略是不一致的。"运动教学模式"以学生为中心,目标是培养学生的责任感和领导能力,帮助学生管理和把握自己的运动经历,因此,学生要在课上对自己的行为高度负责。另外,与传统的体育课相比,在"运动教学模式"中学生要学更多的内容,包括健美操技术和战术,赛季的角色与职责等。因此,在"运动教学模式"中,时间是非常宝贵的,要充分利用有限的时间,尽可能使学生获得最多的收获。然而,当学生没有积极参与课堂学习时,或者对自己的行为没有约束感时,许多破坏课堂纪律的行为就会发生。例如,开始上课时、课上各环节转换时、练习技术时。换句话说,学生总会利用这些时间找点事做,而这些事会破坏课堂纪律,分散大家的注意力。发展课堂策略和行为发展策略是预防性的管理措施,发展和维持一个积极的、可预见的、以完成课堂任务为导向的课堂氛围。因此,在这样的课堂氛围中,教师用于维持课堂纪律的时间极少,用于学生完成学习任务的时间更多,从而使学生更好地完成课堂学习的各部分内容。

1. 课堂管理策略

教师应该将传统的课堂常规、课堂要求运用到"运动教学模式"的课堂上来。用课堂管理策略使课堂学习任务完成得更快、更好,课堂效率大大提高,课堂更加有序。教师要善于集中学生注意力,要有效地发号口令,要预计学生进入教室到达本队活动区域,到课上各个环节的转换,再到每节课的结束部分等各个环节所需要的时间。

(1) 课的开始部分

在普通高校中,学生应该在上课之前依次来到上课地点,应该迅速到达活动区域,开始常规的健美操技术练习。这些技术练习通常用在每节课的开始阶段,而且是学生在之前的课上已经学习过的内容,能够很好地完成,并且有助于进一步改进技术。开始上课后,各队的教练或者健身指导带领全队开始热身。教师可以通过张贴海报或者给每队发放热身内容计划,对学生进入教室后的准备活动进行指导。教练监督每节课的开始部分,还可以

---

① 龚正伟. 体育教学论[M]. 北京:北京与大学出版社,2004.

利用这部分时间清点人数。同时各队的队长或者教练也应在准备活动结束后负责报告考勤情况。这样的课堂管理策略使教师有时间与学生进行互动,对学生进行指导,而不是花所有时间指挥准备活动。

(2)课上各个环节的转换

课上各个环节的转换非常重要。当转换进行得流畅而迅速时,会产生许多好的结果。也就是说,这时的课堂组织得非常好,充分利用了时间,课堂很少有机会被中断,所有计划和任务都能完成。课上各个环节的转换主要包括三种口令和信号的有效执行:集中注意力信号、集合信号、解散信号。通常,在课堂上,教师需要集中全班的注意力,教师应该给学生一个明确的信号,并且教学生在听到信号后立即做出反应。集合的口令是在集中注意力的信号发出后给出的,另外教师也可以再次使用口哨发出集合口令,这只需要教师与学生在赛季前期约定并练习使用集合的口令,然后给出具体的反馈,并建立新的目标,以减少集合所花的时间。解散的信息中应该包括学生到达指定区域后要完成什么任务,什么时候离开集合的区域。在"运动教学模式"的早期阶段,教师应该记录从解散的指令发出到学生到达分散区域开始比赛或练习,一共需要多少时间。教师不仅可以口头表扬动作迅速的学生,而且可以将学生较好的执行课堂常规的情况,作为奖励积分记录在赛季的积分系统中。当学生习惯快速移动,组织效率明显提高时,学生解散所需要的时间也逐渐减少。一旦训练有素后,学生到达本队的练习区域便立即开始做准备活动或者开始练习,而不是等着教师再做进一步指示。

(3)课的结束部分

在"运动教学模式"中,课的结束部分有很多作用。教师可以将学生集合起来,重复和强调重点的技术或战术,肯定学生的进步,对每队的表现提出反馈,提示下节课的内容,并让学生安静地离开体育馆,返回教室。课的结束部分要求学生从分散的区域集中到一个区域,迅速而有组织地集合到一起。结束部分的课堂常规也应该包括如何离开体育馆,归还器材,返回教室。如同其他所有课堂常规一样,在赛季的前期,教师就应该教授学生如何执行课的结束部分的课堂常规。一旦学习了这些课堂常规,学生习惯并且很好地执行之后,就可以大大提高课堂效率。

2. 行为发展策略

体育教育能够积极地影响社会行为的发展,有助于人格的成长。许多优秀运动员已经证明这一点,他们的运动经历帮助他们发展了良好的自我控制能力,学会了团队合作,并培养了领导才能,而且这种影响将会继续延续到他们今后的人生中。但体育也是一把双刃剑,在有助于积极促进社会和个人发展方面的同时,它也有可能助长自私、破坏规则、不公平行为的产生。因此,发展和维持一个有序、公平的环境是培养积极因素、遏制消极因素的关键。

(1)学生行为发展的中心内容

在"运动教学模式"中,公平竞争是学生行为发展的中心内容。公平竞争是体育比赛公认的准则,同时也是青少年身心发展的中心内容。公平竞争有非常广泛的意义,它不仅是指尊重比赛规则,也包括尊重他人,以饱满的热情和积极的态度参与比赛,尊重平等参与的机会,对自己和队友的行为负责任等。我国普通高校健美操"运动教学模式"中的公平竞争行为的具体内容见表7—3。

表7-3 公平竞争行为

内容	表现
积极参与	不迟到不早退，积极地参与练习与比赛
付出努力	努力履行各自的职责
尊重队友与对手	尊重每个人公平参与练习和比赛的权力，欣赏队友与对手
尊重比赛，正确面对成败	尊重规则与裁判，在胜利时保持谦虚，在失败时保持高尚的气节
乐于助人，学会感恩	乐于帮助别人，并学会感恩别人给予自己的帮助

"运动教学模式"提供了一个良好的教育环境。在这个环境里，通过学生分组、分配角色、履行职责，给教师创造了很多强调公平竞争目标的机会，公平竞争的目标能够被实现，也使学生认识到达到这些目标的意义所在。

（2）如何发展公平竞争行为

在"运动教学模式"中，发展我国普通高校学生公平竞争行为，教师可以选择多种方法和手段。发展公平竞争行为的方法具体如表7-4所示：

表7-4 发展公平竞争行为的方法

方法	具体内容
使用行为守则	行为守则是对特定角色的行为方面的特定描述。教师可以为全班发展一个总体的行为守则，强调公平竞争的目标。行为准则要强调公平竞争与不公平竞争的区别。教师也可以专门为教练和裁判制定特定的行为守则
使用公平竞争合约	可以使用公平竞争合约。在比赛之前要求学生大声朗读、讨论合约，并在上面签字。还可以使用专门针对教练和裁判的合约，并制定与这些角色职责相关的更多明确的条款
使用海报和消息	为了加强对公平竞争行为的认识，教师可以在体育课场馆内展示一个公平竞争的海报，列出对学生的要求，并参照它执行。海报中的公平竞争期望不必包含公平竞争目标等的细节，而应该选择描述性的，与我国普通高校大学生年龄适合、言简意赅的短语
行为意识谈话	学生应该经常有机会讨论公平竞争中的问题。谈话可以在团队中进行，可以在课程结束部分进行，或者在课堂上任何适合教育的时刻进行。谈话往往在课堂上发生突发事件的时候会发挥最好的作用。谈话不仅应该发生在不公平竞争行为之后，还应该在公平竞争的行为发生之后，它们是执行行为守则的榜样，应该与学生一起讨论
发展处理不文明行为的处罚条例	教师可以发展处理不文明行为的特定程序，针对从最轻微到最严重的不文明行为。例如批评、扣除公平竞争积分、失去比赛权等。如果在体育馆的明显位置，特别是行为守则海报旁边，展示这些针对不文明行为的处罚条例将会非常有效
将公平竞争行为积分计入赛季积分系统	将公平竞争行为积分计入赛季积分系统是一项非常有效的办法。赛季最终冠军不仅是由比赛成绩决定，还应该包括各队获得的行为积分。教师可以在赛季开始时公布公平竞争积分办法。当团队成员的行为违反公平竞争行为规定时，相应的积分将从团队总分中扣除
使用多种方式认识公平竞争行为	当公平竞争行为发生的时候，教师应该清楚地认识到，就像能辨认出比赛中好的战术行为和好的技术表现一样。教师应该在课结束时对公平竞争行为给予认可。通常教师对公平竞争进行奖励。可以给学生布置家庭作业强调公平竞争，例如为公平竞争创造壁画或设计海报。教师应该在公告板上为公平竞争留出一个区域。教师能够用小星星贴在队名旁边，代表公平竞争行为，以及给赛季公平竞争队员的奖励等方式

（二）学生分组策略

在赛季开始之前，或者是在赛季开始之初，就要把学生分成不同的队或组，并且在整个赛季中始终维持这种相同的分组方式。学生分组是实施"运动教学模式"的基础，因为它是实施"运动教学模式"的基本组织形式，同时，维持小的学习小组也是使"运动教学模式"获得成功的必要环节。在传统的体育教学中，仅仅是在比赛期间将学生分组。而在"运动教学模式"中，学生不仅是在比赛时组队，是在练习技术、发展战术，还有平时的任何学习和训练中，都以队的形式完成各项任务。学生始终保持同一个队伍里的队员身份，每个学生的表现都有助于整个队伍的表现，有助于本队在赛季中成功完成各项任务。团队合作创造了一种责任感的氛围，在这种氛围中，学生个体也得到了发展。

为了使比赛双方实力均衡，必须尽可能均衡地将参赛者分配到不同的队伍中。在各队实力均衡的情况下，要想获得比赛的成功，学生必须团结合作、共同解决技战术问题，而不是依靠实力悬殊取得胜利。在健美操课上，要将学生组成实力均衡的队伍，主要根据学生已有的健美操运动基础，以及学生个体所具备的有利于学习健美操的各项身体素质。同时，每队的学生人数和性别也是需要考虑的因素，尽量做到人数相等和性别比例相似。

1. 确定每队人数

在组队之前，教师要决定在整个赛季中，要组成多少只队伍，每队人数是多少。影响决定结果的因素很多，包括：健美操项目的特点；如何组织健美操比赛；考虑赛季中可能出现的学生缺勤情况；以及使学生更好地完成日常的训练和比赛任务等。

竞技健美操比赛分为女子单人、男子单人、混合双人、三人、集体六人五项。大众健美操比赛则没有一定的人数要求，由各竞赛组织单位决定。为了便于学生在赛季中了解和学习健美操竞赛相关的内容，建议模拟竞技健美操六人操的人数规模组队，将每队的学生人数确定在6人左右。各队可以以集体六人的形式参与比赛，同时也可以在各队之间组织单人赛、双人赛和三人赛。在组队时，如果将全班分成多个男女生混合的队，那么既可以开展男子比赛，也可以开展女子比赛，还可以开展男女生混合比赛。同时，组织单人赛和双人赛时，还可以按技术水平分组，以此来使所有的学生都能得到参与比赛的机会。

2. 具体分组方法

在运用"运动教学模式"时，学生非常关心是否公平公正。学生希望有实力均衡的队伍进行公平竞争的比赛。因此如何分配队员显得尤为重要。

教师可以全权负责队员的分配，也可以与学生一起合作分配队员。在学生没有"运动教学模式"经验的情况下，通常由体育教师全权负责队员的分配；在学生具备"运动教学模式"的经验之后，可以让学生参与到分配队员的任务中来。在为每队分配队员时，教师可以综合考虑以下几个问题：你了解你的学生吗？学生之间相互了解吗？学生熟悉健美操项目吗？学生熟悉"运动教学模式"吗？因为"运动教学模式"的目的之一是鼓励学生逐步承担越来越多的管理自我的责任，所以教师可以考虑逐步地让学生参与分配队员的过程。当学生参与分配队员的过程时，可以有两个选择：一是与每队的学生教练一起分配队员，二是组成一个分配队员的小组。当使用学生教练时，教师首先必须选好学生教练。通常，选择学生教练的方法如下：一是教师在赛季开始时指派教练；二是由学生自己提出申请，并提交书面申请，列出自己的优点、才能和领导能力；三是通过学生不记名投票选拔学生教练。当由学生组成的小组协助教师分配队员时，教师可以使用与选拔学生教练相似的方法选拔小组成员。学生可以是志愿者，自愿申请，或根据制定的标准，被投票选拔到这个团队中。

总之，应该尽快地将学生分好队，因为学生的大部分成长来源于良好的体育体验，而这些成长与学生是否在团队中，为团队的成功做出贡献是密切相关的。以下是分配学生的几种方法。

（1）教师在赛季前分配学生

通常运用这个方法，是在教师比较了解学生的前提下，教师在赛季开始前就分好组。

在第一节课时，教师宣布分组情况，指定各队的活动地点，同时要求学生选择队名和队的颜色。教师在分配时不仅考虑技术方面，还要考虑性别、性格和民族方面的均衡。运用"运动教学模式"的目的之一就是让学生学会相处，共同经历赛季的起伏，所有学生尽可能多地学习技能，并为各自的团队做出贡献。

（2）教师和学生在赛季前分配学生

在第一种方法的基础上，教师可以让部分学生参与分配工作。这些学生通常能够提供一些有价值的、潜在的信息。让学生参与分配，也就是授予他们权力负责班级的分组工作。这些负责分组的学生可以由教师指派，也可以是匿名投票选出来的。

（3）使用等级量表分组

在使用这个方法的过程中，首先通过健美操基本步伐、动作组合的简单测试获得分数，然后将全班所有学生按照技术水平的高度进行分类。第一类为技术最好的，得分为3分，第二类为技术中等，得分为2分，第三类为入门级别，得分为1分。首先将3分的学生平均分在各队，然后将2分的学生平均分在各队，最后将1分的学生平均分在各队。检验分组是否实力均衡的办法是看每队的总分是否一致或接近。达到实力均衡的目的后，相同分数的学生可以再调整，以达到性别、民族的均衡，以避免队伍内部的不协调。一旦分好组，及时通知学生，或者将分组情况张贴公布在体育课通知栏中。

（三）分配角色与职责策略

随着社会的发展，可以越来越明显地感觉到体育对个人和社会发展。多角色扮演是"运动教学模式"的关键部分，有利于促进学生社会化的目标。在"运动教学模式"中，教师在每个赛季要为学生设计一系列的角色。当学生学习和体验到各种各样的角色时，他们会更加重视自己的表现，对团队的成功更具责任感，同时他们也会积极促进整个赛季的成功。那么，在我国普通高校健美操教学中，如何更好地运用"运动教学模式"，设计符合健美操特征的角色和职责是非常重要的一步。

1. 学生角色

在"运动教学模式"中，除了参赛队员，学生还学着去做教练、裁判、记分员、管理者、宣传员、统计员等其他角色。学生不仅是参赛者，而且是以主人翁的身份参与到比赛中。扮演这些角色，有助于学生更加深刻、全面地理解健美操这个运动项目，成为具备更加丰富理论知识的健美操运动者。通常，角色的设计与学生的年龄、他们之前获得的"运动教学模式"的经验以及教师的创造力有关。根据健美操项目特征，在"运动教学模式"中，教师可以为学生设定以下三类角色。

（1）参赛队员

参赛队员是最重要、最基本的角色。积极地承担参赛队员的角色意味着努力为本队、为比赛做出重要的贡献。这个角色的职责包括努力学习技术和战术，努力、公平地比赛，支持队友，尊重对手和裁判。在"运动教学模式"中所有学生得到平等的机会去比赛，得到同等的机会为本队的成功贡献力量。

（2）比赛组织者

在"运动教学模式"的比赛中，所有学生都有自己特定的角色，这些角色除了参赛队员，还包括比赛组织者，例如裁判长、裁判员和记分员等。教授运动项目的知识是体育教育的一部分，"运动教学模式"强调学生在赛季中学习裁判知识，所以所有的学生要在赛季中学习如何扮演好比赛组织者的角色。教师需要安排充分的时间，让学生进行练习。由于健美操项目属于评分类项目，通常，在健美操赛季中，教师可以让每队派出一名学生，组成裁判组（包括裁判长、裁判员、记分员），对比赛执裁。比赛组织者有重要的任务，要确保比赛按时开始并顺利进行。

(3) 队内角色

队内角色是指为本队服务的角色，包括教练、领队、队长等。教师所要做的是确定在本赛季中有多少角色。教师应该努力使每个学生除了是参赛队员外，还在队里承担另外一个角色。角色的设定要与健美操项目特征相关，例如：动作设计、音乐制作等角色。另外还可以设定为比赛宣传，促进赛季更好开展的角色，例如：宣传员、摄影师、广播员、新闻编辑员等。通常当学生和教师具备一定的"运动教学模式"经验时，才能设定更多的角色。在"运动教学模式"中可以根据项目需要和项目特征设定许多角色，这些角色种类的多少是无止境的，唯一限制教师的是想象力。实际上，任何与健美操项目有关的角色都可以设定。

2. 角色职责

清楚地定义角色的职责是非常重要的。学生需要确切地知道每个角色的职责，每个角色在比赛前、比赛中、比赛后以及课堂外应该做什么。教师可以在一个小手册里解释每个角色的职责，详细描述该角色应该在什么时候完成什么任务；或者准备好海报并张贴在教室里，详细描述每个角色的职责。在我国普通高校健美操"运动教学模式"中，教师可以参照表7-5分配学生角色和职责。

表7-5 角色与职责一览表

角色	职责
参赛队员	努力学习技术和战术；刻苦训练，公平比赛；支持队友；尊重对手和裁判
裁判	组织比赛；执裁；使比赛不受干扰、持续进行
记分员	记录比赛得分；不断更新得分；计算得分；上交最终的成绩记录
教练	领导全队；进行技术和战术练习；安排比赛阵容
领队	带队参加比赛；在比赛中组织本队队员；帮助和鼓励队员
队长	监督队员各负其责；上交相关表格；帮助队员在各自的岗位就位，并行使职责
器材管理员	领取和归还器材；领取和归还比赛队服；器材丢失或损坏后及时通知教师；设计和制作道具
健身指导员	组织全队的热身；领导全队的健身计划
队医	了解该运动项目相关的常见运动损伤；提供急救材料；当训练或比赛中发生任何运动损伤时，及时进行处理，并通知教师；帮助教师开展急救和恢复工作
宣传员	公布成绩；负责在体育角、校报、海报上宣传赛季比赛，或者创办"运动教学模式"赛季简报
记者	写比赛报道；负责撰写和上交赛季报告给宣传员
解说员	在比赛前介绍队员；在比赛中解说比赛
动作设计	了解健美操动作的特点；为本队队员设计动作组合；帮助队员学习动作组合
音乐制作	检查、调试音响系统；选择、制作和保管训练和比赛中的音乐；在训练和比赛中负责音乐播放

(四) 设计比赛策略

在竞技体育比赛场上，我们有时会发现，只有当该队比分领先，拥有绝对优势时，或是在比分落后，取胜无望时，教练才有可能派替补队员上场参与比赛。同样的情况也会发生在传统的学校体育课比赛中。因此，往往是技术好的学生更多地参与到比赛中，而技术较弱的学生没有得到平等的机会参与比赛。但是在"运动教学模式"中，所有学生应该有同等的机会参与比赛。

1. 设计比赛形式

在"运动教学模式"下，教师不用完全采用正规比赛的规模和形式，而是要使学生在适合自身发展水平的基础上参与比赛。教师可以根据现实情况修改比赛，使学生无论在什么样的技术水平上都能通过参与比赛，学习技术和战术，使学生能够在自己原有的水平基础上不断得到发展和提高。对于健美操项目而言，教师可以通过减慢音乐速度，减少动作组合，降低动作复杂性，改变比赛场地大小，以及改变比赛规则等方法，来创造更加适合学生发展水平的、更容易的比赛，使学生在比赛中更好地发挥技术，更成功地运用战术。值得注意的是，比赛的本质，比赛的主要规则，在修改后的比赛中是没有改变的。比赛的主要规则规定了该项目比赛如何进行，如何取得比赛胜利。团队成员朝着共同的目标努力，这是"运动教学模式"的重要教育和发展目标。赛季以团队为单位赢得比赛和赛季冠军。赛季比赛的重点考察目标是整个团队的表现，所有人的表现都代表了团队。

竞技健美操的比赛除了单人赛外，还包括双人、三人、六人等集体项目。普通高校健美操赛季中，团队集体参赛是最为简单和可行的方式。如果在学生获得一定"运动教学模式"经验的基础上，还可以开展单人赛、双人赛、三人赛等项目。当比赛双方势均力敌时，比赛才更有悬念，才更有趣，更有利于技术的发展。在"运动教学模式"中，可以设立分级别的比赛，每队派出不同级别的队员，所有学生与自己实力相当的对手进行比赛。但是值得注意的是所有的比赛结果都计入团队的积分中，是团队取得最后胜利的基础。例如，如果比赛中有四支队伍参赛，按照裁判员的打分，每场比赛排出一、二、三、四名，第一名记4分，第二名记3分，第三名记2分，第四名记1分。记录员将每场比赛的得分均累计记入健美操赛季成绩统计表中。

2. 确定比赛频度

在"运动教学模式"的文献资料与相关研究中，并没有对赛季中比赛的频度做出具体限制，但是教师在设计比赛频度时，要遵循几个原则：一是确保比赛贯穿整个赛季；二是比赛的频度与健美操项目特点相结合、相适应；三是比赛频度要考虑健美操教学内容的安排；四是比赛频度应该是在每场顺利开展的基础上进行安排。根据项群理论，按竞技能力的主导因素对竞技项目进行分类，健美操属于技能主导类表现难美类项目。按动作结构对竞技运动项目的分类，健美操属于多元动作结构固定组合。依据运动成绩的评定方法，健美操属于评分类项目。因此，在比赛频度的设计上，健美操具有自身的特点。这与"运动教学模式"研究中常见的项目，例如球类项目有较大的区别。

除了在赛季中间歇性的安排比赛，还可以在每节课均安排比赛。比赛可以是由大规模和小规模比赛交替进行，也可以随着学习内容的增加，逐渐增加比赛难度。目前，我国普通高校健美操的教学内容大多是中国健美操协会审定并发行的《全国健美操大众锻炼标准第三套》文件。通常，高校在每学期的健美操课中教授一套或两套动作，一般从一级动作开始。因此，赛季中的比赛可以以所教授的等级动作为比赛内容，每天安排一次比赛。

3. 计划赛季高潮

每年橄榄球超级杯和足球世界杯总决赛都吸引了全世界数百万观众的关注。大多数运动项目的青年联赛也是一样，最终的决赛将赛季推向顶峰。在"运动教学模式"中，整个赛季贯穿着正式的健美操比赛，并最终达到赛季高潮，然后结束整个赛季。赛季最后的冠军赛代表着赛季的高潮，但与竞技体育有一个关键性不同，那就是，在大多数竞技体育中，只有两只最好的队伍能够进入最后的总决赛，而在"运动教学模式"中，所有的队伍都参与到赛季高潮中来，教师致力于营造所有队伍都参与进来的节日氛围，整个赛季在全班庆祝和分享比赛的氛围中结束。

赛季高潮的庆祝活动不仅是表扬比赛的胜利者，教师还可以就学生公平竞争行为、学生完成各自角色的职责，或者学生个人对整个赛季或各队的贡献等方面给予奖励和认可。教师也可以在赛季高潮播放健美操比赛视频。赛季高潮是所有学生体验体育节日氛围必不可少的一部分。

4. 设立赛季奖项

对赛季的奖项和奖励的形式几乎没有限制。教师可以在赛季的高潮部分给予学生这些奖励。值得注意的是，因为"运动教学模式"的教学目标非常广泛，所以奖项应该尽可能多地反映所有教学目标。教师可以设立赛季积分系统，通常公平竞争得分、比赛得分和管理职责得分是赛季积分系统最重要的组成部分，因为学生在这些领域的行为决定了赛季的成功与否，获得赛季积分系统最高分的团队是赛季冠军。毫无疑问要对最杰出的赛季冠军给予荣誉，但是教师也应该奖励赛季中的其他积极的方面，例如学生公平竞争的行为，不同角色的职责完成情况，学生运动技能的进步，以及团队合作等方面的突出表现。本研究结合健美操项目特点，在赛季中设立并颁发了以下奖项：赛季总冠军、最佳音乐奖、最佳编排奖、最佳组织奖、最佳进步奖、最佳动作指导奖等。

5. 制定比赛规则与裁判法

由于我国普通高校健美操赛季中的健美操比赛内容为中国健美操协会审定并发行的《全国健美操大众锻炼标准第三套》等级动作。因此，比赛规则和裁判法的制定应该充分考虑教学对象与教学内容的实际。本书认为在我国普通高校健美操教学中，比赛规则与裁判法的制定要遵循两大原则：一是比赛规则与裁判法可以依据国际体操联合会（FIG）审定的"2009—2012健美操评分规则"和教育部中国大学生健美操艺术体操协会审定的"中国学生健身健美操竞赛评分规则（第三版）"；二是比赛规则与裁判法以"运动教学模式"中"根据教学对象简化比赛规则"的理念为原则进行修订，旨在加强裁判法在普通高校健美操课上的实操性，更好地普及健美操裁判法知识。

(五) 创造节日氛围策略

节日氛围是"运动教学模式"的主要特征之一。节日氛围使"运动教学模式"区别于普通的体育教育模式。在世界各地，各项体育赛事的开展都伴随着浓郁而明显的体育节日氛围，例如，每四年一次的奥运会、足球世界杯、橄榄球超级碗、美国职业篮球联赛。然而这种节日氛围，却很少在普通高校体育课中表现出来。在"运动教学模式"中创造节日氛围，会使学生获得非常愉悦的体验，增加学生在健美操课之外或是校外从事这项运动的可能性。在世界上许多地方，体育教育的主要目的之一是影响年轻人的生活方式，使他们形成参与体育活动的健康生活方式。而维持一种健康的体育活动生活方式要求年轻人重视这项运动，参与这项运动，并且是持续参与。要使学生重视一项运动，首先必须使学生获得难忘的运动体验，才能促使他们在未来继续从事这项运动。浓郁的节日氛围往往给运动者带来欢乐的感受，使参与运动更加有意义。研究已经一次又一次证明，"运动教学模式"是一个非常好的方式，节日氛围是"运动教学模式"的一大特点，它潜在地增加了学生的参与动机。

1. 在日常教学中创造节日氛围

创造节日氛围的目标是使整个赛季都沉浸在节日的氛围中，而不是只有赛季最后的冠军赛才需要节日氛围。努力使每日的练习和比赛都尽可能充满节日氛围，可以从以下两个方面入手。

（1）通过增强团队凝聚力，创造节日氛围

将学生分在小的团队中，并且在整个赛季保持同样的分组，形成团队凝聚力，这也是"运动教学模式"的另一个主要特点。团队增加了学生的归属感，增强了他们为团队做贡献的责任心。各队应该有队名，并且本队的队员能够为他们的队伍选择队名。每个队在公告板上有一个区域，可以张贴本队的成绩统计，各队也能选择代表本队的颜色，如果条件允许，可以制作代表各队的队服。教师可以拍一些各队的照片，学生可以摆出代表他们本队特点的姿势，将这些照片张贴在公告板上各队的区域里。另外，各队的宣传员可以制作并张贴介绍队员个人的简历。

在体育馆或室外体育场，各队通常会分配练习区域。学生在上课后到达本队练习区域，遵守进入体育馆的课堂常规，进行热身练习或技术练习。教师也鼓励各队在校外时间进行练习。教师可以将各队进行额外练习作为赢得赛季积分的一种方式。在"运动教学模式"中，教师可以让各队代表不同的国家参赛，就像在奥林匹克运动会中，以及在各种世界杯比赛中，各队有代表本队的旗帜、颜色和队歌。所有的设计是为了强调各队的身份。这些经历使各个赛季如同一个大的健美操赛事，对学生更加有意义。

（2）通过给予奖励，创造节日氛围

在"运动教学模式"中可以设置许多奖励。例如，对于队员的良好表现，各队表现出良好的战术意识，队长使队员在正确的场地按时比赛，裁判员使比赛流畅进行，器材管理员使器材摆放在正确的位置，记分员正确计分等方面，教师都应该给予认可和奖励。教师可以通过正式或非正式的形式给予学生表扬。正式反馈包括赛季最后的奖励证书、奖杯，将优秀学生名字张贴在公告板上。非正式反馈包括教师可以在每节课上，对学生良好的表现和公平竞争行为进行表扬。教师通过这些恰当的方式鼓励学生的辛勤工作，表扬其优秀的表现、进步、胜利和公平竞争行为，从而为整个赛季创造了一种喜悦、轻松、快乐的节日氛围。

2. 在赛季高潮中提升节日氛围

"运动教学模式"以赛季高潮结束，赛季高潮是整个赛季节日氛围最浓的一天。可以用很多方式设计赛季高潮，但赛季高潮要让所有学生参与，而不仅是两支实力最强的队伍。通常可以在赛季高潮中组织赛季冠军赛。如果赛季比赛是按照学生健美操运动能力，组织分级比赛形式，那么每个级别都将进行最后的决赛。还可以组织一系列的健美操技术技巧挑战赛，每个队派出代表完成挑战。如果一系列的技术技巧挑战赛安排在常规的课程之内，那么这样的赛季高潮需要数节课来完成。在一系列比赛之后，即赛季的最后一天，安排赛季颁奖典礼，通常可以邀请特殊的嘉宾进行颁奖，包括学校校长、系主任、健美操项目风云人物等。另外，教师还可以在赛季高潮中组织学生观看经典的健美操比赛，包括世界和我国竞技健美操比赛，影响广泛的健身健美操比赛。教师也可以用摄像机将整个赛季录下来，然后对视频进行编辑，并在颁奖日播放，学生可以在课后将拷贝的视频带回家，与家人分享。在熟练运用"运动教学模式"的情况下，教师还可以组织不同班级学生进行比赛,以及学生和教师、家长一起比赛。如果学生与家长一起分享他们的快乐,那么健美操课程和健美操教师将获得更多的支持。

五、我国普通高校健美操运动教学模式的教学评价体系

体育教学评价一直是体育教学工作和教学理论中的难题。如何在"运动教学模式"中,对我国普通高校健美操教师的教,对学生的学做出客观、全面、有价值的评价;如何在"运动教学模式"中,运用实用性、操作性强的评价方法,是本部分重点讨论的问题。设计我国普通高校健美操"运动教学模式"教学评价系统,首先应该从明确培养目标开始。培养目标是设计教学评价系统的依据。在赛季最后,我们想看到怎样的学习结果呢,这些学习结果是否与赛季前制定的培养目标一致?运动教学模式的总目标是培养有能力、有文化和有热情的运动者。结合学习目标进行评估是非常有意义的。教师和学生都应该在赛季开始之初便非常清楚学习的目标。"运动教学模式"的特点允许实现多重目标,同时也使每个目标的实现程度能够被衡量。对我国普通高校健美操"运动教学模式"的教学评价系统设计,主要围绕培养有运动能力、有运动文化和有运动热情的运动者三项培养目标展开。

(一) 对健美操技术的评价

与传统体育教育模式一样,"运动教学模式"的一项重要学习内容是掌握运动技术技能。健美操项目属于技能主导类,表现唯美项群,按照"不同项群运动员竞技能力各决定因素作用的等级判别",技术起到了决定胜负的决定性作用,而战术仅起基础性作用,因此在本书中重点讨论对学生技术的评价。对学生健美操技术的评价可以采用学生互评与教师评价的形式,并结合学生所在团队在比赛中的表现进行综合评定。"运动教学模式"中设计了一系列比赛,学生分成许多小组参赛,因此学生获得了更多的机会展示他们所学到的技术和战术,同时也允许教师有更多的时间去观察和评估学生在比赛环境下的真实表现,例如,学生是否掌握了健美操基本步伐和动作套路,动作是否与音乐完美匹配,整套动作是否流畅等。采用过程性评价与终结性评价相结合,将评估贯穿在整个教学单元中,镶嵌在每日的课堂教学中,而不是只在某一天进行,从而对学生在整个赛季中的技术表现有全面、客观、动态的评价。可以采用技术分数累加的方法,使每次评价与最后的评价相联系,同时将个人的最终成绩与小组成绩相联系。技术评价的主要指标依据健美操项目的特征设定,主要包括动作准确性、动作熟练性、动作与音乐的配合等方面。

(二) 对运动强度的评价

运动强度可以通过多个指标获得,例如,最大摄氧量百分比(VO_2max)、耗氧储备量(VO_2R)、心率储备(HRR)、年龄推算的最大心率(HRmax)、代谢当量(MET)。这些指标各有优点和局限性,但是从操作性和可行性来说,心率是最便于获得的,且是能较为准确地判断运动强度的指标。只需要佩戴一块心率表,教师就可以采集学生在体育课上的心率指标。有了最大心率值,教师就可以通过心率表记录的心率活动范围监测学生在课上的运动强度。另外,计步器也可以作为测量学生运动量的工具。

(三) 对健美操项目理论知识的评价

与传统的体育教学模式相比,在"运动教学模式"中,学生除了学跳健美操,他们还要学习一定的健美操项目的理论知识。尽管在很多传统的体育教学模式中,教师也在第一

节课上集中时间简单介绍健美操运动，但是普遍学习效果较差，因为学生在后面的学习中很少，或者不再涉及这些项目理论知识。而在"运动教学模式"中，通过小组学习、担任裁判、理论测试等方式，让学生反复强化这些理论知识，从而使学生对健美操的认识达到一个新的台阶。学习健美操项目理论知识主要包括：健美操运动发展渊源；基本步伐与术语；裁判法等。了解健美操运动发展渊源，能增强学生的学习兴趣，学习健美操基本步法与术语、裁判法，则能使学生进一步学好健美操，并能在一定程度上评判出好与差的区别。可以在每节课上采用理论测试的方法，对学生所掌握的健美操项目理论知识进行评价。应该注意的是每次理论测试题不需要太多，3 至 5 道足矣，以避免占用太多的课上时间；应该将理论测试放在课的结束部分，以避免中断课的基本部分的运动状态。同时，也可以在期末安排专门时间对健美操理论知识进行全面测试。

（四）对角色职责完成情况的评价

在传统体育教学模式的健美操课上，课堂以教师为中心，教师带领学生练习，学生总是跟随教师的示范进行练习。在示范、带领、组织学生练习的同时，教师根本没有足够的时间对学生的表现进行评估。但是，"运动教学模式"将教师解放出来，并且为教师提供了许多合适评估学生表现的机会。从而对学生的表现有一个翔实、准确的评估。在小组练习时，教师可以在整个场地内巡回观察，在对需要帮助的学生给予帮助与指导的同时，评估学生在组内担任的角色的表现。在比赛中，教师可以在观察学生比赛情况的同时，评估裁判的表现。对学生角色职责完成情况的评价，还可以通过学生的自我评价与学生互评两个方面进行。

（五）对公平竞争行为的评价

公平竞争是竞技运动的重要内容。简而言之，在"运动教学模式"中，公平竞争的行为主要包括：积极参与，付出努力，尊重队友与对手，尊重比赛、正确面对成败，乐于助人、学会感恩。依据以上因素评估学生的公平竞争行为非常重要，通常是以团队为单位对公平竞争行为进行评估。公平竞争积分应纳入赛季的积分系统。教师可以在赛季开始前设计并公布公平竞争积分办法，如果在赛季中有任何队破坏了公平竞争行为，则从积分中扣除相应的分数。也可以使用公平竞争行为检查表，"√"的数量等同于获得的积分数。另外，还可以按照 2-1-0 的等级给予积分奖励。当一个队表现积极时，获得 2 个积分；当一个队行为得当时可以获得 1 分；当一个队表现消极时可能得 0 分。对于公平竞争行为，不仅可以使用正式的方式进行评估，还可以在某些时刻进行非正式评估。例如，用大拇指朝上或朝下的方式表明支持或需要努力，向学生表明你在关注他们。在课程结束时，进行非正式的评论也能起到评估的目的，这也是非常有价值的，因为这清楚地向学生表明教师在关注他们，并且将在一些重要的行为方面提供反馈。

第八章　高校体育快乐教学模式

第一节　概述

一、快乐体育教学模式的概念

快乐体育教学模式起源于二战后的德国与日本，其主要是指深层次的心理快感或者成功感，是让学生在体育运动中体验到参与、理解、掌握以及创新运动的乐趣。在立足尊重学生主体地位的同时，注重激发学生学习的自主性和创新意识，从而形成学生终身参加体育实践的志向和习惯。

二、快乐体育的基本要素

（一）环境优化

"硬环境"美化、协调；"软环境"（人文因素）健康和谐。

（二）情感驱动

①教学中要引起学生快乐和成功的情感体验；

②教师应从情感教学入手，以自己对学生、对教材、对教学活动的热爱来激发学生勤奋学习；

③建立民主、合作的师生关系。

（三）协同教学

协同教学是指运用协同论的原理，在体育教学过程中重视教与学诸要素之间的参量配置协调、同步以及互补，以形成体育教学活动协同高效的运行机制，使体育教学的整体功能得以放大、增值。协同教学要求启发式的教法与创造性教法有机统一，其突出特点是在内容上强调"发现学习"，在形式上强调"学习过程自组"。

（四）增力评价

由口头的形成性评价和激励性评价组成，是一种即时的教学反馈。在具体运用时，应注意以下几点：

①形成性评价要及时准确，激励性评价要适时并保持较高的频率；

②要有效实用；

③要避免超负荷；

④要强调多项性。

（五）快乐体验

快乐体验主要指快乐的运动体验与成功体验，在教学中强调不同的体育活动所独具的乐趣。实践中应强调以下几点：

①教材要适合学生的身心特点，照顾学生的体育兴趣，满足他们的体育需要；

②"情知交融"，使学生产生强烈的学习欲望；

③加强学法指导，使学生的学习在"我要学"的基础上做到"会学"；

④强调非同步化教学，要因材施教，区别对待，力求使每个学生都有自己的学习目标和自我实现的机会。

三、快乐体育教学模式的基本内涵

（一）注重学生在体育教学过程中的主体地位

传统的体育教学论过于强调教师的主体地位与主导作用，认为学生只是一个需要教育的客体，只能被动地接受体育教师的教育培养，这样就导致了学生主体地位的丧失，自觉性、积极性的泯灭。失去兴趣的学习，无法激发与维持学生学习的动机，也无法体验到满足需要的乐趣，学生也不会进行有效的学习。快乐体育十分重视体育教学过程中学生的主体地位，在教学中充分发挥学生的内因作用，也即学生的主体作用。快乐体育理论认为，重视学生的主体地位，激发和维持学生学习的兴趣与动机是提高教学效果的有效手段。从人的发展来看，兴趣和动机是构成人的人格特征的一个重要组成部分。另外，学生从事体育学习的基础、追求目标、个性心理、学习的方式方法等均不相同，教师只有最大限度适应学生的需要，因材施教，积极地鼓励、引导学生，才能取得良好的教学效果。

（二）建立和谐的师生关系

体育教学是双向多边、复杂的活动。体育教师掌握着教学方向、进度和内容，用自己良好的思想品德、丰富的知识、高超的运动技艺，活泼、生动的形象教育和影响学生，在教学中发挥主导作用。学生是学习的主体，其学习目的、态度、动机、积极性、身体状况、兴趣、思维能力、情绪等都直接影响教学效果。传统的体育理论认为师生之间是命令与服从、上级与下级、教与学的关系，教师神情严肃，不容置疑，学生唯唯诺诺，言听是从。快乐体育强调体育教学中师生之间、学生之间都存在着双向信息交流，建立和谐的师生关系、生生关系。

（三）追求学生个性的和谐发展

传统的学校体育理论认为，体育教学的主要目标是追求运动技能的规范，提高和增强体力，这样教育出来的儿童、少年都是成人化的，具有成人化动作、成人化理论、成人化思想。快乐体育认为推动学生个性的和谐发展是快乐体育思想的根本精神所在。快乐体育与学生的个性发展存在着辩证关系，一方面是学生的个性倾向性和个性发展水平，在运动项目的选择以及参与运动项目的积极性和主动性上充分表现出来；另一方面快乐体育过程又能促进学生个性的和谐发展，帮助学生更深地挖掘从事体育运动项目的潜力和参与运动的乐趣。这两方面相辅相成，在增强学生体质的基础上，促进所有学生在智力、心理素质、美育和能力等方面都能得到发展。在快乐体育的思想指导下，培养学生的独立性、自主性、创造性以及热爱美、鉴赏美、表现美的情感和能力，丰富其精神生活，促使学生个性的全面发展。

（四）体育教学活动本身应是快乐的、有吸引力的

体育教学艺术的本质在于促进学生乐于进行体育学习，为深化旨在追求运动乐趣的体育学习，学生们自发、自主的学习活动成了一个非常重要的条件，满足学生们的运动欲求就会产生运动的乐趣。这种欲求的水平越高、越明确，其满足后获得的喜悦也就越大。因

此，体育课不能是带有教师强制性的，而必须能使学生自发、自主地享受运动中的乐趣的体育课。丰富多样、生动活泼的教学方法，新颖有趣、逻辑性强的教学内容，可以不断地引起学生新的探究活动，从而激发起学生更高水平的求知欲。

（五）进行思想品德教育和提高运动技能

体育教学不仅要育体，而且还要育心。社会越向前发展，对人的道德情操和适宜社会生活能力的要求也越高。体育教学可以培养学生具有一定的适应社会生活要求的个人行为和社会行为，具有符合时代精神的思想品德、文明修养、道德情操等。快乐体育在注重学生的主体地位和发展个性的同时，也要求运动技能在积极参与下获得提高，培养终身体育的能力和习惯。

四、快乐体育的实施原则

（一）教育性原则

在体育教学中渗透德育是体育教学的基本要求。快乐体育以"乐学"为支撑点，对学生良好心理素质的培养更加广泛而深刻，包括目的、兴趣、情感、意志等全部非智力因素。

（二）趣味性原则

"授之以趣"，教师乐教，学生乐学，形成良好的教学气氛。使学生在轻松的、舒适的、快乐的环境中进行体育课，从而使学生快乐地学会动作及技术。

（三）情境性原则

将体育教学活动置于一定的情境之中，使学生贴近生活，使体育学习变得亲切、自由和愉快。

（四）激励性原则

教学中一方面要"激情""激趣""激志"，激发学生主动学习精神；另一方面要"激疑""激思""激智"，激发学生的心智活动，达成在快乐中求发展，在发展中求快乐的目标。

（五）实效性原则

近期目标是培养学生良好的学习习惯和乐学精神，提高教学质量，远期目标是面向终身体育，发展体育素质。

第二节 体育游戏与快乐体育教学模式重构

一、体育游戏的内涵

体育游戏作为一种社会现象，随着人类社会的产生和发展而不断发展。在人类社会漫长的历史中，体育游戏经历了一个由萌生、发展到不断完善的过程。何谓体育游戏？有学者提出它是游戏的一种，是以身体练习为基本手段，以增强体质、娱乐身心、陶冶性情为目的的一种现代游戏方法，它是按照一定目的和规则进行的一种有组织的体育活动，也是一种有意识的、有创造性和主动性的活动，其基本特征是大众性、普及性和娱乐性。也有资料指明，体育游戏是以游戏为活动形式，以身体练习为基本内容，以促进德、智、体全面发展为目的,按照一定规则进行,具有浓厚娱乐气息的身体练习和思维练习方法的一种特殊的体育运动。它对人体基本动作形成、增强人体能力和智力、陶冶情操、培养锻炼兴趣起着积极作用。

综合以上对"游戏"和"体育"含义的理解,可以明确体育游戏的定义,即体育游戏是按照一定目的和规则进行的一种有组织的,以身体练习为基本手段,促进人身心全面发展为目的,是体力活动和智力活动相结合、富有浓厚娱乐气息和鲜明教育意义的自主活动。由于体育游戏理论是游戏理论的一个分支理论,所以具有完整的有逻辑的游戏知识体系。

二、体育游戏的特征

(一)趣味性

《辞源》中说:"游戏乃玩物适情之事也",即游戏是有趣的玩类的事情,它能使人在精神上得到某种欢娱,能满足人们对娱乐的需求。尽管它不能直接创造物质财富,但是能吸引各种不同的对象主动参加。不管何种类型的游戏,组织参与游戏活动,首先是有趣好玩,从中得到欢乐。体育游戏也是如此,所以趣味性是体育游戏的第一大特征。如果没有趣味性,则不能称之为体育游戏,而只能称之为体育练习或身体练习。

(二)教育性

体育游戏是学生的"良师",是体育老师的"益友"。体育游戏教学可以丰富教学内容,激发学生的学习动机;培养学生的思维能力、创造能力和竞争力;提高学生的注意力,改善学生的心态;完善个性培养学生的意志品质;建立良好的师生关系;提高学生的身体素质和健康水平,使学生在德、智、体、美诸方面全面发展。体育游戏教学实施并实现了"健康第一"的指导思想,在未来的体育教学中一定会发挥更大的作用。

(三)竞争性

体育游戏大多都具有以个人或集体取胜为目的的竞争性特征。通常以游戏完成的数量、质量、速度为判别胜负的依据。因此,它充分体现游戏参与者体力、智力上的竞争特点,通过游戏活动可提高参加游戏者的身体活动能力、思维能力、应变能力、创造能力,并在游戏中培养学生团结互助的集体主义精神,使参与者在竞争中实现精神上的满足。

(四)科学性

体育游戏在组织的过程中要考虑到学生原有的知识、技能、身体素质和训练水平,根据由易到难、由浅入深,循序渐进的原则,对不同年龄和性别的学生要区别对待,科学组织,做到"因材施教",在同时,游戏过程中密切观察学生身体状况的变化情况,科学合理地掌握运动密度和运动量。

三、基于体育游戏的快乐体育教学模式重构措施

(一)贯彻"安全""健康"和"娱乐"三者统一的教学指导思想

"安全"问题是体育教学中最先考虑的问题,由于这个问题会带来严重的后果,就限制了体育活动的开展,而这里寻求的是在保障安全的活动环境下,学生德、智和体等方面全面发展,即"健康"成长;"健康"是体育教学的追求,而"娱乐"是配合"健康",在这里把两者并列,主要因为"娱乐"是"健康"不可或缺的途径。因此,只有统一三者,

才能准确定位快乐体育教学的指导思想。三者合为一体才是一个良好的教学指导思想，快乐体育的本身原则就在于更"安全"、更"健康"、更"娱乐"地完成课程，三者的关系相互联系、不可分割。"安全"是课程完成的基础，学生的基本保障，其中包含了诸多基本要求，这个前提要打好。"健康"体育课的根本所在就是要提高学生的身体素质，通过锻炼方式来予以提高，从而达到健康的目的。"娱乐"就是在前两者的基础上通过娱乐身心的方式，在安全的基础上来达到活跃身心健康的目的，这也是快乐体育所带来的一种教学效果。

（二）建立以增强体质，促进人格完善的教学目标

众所周知，科学合理的体育活动能使身体更加健康，随着研究的深入，人们发现学生在积极参与运动的过程中，思维变得更加活跃和敏锐，创新能力大大提高。同时，由于受到活动环境的熏陶，也能够加速个性社会化的形成，而学生认知能力的培养和个性社会化的形成则能促进人格的完善。快乐体育的融入把学生的思想精力带动起来，融入课堂里，在环境因素发挥影响的同时，使学生身心得到了锻炼，人的身体得到锻炼，思维方式得到提高，从而达到了体育课的教学目标。

（三）建立"因人而异"的教材体系和"因材施教"的教学方法

教学方式及教学方法是教学课程的基本体系，好的教学方法能更好地来完成教学，有针对性的采用好的教学方法能够更好地提高教学质量。学生由于受到诸多因素的影响，其素质表现出明显的个体差异，因此教师要根据实际情况，因材施教，具体在选择教学内容和方法以及制定练习的难度与要求时，表现出选择和制定上的灵活性，尽量满足每个个体的实际需求。人性化的教学更好地体现了快乐体育教学模式的重要性。

（四）建立以游戏理论为辅，不断创新并达到培养学生身体发展为目标的教学内容

如今的体育课程大多以传授基本技术、基本学习方法为主，始终没有使学生能够更好地理解和掌握技术，在教学过程中运用多种游戏方法进行教学，以此提高学生的积极性，促进学生身心的发展。让学生在娱乐的过程中掌握教学，学到知识和内容，可以通过游戏的趣味性加上教学方法来完成，游戏的理论基础颇深，在运用上没有局限性，也要有一定的人文融入其中，所以教师在安排教学内容上要有所体现，这样才能体现出新型体育教学模式中的新型元素，重视娱乐教学，但是不能把体育课程变成根本的游戏课，用游戏的方法和理论去辅助教学，达到良好的教学效果。

（五）建立以教师为主导，教师与学生共同为主体的教学群体

学生虽然是学习的主体，但其所需要的体育知识、技能，仍然需要由教师来传授；其在学习中的自学积极性，需要由教师来激发和培养；学生进行自主学习、合作学习和探究学习，也离不开教师的指导等。然而，教师在主导的过程，也要让自己成为主体，与学生一起感受和体验，共同互动起来，让体育教学过程中的所有成员成为一个随时随地的信息反馈系统。

（六）建立以重视情感投入为主并培养学生自主学习和合作学习的教学过程

体育教学的过程不仅是体育知识、技能的传递过程，而且还伴随师生之间的情绪、情感交流，伴随态度和行为方式的相互作用与影响。教师根据学生的自身需求，激发其兴趣，最后变成学习动机，而学习动机能克服许多传统教学模式中学生所处的被动状态的弊

端，能够培养学生学习的自主性，也能改善师生关系和生生关系，从而在活动过程中互相学习，共同提高，为学生提供愉快的学习经历，这也有利于营造和谐合作的学习气氛。

言而总之，基于"快乐体育教学模式"和体育游戏理论，同时也结合体育游戏的具体分析，本书提出了体育游戏为快乐体育教学模式重建的理论支持，也提出了重建"快乐体育教学模式"的具体措施，即贯彻"安全""健康"和"娱乐"三位一体的教学指导思想；建立以增强体质，促进人格完善的教学目标；建立"因人而异"的教材体系和"因材施教"的教学方法；建立以游戏理论为辅，不断创新的达到培养学生身体发展的教学内容；建立以教师为主导，教师与学生共为主体的教学群体；建立以重视情感投入，培养学生自主学习和合作学习的教学过程。

第三节 高校快乐体育教学模式的应用

一、理论基础与实践结合

每种教学模式的创新都需要扎实的理论基础作为支撑，在不断摸索实践中进步完善。快乐体育教学想要实现模式创新，不仅要在教学内容、教学方式、教学评价方式等方面下足功夫，还要注意调整在实际运用中因为某些因素导致教学模式的不间断变动。结合不同的时期、不同的教师、不同的学生顺序等多方面的因素，实现灵活性、多样化的教学。例如，个性教学模式结合快乐体育理论为社会培养全面的人才；发现问题教学模式结合布鲁纳发现法理论；增强体质教学模式结合享受活动乐趣快乐体育教学基础理论。

二、情绪感染，调动学生的学习热情

大学生在快乐体育教学过程中，教师的热身设置非常重要。在这样的过程中如果加入情绪预热，可以帮助学生在最短的时间内参与互动。由于传统的体育教学中，教师在传授运动技能或是体育课上的活动内容时，"说教"占据了相当大的部分，体育教师与大学生之间侧重的是"教育"，体育教师在肢体语言运用技能上的缺失，导致情绪感染严重不足，很难调动学生的学习热情。加上难懂的各种技术动作相关术语，学生与教师交流的主动性与互动性丧失，最终导致快乐体育的教学目标难以完全实现。

三、强调学生的主体性

快乐体育教学在实施上采用的组织形式应以学生为主体，在各个环节中体现并带动学生的主观意愿，但要杜绝盲目以学生为先。例如，在设计掌握技能教学模式中教师可以让学生选择自己的强项体育技能，并同步录入教学系统，然后根据学生的自身特点制定健身运动的方式。此外，还可以在目标教学中，让学生自己选择符合自身能力的学习目标。

四、体育教学手段要丰富多元化

快乐体育教学中包括了教材内容、教学方法、教学形式以及教学评价等内容。因此，快乐体育教学模式的创新就需要在这些环节中体现出来。例如，在对增强大学生体能教学的过程中，可以引入我国竞技体育领域中发展较快的体能训练方法，提高核心力量训练

等。抑或将拓展训练的形式与体育教学结合起来，并引入健康周期理论，做好运动技能评价等教学内容。

五、体育游戏让学生收获快乐

大多数学生潜意识认为体育课应以"玩"为主，因此教师就应该抓住学生这个"玩"的心理，同时结合教材进行体育游戏练习。体育游戏具有组织形式生动活泼、内容丰富多彩、操作简单易行等特点，能够在给予学生充分的愉悦体验的同时，将体育教学的目标充分渗透进去。例如，运用"跨大步"的游戏帮助学生学习后蹬跑。游戏时学生四人为一组，动作分跳起分脚并脚的"剪刀"、两脚并拢的"石头"和两脚左右开立的"布"，按照"剪刀石头布"的规则来确定谁跑，看谁先跑到终点，学生们在欢呼声中用力跨好每一步。气氛活跃了之后，教师讲解后蹬跑的要领，学生在快乐的游戏中比较容易接受并掌握，学生学习的效率也会得到极大的提高。

六、利用现代科技发展促使体育课程的改革

伴随着科技革命的不断深入发展，学科之间的渗透与交叉、分化与综合、知识结构的变化，推动体育课也运用新的教学手段、组织形式、教学方法，最大限度地调动学生的积极性和主动性。快乐体育强调体育教学中应注意满足学生的动机需要，让学生愉快自主地从事体育学习与锻炼，充分发挥学生现有的能力去从事创造、享受体育运动，并在运动过程中自觉积极地发展体能和提高运动技能。

七、培养学生对体育运动的兴趣及独立锻炼的能力

遵循运动技能的形成规律，以系统传授运动技能为核心的一种体育教学活动体系，注重对技能掌握效果的评价，也称为"三段制"教学过程。在体育的教学过程中，要重视对学生体育能力的培养，使学生从体育锻炼中体验到乐趣，激发长期参加体育锻炼的欲望和兴趣，为其今后的终生体育锻炼奠定坚实的基础。

八、努力建立融洽的师生感情

我国高校体育新课程理念中已经明确提出，教师教授知识和实施教学活动的过程其实是一种知识传递的过程，更加是一种学生和教师交流情感的过程，任何一个科目的高效课堂教育教学都建立在教师与学生之间情感交融的基础之上。因此，在大学体育课堂中应用快乐教学法，必须要建立起一种融洽的师生感情和平等的师生关系。例如，教师可以在自己的体育课堂中采取小组合作学习的教育方法，在大学生进行小组讨论的过程中，大学体育教师所扮演的角色并不是领导者与裁决者，而是评价者、指导者以及组织者的角色，具体来说，就是要对学生进行指导，使他们能够对体育教材的知识和内容进行深入理解，并且要对大学生自身所显现出来的问题和错误进行详细分析，教师不能劈头盖脸的批评学生，而是应该耐心的引导学生抛弃错误的知识和观念，接受正确的知识和内容，教师必须要明确学生出现错误的原因。然后，让学生实施小组合作学习以及交流，小组成员共同研究应该如何对学习过程中遇到的问题进行解决。

第四节　快乐体育教学模式的构建

一、快乐体育掌握技能教学模式的构建

（一）理论基础

通过身体的运动激发内心的乐趣，在身体活动的乐趣中提高身体素质。

（二）构建依据

我国学者毛振明曾就快乐体育理论"快乐"的来源给出解释，他认为"快乐"的来源有四：一为运动技能的提高，二为明白了道理，三为充分体验运动后身体的快感，四为在活动中和同学相处的融洽[①]。运动技能的掌握是为终身体育服务，学习运动技术只是掌握了一种身体锻炼的形式，这种形式在某种程度提高了身体锻炼的意向，增加了参与身体锻炼热情，丰富了身体锻炼的内容，在终身体育培养过程中起到积极作用，而运动技能并不是最终的目的。

（三）实施目标

通过本教学模式的实施做到以运动项目为媒介使学生认识运动、热爱运动、终生运动，充分利用每节课的机会，让学生"从此爱上运动"培养通过运动保持身体健康的意识的社会主义建设者。。

（四）教学内容

1. 一生受用的运动技能

在终身体育指导思想下，应偏向于选择在人一生中，容易进行，不需要过多条件的运动项目。

2. 终身体育意识的培养

有了擅长且自己爱好的运动技能，对自身身体健康的管理有了健全的认识，就要一生锻炼，以往学校体育工作较少渗透这一点，在快乐体育教学中，要让学生不断强化终生参与体育锻炼的意识。

二、快乐体育增强体质教学模式的构建

（一）理论基础

体适能在我国高校体育教学中提及较少，但却能给高校体育教学带来生机，对"体适能"的理解包含人在生活中、劳动作业中、体育活动中不可或缺的走、跑、跳、投、攀、爬、滚、悬、翻等身体能力，也包括体育素质的速度、耐力、力量、灵敏和协调等，还包含适应自然环境变化的能力及预防与抵抗疾病的免疫能力等。通过体能训练手段提高学生体适能水平，掌握科学健身手段，保持终生体育锻炼习惯。

（二）构建依据

在素质教育中学校体育的最本质的目的就是对学生进行增强体质的教育，而增强体质的教育，落实到体育教学中来就是增强体质健身知识技能的教学。

---

① 于欢. 中学体育教学改革与创新研究［M］. 北京：航空工业出版社，2019.

体能训练能够有效提高学生身体机能，此外，体能训练相对于其他训练手段的优点还在于：它是为了提高身体某方面的机能而进行的专门训练手段，专门性强；各种手段可以灵活地搭配综合运用，综合性强；也不是一味追求运动技术已经存在很久的训练手段，创新性强；训练过程中可以自主研发各种器械的运用，趣味性强；也可最大限度地利用现有资源，诸如场地、器材等，实现性比较强。

（三）实施目标

学生的身体素质与体育锻炼感觉具有密切的依存关系，良好的锻炼感觉有利于提高学生身体素质，促使学生养成健身习惯。而这种身体锻炼感觉与快乐体育理论倡导的"身体运动感""满足身体活动欲求"异曲同工。

（四）教学内容

1. 运动健身意识及相关知识

体适能内涵，理解身体力量、速度、耐力、灵敏性、协调性等基本素质内涵。运动健身意识，让他们认识到体育锻炼与生命健康的关系，认识到运动是维持生命健康的有效手段。要学会并善于运用所学体能健身手段，如基本人体生理结构、日常生活活动动作机理，常见运动损伤及护理等管理自身生命健康。

2. 现代化的体能训练手段

将现代化的竞技体育体能训练方法健身化、大众化。

3. 运动处方

健身运动处方的效果应以提高柔韧性、力量、速度等素质为基础，以提高心肺功能为主，即提高身体的有氧活动能力。运动处方是以身体练习为手段（含意念性练习，或以身体练习为形，以意念练习为神的练习），为改进、完善、提高、增强身体某一部分或整体的功能而有针对性地实施的系列练习方法。

让学生掌握基本的运动处方知识，运动内容的选择、运动时间、运动强度的拿捏等，并能够了解现代文明病预防等知识，从而学以致用。

三、快乐体育发现问题教学模式的构建

（一）理论基础

快乐体育发现问题教学模式构建，以发现法与问题课程相关理论为切入点，主张让学生自主地发现知识，将我国课程大纲、课程标准中涉及的体育健康知识当作学生的"未知"，进而让学生去主动地探索未知，在不断的探索、思考、验证过程中掌握体育健康知识。另外一个理论切入点不是以往的灌输，"问题中心课程"学中的应用体现于多门课程知识的综合运用"健康教育课程"，该理论在体育教学将体育教学大纲、课程标准中的内容，变成学生未知的问题，让他们围绕这个问题，综合运用所学知识解决这些问题。

（二）实施目标

让学生自主的发现激励学生学习的动机，是一个自我激励、自我收获、自我成长的过程，在发现、验证的过程中运动，在运动中收获自我的成功，以此体验学习经验的丰富以及运动的快乐，以不同以往的学习过程增加对体育学习的兴趣，从而热爱体育运动。

（三）教学内容

1. 经过设计编排后的体育与健康教学内容

将我国高校体育课程目标中教学内容能够引发学生思考、发现的关键点作为发现教学

的起点,以此类教学内容为依托,将发现法教学的流程贯穿其中,为的是通过发现法教学,丰富体育课堂形式,增加学生进行体育课堂兴趣,进而能够更多地参与体育运动,更加热爱体育运动,从而终身从事体育运动。

2. 终身体育意识的培养

目标教学除了培养学生学习能力的提高之外,体育运动才是该模式构建的主要目的,让学生通过不一样的学习过程增加对体育运动学习的兴趣,从而能够热衷于体育运动,乐于终身从事体育运动。

四、快乐体育目标学习教学模式的构建

(一) 构建依据

快乐体育理论中快乐的来源之一,是学生内心欲求满足后的快乐,这一过程是回到学生体验收获的过程,自我效果学习中"自我效果"的设定就是学生内心的一种欲求。快乐体育的实现过程就是让学生在教师有组织的体育教学过程中,经过学生自身的主动地练习,实现内心欲求后内心的满足感。

(二) 实施目标

通过设定自我目标,以及自我目标实现的过程,体验收获、成功的内心欲求满足感,并在此过程中对体育运动学习产生兴趣,使学生热爱体育运动,走向终身体育的道路。

(三) 教学内容

1. 我国体育健康课程标准中的教学内容

对体育教学内容学习要求提出不同的等级,让每个学生都能找到最接近自己能力的目标,在学生乐于学习的情况下,顺利实现教学内容。

2. 自我健康管理意识与终身体育意识

毛振明教授的健康周期理论[①],介绍了生命健康与人们认识之间的关系,尽早实现健康的理性认识,从而很好地主动参与体育运动,保持、完善生命健康,实现终身体育运动。

---

① 毛振明. 体育与健康教材与教法 [M]. 沈阳:辽宁大学出版社,2002.

第九章 高校体育终身教学模式

第一节 概述

一、终身教育的概念

所谓终身教育,就是人们在一生中所接受的各种培养的总和。作为一种教育思想,终身教育强调的是整个教育应该按照终身教育的原则来组织。终身教育的基本观点是:保障终身教育、终身学习的机会、终身教育体系化、改革学校教育,终身教育是一项共同的事业。终身教育的最终目的是"努力建设更加美好的生活"和"汲取一切有益的因素帮助人们去过一种和谐的且与人性相一致的充实的生活"。具体目标包括:培养新人,实现教育民主化,建立学习型社会。

二、终身体育思想的历史渊源

终身体育是终身教育的重要组成部分,并且终身体育的概念来源于终身教育,终身体育的思想与终身教育的思想一样古老。生活于希腊"黄金时代"的思想家苏格拉底坚持终身运动,并主张每个人都应该这样做,他说:"人的一切活动都离不开身体,身体必须保证工作的高效率。一般认为最不需要体力的思考,如果健康不佳也要误事,力量与肉体的美只有通过身体锻炼才能得到。"[1] "天行健,君子以自强不息",这是《周易》中的一句话,意思是说,天体因不停地运动而健在,人也应当按照"天行健"这种自然法则不断地运动。长寿与健康已经成了我国商周时期人们评判幸福的重要标准,这种观念对后来我国的养生学产生了极为深远的影响。孔子曰:"有文事者必有武备,有武事者必有文备"。荀子言:"行具而神生,养备而动时,养略而动罕,则天下不能使之全"。认为人的身体不是由天来决定的,强调了运动对人体健康的意义。终身体育的思想深刻影响到人们的体育实践是在20世纪70年代,1976年联合国教科文组织在关于青少年体育运动的会议上进行了从终身教育所看到的关于青少年体育运动作用的专题讨论。1978年联合国教科文组织指出:"必须由一项全球性的、民主化的终身教育制度,来保证体育运动与运动实践得以贯彻每个人一生的思想在国际上得以确立"[2]。

三、终身体育的产生

从改革开放以来,我国就进入了社会高速发展的时期,特别是进入21世纪的信息和知识经济时代,现代生产方式已经逐渐由过去的体力劳动为主过渡到脑力劳动为主。不仅

---

[1] 武恩连. 世界体育史 [M]. 沈阳:沈阳体育学院教务处,1987.
[2] 陈文卿,谢翔. 学校体育学 [M]. 桂林:广西师范大学出版社,2007.

如此，由于生活节奏的加快，社会压力的增强，很多人已无暇进行身体锻炼。这就要求劳动者必须在业余时间通过一定的手段继续保持自身身体和心理的健康，以保证自身适应生产力的发展。体育运动锻炼恰好能够达到健康身心的目的，那么怎样的运动方式才能伴随人的一生呢？在这种背景下，终身体育顺应历史潮流孕育而生。

由于终身体育的特点和内涵，能够满足现代社会发展的需要，使劳动者身体素质适应现代化生产方式和快速紧张的生活节奏，每个社会成员都应保持良好的体质以适应社会发展的需要。由此可见，终身体育的出现是中国社会发展进程中的必然产物。

四、终身体育的概念

对终身体育概念的界定，持不同观点的学者有不同的表述。在我国较早倡导终身体育的王珊则教授指出："终身体育，是指一个人终身进行体育锻炼和接受体育教育。"[1]《群众体育学》中这样叙述终身体育的含义："从生命开始至结束的一生中，学习与参加身体锻炼活动，使体育真正成为人一生生活中不可或缺的内容；以体育的体系化、整体化为目标，在不同时期、不同生活领域中提供参加活动的机会的实践过程。"所谓终身体育，就是体育锻炼和体育受教育贯穿于人的一生。从人的生命周期来说，我们可以把终生体育定义为："人的一生中受到的体育教育和培养的总和。"[2]

五、终身体育的阶段性和具体内容

终身体育按人成长的顺序和接受教育环境的不同分为三个阶段：学前体育、学校体育和社会体育。学前体育主要是儿童在家庭影响和家长帮助下进行的一些简单活动，教育的任务是保育和培育；学校体育是学校和体育教师对学生进行全面、系统、有目的的教育，其目的是全面发展学生的身体素质；社会体育主要是由社会、单位或家庭组织的体育活动及个人的体育活动组成，其目的是运用科学的锻炼方法强身健体。

六、影响终身体育的因素

一个人要想终身保持身心健康，延年益寿，就必须长年坚持体育锻炼。然而，影响终身体育的因素十分多样，其中来自个人方面的因素主要有：性别、年龄、体格、体力、个人目标、社会地位、知识结构、修养等的个体差异；受外部影响的因素主要来自教育、家庭以及社会。

第二节　高校体育教学适应终身体育教学模式的思路

一、高校体育教学适应终身体育教学模式发展的主要思路

（一）统一高校体育教育思想

高校体育必须以终身体育为指导思想，实施终身体育要充分发挥高校体育的纽带作

---

[1] 王则珊. 终身体育 现代人生活方式的一种追求 [M]. 北京：北京体育学院出版社，1994.
[2] 王则珊，等. 群众体育西 [M]. 北京：人民体育出版社，1990.

用，终身体育的指导思想，是指以培养学生终身参加体育活动的能力和习惯为主导的思想。这种思想认为，学校体育是终身体育最重要的、带有决定意义的中间环节，具有承前启后的作用。特别是高校体育，作为学校体育的最后阶段，其目的、任务与社会紧密相连。因此，应在高校阶段培养学生终身从事体育学习和锻炼的观念和习惯，并培养学生掌握终身体育的基本理论和方法；只有统一思想，更新观念，明确体育教育的发展方向，高校才能培养出适应社会发展需要的高素质合格人才。

（二）明确新时期高校体育教育的目标

新时期高校体育教育目标要具体化、明确化。新的体育课程目标为以下几点：

第一，增强体能，掌握和应用基本的体育与健康知识和技能。

第二，培育积极参与运动的兴趣和爱好，形成坚持锻炼的习惯。

第三，具有良好的心理品质，表现出人际交往的能力与合作精神。

第四，提高对个人健康和群体的责任感，形成健康的生活方式。

第五，发扬体育精神，形成积极进取、乐观开朗的生活态度。

高校体育的教学目标应随时代的变化而发展，也要受一定时期社会发展需要及其相应的教学指导思想的制约。我国体育教学目标从传授"三基"到"增强体质"，再到全面身心发展，目标从单一走向多元，从笼统走向具体。体育教学目标从强调知识、技能的掌握，到注重能力、习惯、兴趣和个性的培养，说明体育教学目标的确要满足社会发展对人才素质提出的要求，要为终身体育服务。

（三）调整高校体育教学内容

高校体育教育改革的重点是体育教育内容的改革。体育课大都在室外进行，受场地、器材、气候、环境等各方面影响比较大，合理安排教学内容就是重中之重。体育课不是简单游戏形式的玩耍，虽然学生对游戏有着天生的兴趣，但是如果对体育教学的内容安排考虑不周，不能将学生对游戏的兴趣转化为对体育运动学习的积极性，那么体育课的教学质量就将无法得到保证。

在体育教学大纲中选择教学内容时，必须遵循体育学科的内在规律，把一些学生喜闻乐见的，健身性、娱乐性、时代性强的体育素材选入体育课中，使体育教学内容为终身体育服务。

体育教学内容的选择，多考虑学生的需与求，为学生的学而选择体育教学内容，改变原有的价值取向，价值取向要更多体现出学生对体育教学内容的要求。

如何选择与确定体育教学内容，既要符合终身体育和素质教育的要求，又能够全面提高学生的身体素质、心理素质，培养学生终身体育能力和习惯。

实现终身体育的终极目标，需要学生学习终身参加体育所需的技能、知识和态度。因此，精心选择既有健身价值，又能作为终身体育项目的体育教学内容，更应处理好教材的健身性与娱乐性的关系。

大学生喜欢追求时尚的运动，喜欢新兴的、娱乐性强适合自己个性的体育运动项目。因此，体育教学内容也应改变传统体育项目占统治地位的局面，引进诸如轮滑、跆拳道、啦啦操、攀岩、瑜伽、跳绳、独轮车等形形色色的内容。另外，我国是一个多民族国家，少数民族传统体育源远流长，少数民族体育项目既各具特色，又有着良好的健身价值，可根据各个学校的具体情况适当选用。

体育教学内容的选择既受体育教育思想、方针政策的影响和制约，也受学校体育的功能和目标的制约。当今世界，学校体育发展的大趋势就是为终身体育打下坚实的基础，要实现终身体育的终极目的，就必须促使学生掌握终身体育活动所需的运动技能、体育知识和态度。因此，要想处理好教学内容的健身性、运动文化传递性与娱乐性之间的关系，就必须精心选择体育教学内容，最好选择日常生活中常见的终身参与的体育运动项目。

二、高校终身体育教学模式的设计思路

（一）终身体育教学模式的理论依据

1. 依据终身体育理论，随着终身教育改革而产生

终身体育理论的提出，是学校体育本质性的变革标志之一。体育教学模式的研究始终是现今体育教学理论中的一个综合性课题。其核心问题是用系统的结构和功能的观点，考察理论和实践的基础，来探究体育教学过程的内容、方式、方法，从而使形成的体育教学模式体系具有严谨的系统化、多样化、统一化特征。通过全新的体育教学模式，最终取得"既有理论基础，又有实践经验"的效果。终身体育理论是现代教育理论思想的体现，其为终身体育的目标确定了研究方向，是实现终身体育目的的重要保证。

2. 符合"素质教育"与"健康第一"的指导思想

在新世纪、新的发展时期，中共中央国务院在《关于深化教育改革，全面推进素质教育的决定》中明确指出："健康的体魄是青少年为祖国和人民服务的前提，是中华民族旺盛生命力的体现，学校教育要树立健康第一的指导思想"。素质教育和健康教育的重要途径就是体育教学。2002 年教育部颁布的《全国普通高等学校体育课程教学指导纲要》提出："根据学校教育的总体要求和体育课程的自身规律，应面向全体学生开设多种类型的体育课程，打破原有系别、班级制，重新组合上课，以满足不同层次、不同水平、不同兴趣学生的需要"。因此，要充分发挥教师的主导作用和学生的主体作用，倡导开放式、探究式教学方法，拓展体育课的时间和空间。在教师的指导下，学生可以自主选择体育课内容、上课时间、任课教师，在学校内营造出生动、活泼、积极的学习氛围。

3. 社会发展适应人才需要

高等学校是培养德、智、体全面发展的合格人才的重要基地，我国高等教育要培养出具有开拓创新、与时俱进、适应激烈竞争和社会发展的高素质复合型人才。21 世纪是科学技术突飞猛进的时代，也是知识经济的时代，社会竞争日趋激烈，对培养和造就一代新人提出了更高、更严格的要求。体育教育作为培养人才的重要组成部分，在教学上要不断创新，着力提高学生的综合素质、综合能力、竞争意识和创新意识。不断提高学生的体质和健康水平，不断提高学生对体育的兴趣和爱好，推动学生自身个性发展，养成良好的运动习惯，为终身体育打下坚实的基础，如此才能适应新时期社会快速发展的需要，才能有强健的体魄参与社会激烈竞争，更好地为社会服务，成为合格的社会主义事业建设者。

4. 高校体育教学规律发展的必然趋势

我国高校体育在不断地改革与发展，学校体育工作者的共识为增强学生体质发挥了一定的作用。为此，应建立一套完善、规范的体育教学模式体系，具体如下：加大教材的选

择性、体现多样化、逐渐提高质量。但依据"终身体育、健康第一"的思想，纵观当前我国高校的体育教学模式，主要存在着以下几个问题：体育指导思想相对滞后，竞技体育思想、阶段体育思想、体质教育思想还比较盛行，这和时代与体育教育发展的要求已经脱离；体育课程内容无法适应学生的身心发展特征和需要，忽视培养学生的学习兴趣和体育能力，远离学生的生活经验，与终身体育思想脱节；体育课程的实施过程以教师为中心、以竞技运动为中心、以提高身体素质为中心，学生的主体性、创造性难以完全发挥；体育课的考核评价过于注重学生的体能与运动技能，采用绝对性的"一刀切"评价，导致一些学生对体育课产生畏惧，甚至厌恶的情绪，大多数学生体验不到体育带给自己成功的快乐；过分集中的体育教学管理，无法适应我国各地、各校经济、教育、体育发展的实际和需要。目前的客观现状是随着年龄的增大和年级的增高，喜欢上体育课的学生越来越少；学生中喜欢体育但不喜欢体育课的人越来越多；学生的体质水平也有所下降。很多学生和教师对目前高校体育教学的现状有逆反心理，由此说明我国高校体育教学模式的改革势在必行。

（二）终身体育教学模式的设计思路

1. 分级体育教学模式

这种体育教学是依据学生的身体素质状况，有目标、有计划地对不同群体采取不同的教学内容和练习方法、手段，指导学生学习和锻炼的体育教学模式，主要教学对象为大学一年级学生。设计此种教学模式主要考虑到在刚刚入校的新生中，由于学生身体素质水平的不同，采用同一教材和教学方法根本无法满足各类学生的需要，势必会造成一部分学生"吃不饱"，而另一部分学生又"吃不了"的问题，严重影响两方面学生的学习积极性和兴趣。本着区别对待和因材施教的教学原则，教师可以把一个集体的学生按照身体素质的不同水平分成不同的班级，对不同的班级采用不同的教材内容、教学方法和考核方法，使各类素质水平不相同的学生都能愉快地接受体育学习，体验体育运动带来的快乐。

2. 选项体育教学模式

这种体育教学模式是一种依据学生的运动特长、兴趣、爱好等实际情况，学生自由上课的体育教学模式，主要针对的教学对象是大学二年级学生。选项体育教学模式既使学生对体育的兴趣、爱好得到了满足，又充分地发挥了学生在某一运动项目方面的特长，使其通过体育学习更加深入理解所学项目，在运动中体验体育的乐趣，从而使其热爱并长期从事该运动项目，养成自觉锻炼的习惯，形成终身体育意识和思想认识。

3. 运动处方体育教学模式

这种体育教学模式是一种依据每个学生自身健康状况和身体素质水平，对体育的兴趣、爱好和运动特长等学生的实际情况，教师有目的、有计划地对不同的群体或个体施加不同的练习手段（运动处方）和学习内容，指导学生进行自我锻炼的体育教学模式，其主要教学对象是大学三年级学生。运动处方体育教学模式是从培养学生自学、自练能力入手，以"运动处方"为中介，培养学生掌握科学的运动方法，让学生养成自觉锻炼的好习惯，提高自我自练、自我评价、自我创新的能力，最终形成终身体育意识和思想的教学模式。

三、终身体育教学模式的组织形式

当前的教学模式存在着逻辑和内容上的互补,诸如教学形式、管理体制、组织方法、师生关系等方面的互补。选项课是学生根据自己的需要灵活选择运动项目,然后按项目进行正规班级教学。教学俱乐部,在组织和管理上比选项课更加人性化,其内容和选项课比较相似,教师在教学中可以更加灵活。教师在教学中是辅导者和组织者,学生以自主练习为主,自己组织学生间的活动和比赛,遇到问题可以请教师指导或向教师咨询,教师也要主动给学生在运动技术和学习方法等方面给予指导,学生可以在课余开展一些单项体育活动和比赛组织,这个组织形式,是选项课教学的补充和延续。选修课可以在大三和大四没有开设选项课的时候,为满足学生的体育需要,开设体育运动常识、运动损伤、体育保健和体育欣赏等方面的选修课,既能提高学生的体育素质,激发学生体育锻炼的积极性和主动性,又能为终身体育发展提供理论支持。

这种形式是将学生课内的教学活动与课外体育活动、体育竞赛和体育理论结合起来,是三位一体的教学形式,极大地发挥了学生学习体育的能动性和时间、空间上体育资源的效用。这种教学与活动相结合的形式继承了传统体育教学的理论和实践,也在很大程度上完善了体育教学的结构和内容,既符合高校体育发展的规律,也满足了终身体育的需要。

第三节 高校体育融合终身体育思想的途径

一、建立终身体育思想指导下的高校体育教学模式

(一) 教学模式与体育教学模式

所谓教学模式,就是人们对教学过程自然特征的简化形式。教学模式是由教学理论通向教学实践的桥梁,有效的教学模式应具备以下三个特征:

第一,促使学习者积极地参与教学过程,强调教学过程的有效性。

第二,遵循明晰的教学步骤、程序,强调教学过程的可操作性。

第三,以关于学习、行为和思维等理论为指导,强调教学过程的理论性、先进性。体育教学模式是指体育教学理论在一定条件下的转化形式,它是用于设计课程、选择教材、规定师生活动的体育活动基本框架或系统。

(二) 终身体育教学模式的指导思想

1. 终身体育教学以终身体育思想为教学指导思想

终身体育教学以终身体育思想为教学指导思想,强调学生(或者受教育者)终身体育能力的培养,重视个人的需要和个性的发展,以人的未来发展为本,终身体育习惯的养成是其教学的核心。

2. 终身体育教学模式注重健康教育

终身体育教学模式注重健康教育,在教学过程中贯彻"健康第一"的思想固然重要,但教学目的不是"健康唯一"。终身体育教学,是在提高受教育者健康水平的基础上培养受教育者良好的体育态度,科学的养生保健手段,健康且个性化的生活方式。终身体育教

学模式发展了健康教育模式，正确文明的健康理念应贯彻于教学的始终。

3. 民主平等是终身体育教学的另一个特点

民主平等是终身体育教学的另一个显著特点，教师与受教育者是教学过程的参与者，受教育者的主体性更加突出，教师更多的是扮演咨询者、引导者的角色。教师应成为受教育者养成终身体育习惯，形成终身体育能力过程中积极的能动的工具。

(三) 终身体育教学模式的教学结构程序

1. 终身体育的教学过程结构

我们通常可将体育教学分为：课的开始、课的中间和课的结束等部分，终身体育的教学构成也可分为以上三部分。

第一，课的开始部分：身体动员，激发兴趣—确定大课题，确定学习目标—提出假设、尝试性练习—明确小课题，设计学习步骤。

第二，课的中间部分：分组学习，探索验证—小组讨论交流、修正方法，得出结论—教师评价、小组评价、自我评价—修正计划，加深理解，分组学习，情感体验。

第三，课的结束部分：课堂总结讨论，整理学习心得—放松身心—准备下一课题。

终身体育教学的过程分为三个部分，每个部分环环相扣，课的开始部分是为整节课做准备，调动激发学生的运动积极性。在课开始前，教师应该充分考虑上节课学生对教学内容掌握的实际情况以及教学中客观存在的问题，并在教学当中予以改进，这样在教学当中才能真正做到有的放矢。在分组练习当中，教师应该对学生技术动作适时给予纠正，同时教师和学生之间应该保持畅通的信息通道，使学生在学习过程当中与教师产生良好的互动。

2. 终身体育模式需遵循的原则

(1) 快乐体育原则

兴趣是最好的老师，进行终身体育活动，首先就要考虑到学生的兴趣，在教学中一定要着重培养学生对该项目的兴趣，尽量创造条件，开设一些适合学生身心特点，深受学生喜爱的运动项目，要让学生在运动中增强体质的同时，充分进行情感体验，从而达到身心全面发展的目的。

(2) 自觉与经常性原则

要坚持终身从事体育锻炼，就必须使锻炼者有明确的目的性，自觉根据自身需要与条件进行身体锻炼。人的体力、智力和情绪的发展具有周期性的规律，要让学生掌握这一规律，就必须不断丰富自己不同年龄阶段的身体锻炼知识，自觉、积极地调整运动负荷，以适应身体发展的需要和终身体育的需要。同时，要讲究终身体育锻炼持之以恒的重要性。如果不能坚持，只是断断续续地锻炼，那么前一次锻炼作用的痕迹就会消失，而后一次锻炼的影响也会不断变小，其身体结构、机体能力、运动素质和基本活动能力也不能保持良好的状态。

(3) 全面性原则

人体是一个完整的有机体，终身体育需要全面发展身体各个部位器官系统的机能，使各种运动素质和活动能力都得到均衡发展。要合理选择锻炼内容，做到内外结合、形神一致，才能达到全面发展的目的。

二、终身体育需要高校教师扮演的角色

（一）高校体育教师要做终身体育意识的培养者

要实现高校体育与终身体育的融合，在教学中要求学生深刻理解体育原理，更好地掌握体育锻炼所需的技术、技能之外，建立正确的体育意识对学生形成终身体育的兴趣、能力和习惯具有决定性的作用。因此，终身体育的教育观念要求在学校体育教学中注重培养学生自觉自愿地参与体育活动的兴趣、能力和习惯。体育意识的重要作用在于可以促使学生在体育教学过程中，充分发挥自身的活动能力，形成自觉地进行身体锻炼的习惯，使学生意识到自己一生需按照个人意志，坚持不懈地参与体育活动，并将其变成一种有目的的自觉行为。因此，体育教师在具体的教学过程中应该培养学生的终生体育意识，使即将走上社会的大学生一生受益。

（二）高校体育教师应做终身体育的引导者

学校体育是连接家庭体育和社会体育的中间环节，对实施终身体育起着十分重要的引导和桥梁作用。体育课从小学到大学，每周按 2 学时计算，可达 1000 学时，再加上课外活动，可为学生的终身体育提供有利的实践环境。但是，要真正实践终身体育，仅靠学校体育时间远远不够，还应将体育贯穿于每位同学的一生。因此，学校体育应为终身体育做启蒙教育，体育教师就是学生终身体育的启蒙人、引导者。体育教师要充分利用学生上体育课和身体锻炼的时机，加强学生体育意识的培养，树立终身体育的思想观念，使学生学会锻炼身体的科学方法，提高独立锻炼身体的能力，养成终身体育锻炼的兴趣与习惯。体育教师要改变过去那种只是单纯传授体育知识、技术和技能的教书匠形象，要在体育教学过程中充分挖掘学生的学习潜力，使学生从被动学习状态改变为积极思维、主动实践的状态。

（三）体育教师应与学生建立新型的师生互动关系

教育的内在规律说明，没有纪律约束、没有要求、没有目标就不能称之为学校体育。传统师生关系中的"师道从严""尊师重教"现在仍有十分积极的意义，而且随着时代的发展，体育课中的师生关系也应该反映时代性特点。师生由于共同的体育目标而结成人际关系，这种关系一经建立，就会为共同的目标而不断调节自己的行为。

作为体育课具体实施者和组织管理者的体育教师，应时刻用教师的职业道德标准来约束和规范自己的言行，不断提高与学生之间的交流水平，引导和满足不同学生的学习要求，获得学生的尊敬和爱戴；而学生应该自觉遵守课堂纪律，约束自己的行为，取得同学的支持和教师的关爱。在终身体育教学思想的指导下，教师与学生应该是平等、互信、亲密、互动、稳定以及持久的关系。

三、在教学当中培养学生终身体育意识

（一）培养学生终身体育意识的重要性

终身体育，是指一个人终身进行体育锻炼和接受体育指导及教育，它包含两个方面的内容：一是指人从生命开始至结束，一生中不断学习和参与体育锻炼活动，使终身有明确的目的性，使体育真正成为一生生活中始终不可缺少的重要内容；二是在终身体育思想的

指导下，以体育的体系化、整体化为目标，为人在不同时期、不同生活领域中提供参加体育活动机会的实践过程。另外，人体活动的基本规律也要求必须经常坚持身体锻炼，身体锻炼如不能持之以恒就不能产生持续的锻炼效果。终身体育目标就是要人们随时随地都采取有效的锻炼措施，来保证身体的正常发展。因此，只有当学生真正认清终身体育的重要性，才能够产生学习体育知识和技能的动力。

（二）高校体育教学中学生终身体育意识的培养

1. 要注重培养和激发学生的学习动机

在体育教学中，首先，要给学生确立一个明确的学习目的，启发学生明确认识身体对学习好、工作好的重要意义，帮助学生形成长远的、持久的学习动机，以指引学生的学习方向，激励他们努力学习，提高学生的学习积极性；其次，要启发学生的求知欲望，因为求知欲是推动学生自己去探索知识并带有情感体验色彩的一种内心渴望，它能使学生在学习过程中产生愉快的情感、积极的态度，从而产生学习兴趣，产生进一步探求知识的欲望。

2. 改变传统的教学方法，培养学生自学的能力

传统的教学方法强调教师教的主导作用，忽视了学生本身的主体作用。要发展学生的个性，形成终身体育的思想，首先必须了解、认识和尊重学生的心理特点。当代大学生有独特的见解和兴趣爱好，他们注意培养自己的多种能力，渴望最大限度地发挥自己的潜力。因此，在体育教学过程中，应打破传统教学方法和思维方法的束缚，放手让他们获得自主、自制、自控、自练、自评能力的实践机会，以促进身心健康和个性品质的发展。

3. 改变传统的教学形式，教学手段灵活多样，突出重点

大学生的思维比较活跃，在大学期间他们不仅仅只想学到一些单一的体育技术，更多的是要学到一些有关科学锻炼身体的方法、手段。这就要求我们的教学方法、手段既要符合体育教学的原则，又要结合大学生的生理、心理特点，安排灵活多样的内容，引导他们逐步养成坚持体育锻炼的良好习惯。在具体的教学活动中，我们可以结合实际多采取游戏与比赛的形式，增加体育教学趣味性与对抗性。

第四节 高校体育终身教学模式的构建

一、分级体育教学

这是一个依据学生身体素质状况，采取有目标、有计划地对不同群体施加不同教学内容和练习方法、手段，指导学生学习和锻炼的体育教学过程。这样能使不同素质水平的学生均能愉快地接受体育学习，体验运动的乐趣，这一教学过程的主要教学对象为大学一年级的学生。

二、选项体育教学

选项体育教学即使学生对体育的兴趣、爱好得到满足，又充分地发挥了学生在某一运动项目方面的特长，使其通过体育学习加深对所学项目的理解，从而热爱和长期从事运动

项目，养成自觉锻炼的习惯，形成终身体育意识和终身体育思想，这一教学过程的主要对象是大学二年级学生。

三、运动处方体育教学

根据每个学生自身健康状况和身体素质水平、对体育的兴趣、爱好和运动特长等实际情况，从培养学生自学、自练能力入手，以"运动处方"为中介，使学生掌握一定的科学方法，达到培养学生养成自觉锻炼习惯，提高学生自学、自练、自我评价、自我创新能力的目的。主要教学对象为大学三年级学生。

四、康复体育教学

康复体育教学是针对病、残、肥胖、体弱学生的实际而设计的体育教学过程，教师有计划、有目的地依据学生实际情况，实施康复体育教学内容，使学生在治疗疾病的同时，也能体验到运动给他带来的益处，而不是"痛苦"地学习体育，从而建立体育学习和生活的信心与勇气，长期坚持体育锻炼。这种教学过程对学生克服自卑心理，树立顽强向上，勇于克服困难的人生目标具有良好的促进作用。

总而言之，构建终身体育教学模式，能够有效地促进学生的体质健康，有利于学生掌握体育知识、技术技能，增强学生的个性和良好的思想品质，对提高学生的体育能力，不间断地从事体育锻炼习惯，达到终身体育的目的和思想有非常好的促进作用。

第十章 高校体育欣赏教学模式

第一节 概述

一、欣赏型体育教学模式的含义

"欣赏"即审美,但欣赏是一个较"审美"更广泛、更朴实的概念。欣赏是享受美好的事物,领略其中的情趣,它更强调过程。人类的审美活动随着人类社会的进步而不断拓展,也必然发生在作为人类基本实践活动之一的教育领域。教育塑造的是人的主体性和个性,正如车尔尼雪夫斯基所说:"人的主体性和个性是我们的感觉所能感到的、世界上最高的美"[1]。教育领域理应成为人类所创造的所有美中最杰出的美,正是在这个意义上,乌申斯基认为:"教学艺术是最高级的艺术,因为它力求满足人类最伟大的要求——人类本性的完善"[2]。课堂教育过程的本质就是一种激发美感效应的过程,会对学生的心灵产生启迪、感染、震惊和净化效应。斯宾塞认为:"没有审美价值,教育过程就会失去一半的美好意义。[3]"课堂教学的整体运动态势、整体功利性制约和影响课堂审美,"美"是一种手段、形式、方法,而"教"的内容才是目的,才是主体。

欣赏型体育教学模式是与认知性体育教学、单一性运动技能训练相对而言的,它是指教师根据学生的审美心理、审美经验、兴趣爱好以及心理承受能力等,将教学过程中所蕴含的美的因子(诸如教学目标、内容、方法、手段、评价、环境等)转化为审美对象,使整个体育教学过程转化为美的欣赏、美的表现以及美的创造过程,实现一种以身心体验为核心,着力培养学生的体育兴趣、人文素养、审美情趣、创新精神和实践能力,从而达到领悟体育的真谛,得到精神上的愉悦,促进运动技术、生理和心理等方面和谐发展的教学实践活动。

二、欣赏型体育教学的基本特征

（一）整体性

马克思在《关于费尔巴哈的提纲》中,提出了一个著名论断:"人的本质不是个人所固有的抽象物,在其现实性上,它是一切社会关系的总和。"这一论断深刻地揭示了人的整体性与不可分解性。人是作为一个活生生的个体,是在对象性的实践活动中展现其生命的,在这些对象性活动中结成的关系共同维系人的生存,这些因素缺一不可,共同表现出人的生存图景。人如何生产和生活的,人就是什么样的。人需要在实践中全面地占有自己

---

[1] 何齐宗. 教育美学新论［M］. 北京:人民教育出版社,2017.
[2] ［俄］乌申斯基,等. 人是教育的对象 教育人类学初探［M］. 北京:人民教育出版社,1989.
[3] ［英］斯宾塞. 斯宾塞的快乐教育全书［M］. 北京:北京理工大学出版社,2013.

的本质，人以一种全面的方式，也就是说，作为一个完整的人，把自己全面的本质据为己有。因此，人的解放就不单单是某一方面的解放，而是整体的解放。作为培养人的教育，人的生命是多层次的，多方面的整合体，生命有多方面的需要：心理的、社会的、物质的、精神的、行为的、认知的、价值的、信仰的，任何一个人都是以一个完整的生命体方式参入和投入；而不只是局部的、孤立的、某一方面的参与和投入。欣赏型体育教学是一种生命活动形态，具有整体性。无论哪个国家、哪个时期的体育课程，增强学生体质，提高健康水平，都是重要的乃至首要的功能，这是由体育的功能所决定的。科学研究表明：体育对提高大脑的工作能力、促进有机体的生长发育、提高人体功能、调节人的心理、提高人的社会适应能力等方面都具有不可替代的作用。欣赏型体育教学目标的整体性是以身心体验为核心，培养学生的体育兴趣、人文素养、创新精神和实践能力，从而达到领悟体育的真谛，得到精神上的愉悦，促进学生运动技术、生理和心理等方面和谐发展的一种整体教育观。它不仅是关注体育知识、运动技术、技能的掌握，而是把提高学生的整体健康水平作为终极目标。

（二）自由性

自由是体育最显著的特征，人们一提到体育就会联想到自由，是因为人们头脑中的体育概念本来就蕴含着人们关于这类活动的自由体验，自由的活动必须是自觉性、自主性和自愿性的活动。例如，观看篮球飞人们的精彩表演自然唤起了我们对篮球的热情与一试身手的冲动；听到富有韵律感、活泼轻快、情绪激昂的音乐，我们就会自然地进入一种运动状态，自觉地加入到健身的行列。教育，作为人类的一种有目的的培养人的实践活动，就是人按照自己的目的——人的理想发展状态，来改变人在自然状态下的发展，进而实现自由的发展。正是教育的这种本性，使得教育的审美具有了一种内在的强大动力。

教学审美是一种令人愉快的自由活动，应遵循学生的审美心理特点。学生作为审美主体，由于审美情感、审美经验以及审美理想的不同，对教学美的感受、理解、评价也各有不同。学生所采取的陈述和表达方式以及审美评价方式都有自己的特点，表现出自己个体审美差异。学生总是按照自己对教学美的理解，而采取各种相应的表述、评价方式的。

（三）多样性

黑格尔说："美的形象是丰富多彩的。"苏联学者阿里宁娜指出：教材的内容和依据美的法则组织起来的教学过程不会自动起作用，而要通过教师的个性。[①] 在教育过程中，不同的教师对教育内容的理解、认识、感受不同，对教育媒介的运用也会不同，在教育活动中表现出自己独特的风格。学生的学习亦是如此，不同学生有自己不同的认知风格。他们无论是对知识的理解、掌握、运用，都表现出自己的特色。苏霍姆林斯基深刻地指出，任何一个教师都不可能是一切优点的十全十美的化身，在每一位教师身上都有某种长处，他能够在教育活动的某一方面比别人更突出，能更完美地表现自己。受教育者不仅由于年龄不同而对教育美有不同的要求和理解，就是同一年龄段的不同班级、不同学生对于教育美的要求和理解也同样表现出不同的特点。

---

① [苏] 阿里宁娜. 美育 [M]. 刘伦振，张谦，译. 北京：教育科学出版社，1989.

三、欣赏型体育教学的作用

首先，欣赏型体育教学模式是一种关注人的和谐发展的教学理念，通过欣赏型教学，能够更好地实现体育课程的教学目的。欣赏型体育教学中，学生自主选择喜欢的课程，在学习后为其他专项同学讲解本专业知识，并能参与到其他运动中去，使学生在课堂学习上更能积极主动地汲取知识，努力练习，并在交流过程中巩固自己所学，使课堂教学效果更加显著。

其次，欣赏型体育教学能够拓宽学生的学习范围。"三基"教学仅仅教授大纲规定的统一内容，选项课是教授单一的运动项目，致使学生的体育课程涉猎面太窄，不利于学生整体素质的提高。欣赏型体育教学过程中，通过交流、学习，使学生能够汲取到其他体育运动知识，并学会如何欣赏，拓宽学生的学习范围，增加学生知识的积累量，提高学生的体育运动欣赏能力。

再次，欣赏型体育教学能够全面发展学生的素质。传统"三基"教学和选项课教学内容单调，教学方法单一，以练习为主，无法全面培养学生的综合素质。欣赏型体育教学采取自主学习、欣赏评论等方式，可以培养学生的自信心、表现欲望、团队精神以及体育欣赏能力。

第二节 欣赏教学模式在高校体育教学中的应用

一、学校应重视体育文化建设，提升学生的体育认知水平，为体育欣赏做好铺垫

体育文化建设在学校中的体现，除了课堂体育教学、课外体育活动之外，其中很重要的一部分就是校园体育文化建设，它是学生参与体育运动的外在影响因素。从广泛意义上来讲，校园体育文化是以学生为主体，教师为主导，以促进学生身心全面发展为目标、以身体练习为手段，其终极目的是培养人才，它与校园的德育、智育、美育文化等一起构成校园文化群。这种校园文化群体，对于提高学生的综合素质和整体认知水平有着非常大的促进作用，所以对于像体育欣赏这样的课程开设或者方法的应用，就是在基于学生对体育有一定认识的基础上才能更好地开展。

而重视或加强校园体育文化的建设，通过开展多样的体育活动、体育知识的宣讲、校园体育赛事等，不仅能够使学生深入地了解体育的基本知识，而且能够提高他们参与体育运动的兴趣。通过这样的兴趣带动，自然就会有更多的学生慢慢地参与其中。

除了以上的原因之外，还因为校园体育文化是广大师生通过学校各层面的创造活动及创造成果表现出来的。体育文化是学生在体育活动中的各种具体形式的自我创造，并从中找到自己的价值取向。校园体育文化作为一种有特定意义的内涵指向的客观精神，总要通过某种载体表现出来，如从教育的目的来说，体现出体育文化在学校教育中的深刻内涵。而这种个人价值取向和学校教育的内涵，恰恰是学生在参与或者欣赏体育的过程中，从最初的一种身体感受、视觉感受到情感的体验和思想上的升华，才慢慢体悟出的一种道理。

二、加强体育教师的进修培训，提高其体育欣赏的理论水平和思想认识

体育教师作为体育教学中不可或缺的关键"角色"，所起的作用是关乎学生所学体育知识正确与否、质量高低的最基本保障，也是学生终身体育观念培养的主要领路人。因此，体育教师面对这样的价值意义，自然而然会对自身所拥有的人格魅力、体育素养、专业技能、理论水平以及思想认识等方面提出更高的要求。所以，在高校体育教学中，体育教师除了需要满足基本教学的需求之外，还需要不断地进行新知识的学习和充电。只有如此，才能保证高质量地完成体育教学的基本任务和要求。

而体育教师进行再学习的过程就是要强化他们进行再进修或者再培训，当然，这其中涉及的内容比较多，学习的内容、模式、方法等也都多种多样，但总体而言都处在不断完善的过程中。所以，基于体育欣赏教学，在此种培训的过程中，对专业体育教师提出了更高的要求，那就是首先要知道"什么是体育欣赏？如何将这个方法有效地运用于课堂教学之中？"当然，这其中还有最主要的一点就是对体育欣赏认识的问题。因此，我们便不得不提到传统体育教学中很多长期存在的弊端和问题，"模式固定、方法单一、内容陈旧"等导致学生"喜欢体育但不喜欢体育课的"尴尬现状。

因此，面对这样的问题，在高校体育教学中进行体育欣赏时，从体育教师层面来说应从以下两个方面进行改善：

第一，教师不能死板地把理论知识搬到课堂上，而是通过这门课程激发学生对体育运动的兴趣，使学生既能从中学到体育运动的专业知识，又能在学习中感受到体育文化的魅力以及体育运动所带来的乐趣。教师可以通过最直观的精彩视频、经典赛事以及体育比赛中的集锦或是经典的战术视频作为教学内容来进行教学，教师通过这些赛事及镜头来讲解运动员之间的配合、教练员临场指挥的成功经验、各项运动的特点、各国家的不同文化以及体育的常用术语等。让学生们看懂体育运动，使学生从一个外行变成一个内行，达到此门课程的教学目的。

第二，在完成以上基本教学的任务之外，要加强对高校体育教师在体育欣赏方面的培训，理论知识的掌握是体育教师更好地完成教学的基本前提和保障，所以通过定期的学习和教学实践的结合，避免体育教师出现认识上的误区，就要加强对他们思想认识的强化，正确理解和掌握体育欣赏应用的方法、途径和意义。只有这样，才能针对师资队伍的建设做出一定程度的改善，进而使体育教学取得一定的成效。

三、科学合理地引入体育欣赏课程，配合并改善传统体育教学模式

在对体育欣赏的相关研究中，笔者发现，有的学者将其作为一种教学方法应用在课堂当中，也有学者把体育欣赏作为体育教学中的一门课程单独提出来，无论是作为一种教学方法还是一门独立的课程，对体育欣赏的正确认识和科学合理的利用至关重要。要提高和改进现阶段高校体育教学状况，可以尝试引入体育欣赏课程，使其与体育健康课程同步开展，而在实际教学过程中所占的课时比例，应以体育健康课为主，体育欣赏课程只是作为体育教学的一种辅助，更全面地帮助学生学习体育技能、掌握体育知识。科学合理地引入体育欣赏课程的目的主要有两方面：一是为了配合传统体育教学模式，使体育的"教"与

"学"更加立体、多元；二是为了改善当前体育教学中一些墨守成规的教条，使体育欣赏教学更科学的、避免盲目错误地应用到实际教学中。只有这样，教师在开展体育欣赏课程时，学生才能更好地通过这样的途径更全面地认识体育运动。

因此，为了确保更科学合理地引入体育欣赏课程，使体育欣赏在体育教学中应用的效果更加显著，教师可以通过多媒体对快速、连续复杂的体育项目动作进行反复示范，对重点和难点进行详细讲解，使学生熟悉和掌握体育项目动作；在体育实践课教学中，体育运动的技术与教学相配合更难，学生难以通过教师的讲解领会技术配合的目的。而通过体育欣赏课教学，不但使学生更熟悉了技术配合的全部过程，而且使学生掌握到了技术配合的目的和环境。通过体育欣赏课与实践教学的有机结合强化巩固了学生的体育运动项目知识，而理论与实践的有机结合，则提高了教学效果。

四、引导学生正确地欣赏体育，避免体育欣赏应用的负面效应

大学阶段的体育教学不单单是体育技能和知识的学习，还有健康内容的了解与掌握。因此，对于健康知识的讲解和教育就可以很好地利用体育欣赏课程来完成。很多学校或者许多体育教师在大一阶段的体育与健康课程教学中忽略了此部分内容，原因有二：一是大学阶段学生处于生理和心理敏感期；二是体育教师不好意思开口。所以，这也就从一定程度上使得体育教学所应有的成效大打折扣。

因此，在大学体育教学中引入体育欣赏课程，恰好可以解决此方面的问题，但前提是教师要正确引导学生进行体育欣赏，尽量避免体育欣赏所产生的负面效应。现代体育比赛场面激烈而紧张，战术机智而灵活，让欣赏者情绪亢奋。此时，欣赏者的情绪完全被比赛的节奏所控制，如果此时无法控制自己的情绪，也许会发生无法预料的事情。

第三节 高校体育欣赏教学模式的构建

一、欣赏型体育教学模式的构建目标

欣赏型体育教学既是一种教育理念，也是一种教学活动实施策略，它是一种基于系统观、整体观、联系观、历史观、均衡观下的教育，是一种充分体现和不断运用欣赏智慧的教学模式。就性质来说，欣赏型体育模式中学生的参与主要是一种互动的、创造性的参与，学生是体育活动中的主角；就方式来说，欣赏型体育教学模式中学生的参与是全身心、全方位的参与，它包括运动觉、听觉、感觉、视觉、直觉等各个方面的参与；就结果来说，欣赏型体育教学模式中学生的参与本身就能使学生获得健康、愉悦的体验。因此可以说，参与、体验本身就是欣赏型体育教学的目的之一。通过体育参与引导人追求卓越的精神品质，使其超越自身和世界，体验健康、运动的乐趣，实现个人真正的精神成长。欣赏型体育教学模式是按照美的规律和人的审美心理特点和审美法则，把人们引入审美境界，使教学过程中各环节都具有较为丰富的审美性，并通过挖掘体育中的审美因子，发展人的体质结构、挖掘身体的潜能，实现人的生命价值。以身心体验为核心，着力培养学生

的体育兴趣、人文素养、审美情趣、创新精神以及实践能力，自觉体验体育活动带来的乐趣，实现一种精神的超越，这就是欣赏型体育教学模式构建所追求的价值和目标。

二、欣赏型体育教学模式的构建原则

（一）体验性原则

由于欣赏型体育教学首先依赖于一种特殊的教学方式——审美体验，因而体验原则对于欣赏型体育教学来说，具有特殊的重要性。一般来说，知识教育所运用的是理性的逻辑推理，技能教育所凭借的是动作的训练，审美教育所依赖的是审美体验。体育教学中的审美体验可以使学生充分调动自己的感知、想象、情感、理解等各种心理功能，观察、感受、评价审美对象，从而形成陶冶心灵、情感的过程，它是学生对审美对象全身心地投入，全身心地感悟，从而达到主客体的真正沟通和交融。体育教学过程主要就是利用学生的参与体验来完成的，因此，只有通过审美体验，学生才能与审美对象建立起严格意义上的审美关系，客体也才会成为真正意义上的审美客体。由于学生的审美体验所形成的审美意象，它自然要依托于一定的审美客体，但它又不可能是客体一成不变的复现，必然带有个体鲜明的感情色彩，具有鲜明的个性化特征，这是因为审美客体经过了学生心灵化与再创造。学生的审美经验是以大量的审美意象方式储存的，这种审美意象是学生审美体验的产物。经过审美体验产生的审美意象具有重要的作用，它是学生审美体验的结晶，可以引起学生的审美欣赏和感悟；同时，它又作为审美经验储存下来，将为以后的审美欣赏与审美创造活动提供一种审美参照系，被重新激活后又可供主体再体验、再创造，并汇合而组成新的审美意象。要获得审美感就必须亲自去参与审美活动，审美本身就具有很强的直接性、直觉性，欣赏者必须亲自去感受、品味审美对象的美。只有在这种反复的感受、体验、感悟中，学生才能学会怎样进行审美体验。因为审美体验是一种个性化的具体体验，任何其他人都不能取代。因此，教师要引导学生直接参与各类审美活动，让他们亲自感受、体验各种领域各种形态的美。

审美体验作为欣赏型体育教学的基本原则，必须注意以下几个方面问题：

第一，要为学生多提供直接参与各种体育审美活动的机会，让他们在体育锻炼中学会审美体验。

第二，在引导学生直接参与审美活动时，教师不能放任自流、撒手不管，还需要做适当的引导与指导。例如，给学生营造一定的审美氛围，把审美对象尽可能地呈现于学生面前，鼓励他们想象与创造、鼓励他们将锻炼的感受表述出来，与他人进行交流。

第三，要注意选择符合学生的年龄、心理、身体、知识范围的审美对象等。

（二）交流性原则

教学过程既是师生间的认知过程，也是师生间的情感接触和交流过程。师生之间的交往，不论是正式交往还是非正式交往，情感交流是其交汇点。情感交流作为师生间的一种纽带，是教育的灵魂。梁启超指出："古来大宗教育家，都最注意情感的陶冶，是把情感教育放在第一位的，但传统教学模式的构建偏重理性，忽略情感交流，因而使教师与学生之间、学生与教材之间、学生与学生之间产生距离与隔阂。"这种"距离感"使学生难以形成热烈的情绪,难以主动地投入到教学过程之中。在我国占主导地位的教学模式仍然是"灌输式的教学""机械式的训练"。在此种模式下,学生更多的是进行人与物的交往,而缺少人与人之间心灵的沟通。其实,真正的情感不应是被别人给予的,而需要自己去体验、去感受。欣赏型体育教学模式需要让学生"找回遗失了的情感",进而激发情感,升华与重塑学生的情感。同时,还要将生动形象的情景、教师优美的语言、富有情感化的教学内容以及课堂氛围的重要性凸显出来,并将这些内容融入模式的构建之中,使教师真正深入学生的生活,深切体会学生的内在情感,理解学生的切实需要,以这种真实的情感状态投身到教学之中,才会有师生之间、生生之间的互动,实现知识、情感、艺术的多向交流。所以说,高超的体育课堂教学艺术,不仅要传授知识、技能、培养能力,而且还要有师生间情感交流。只有这样,体育课堂才会变成身体、行为、思想的艺术享受场所。

(三)创造性原则

欣赏是对意象的情感体验,也就是说,主体在对审美客体感知观察的基础上发挥想象,引发对意象的审美感受和体验,达到情感的愉悦,从而产生对审美客体再造或重构的欲望。就人们的欣赏活动而论,也可证明主体的反复体验的创造性是引起审美快感的动力。无论是艺术美的欣赏还是自然美的欣赏,如果不能创造性地发现客体所蕴含的美感价值,就无法获得那种陶醉感,那再"美"的东西也毫无意义。也就是说,审美客体内化为审美经验并不是一成不变的,审美意象的产生本身就是一种创造过程。

"教无定法,只要得法",教学过程就是一种体验的过程、创造性过程,尤其是审美化体育课堂教学具有丰富的教学资源和广阔的教学空间更给教学设计提供了许多灵活多变的创造机会。教育学家陶行知在《创造宣言》中说过:"先生最大的快乐是创造出值得自己崇拜的学生[1]",因此,"教育者也要创造值得自己崇拜的创造理论和创造技术。"我们应该从不同的角度去开发教学资源、创设审美化的教学情景、独辟蹊径地设计新的教学方案和学习策略;我们应该艺术地运用不同的教学方法去教育和感化每个个性不同的学生;我们应该不受空间的束缚,学会欣赏体育中的美,使教学各个环节都具有审美性。《学会生存》中提出:"今天的教育家面临着一件使人着迷的任务,发现如何在理性训练与感情奔放之间求得和谐平衡。[2]"这里所谓和谐平衡就是一种美的状态,它的出现离不开教师在教学中的审美创造。

(四)个性化原则

个性化教学原则在此有两层意思:一是要尊重学生的个性特征,二是要设计个性化的审美活动。尊重学生的个性特征,根据学生的需要、兴趣及审美发展水平等设计教学过程,这也是因材施教这一基本教育原则的要求。个性化审美活动的设计包括教学目标、安排教学内容、评价教学效果等方面要制定相应的多样化标准,否则就无法满足不同水平、不同层次、不同类型学生审美学习的需要,也无法达到审美化教学的效果。

(五)和谐性原则

欣赏型体育教学模式以人的各个方面和谐发展,提升学生的生命体验为最高目标。审

---

[1] 陶行知. 创造宣言 部编教材指定阅读 [M]. 南京:江苏文艺出版社,2018.

[2] 黄明涛. 学会生存 [M]. 北京:中国民航出版社,2007.

美、立美、创美的特质决定了它必然追求和谐统一性。和谐统一性是指教学以"人的全面发展"为纽带、审美为基础,整合体育教学系统中多种因素、多个侧面、多种矛盾对立的内容,使之成为完美统一的整体。无论是教学形式、教学内容、教学内容与教学形式,还是审美对象与审美主体之间、审美主体与审美主体之间的和谐等,都是欣赏型体育教学模式的基本特质或内在需求。

三、欣赏型体育教学模式的构建程序

(一) 创境——生命体验和审美感知的基础

教学过程必须精心构思、完美组织、巧妙安排,才会富有生命活力,才会唤起学生学习的欲望。现代情境学习理论认为:学生的学习实质是借助学习情境,实现学习者对知识的主动构建。活动中情境的创设非常重要,学生在审美情境中很容易受到情境氛围的感染,从而产生情感投入和审美体验。同时,还能够起到一种渲染、唤起、激发的作用,使审美主体在心理上产生共鸣,从而吸引审美主体去追求、去创造,引发学生美好的想象,有身临其境之感,使学生在美的情趣中持续地激发学习动力,在体验审美过程中学习体育知识、掌握健身的技能,在参与创造过程中拓宽体育情趣,直至达到"设境悟情",产生求知欲望的目的。要创设合理的教学情景必须了解学生、研究学生,把课前准备的着眼点始终放在学生身上,根据学生的身心特征、生活经验、感知思维方式和已达到的体育知识、技能水平对体育教学过程进行精心的审美设计。挖掘体育素材的内涵美,寻找和设计与教学主题相关的审美活动,以此营造一种生动可感的互动氛围,从而唤起学生的审美情感,轻松地把学生引进预设教学情境,把学生带入到美的境界之中,更有效地激发学生学习的兴趣。情景的创设包括教学过程中美的创造、教学形式美的创造、教学场地美的创造、教学评价美的创造、教师的语言艺术以及情绪的变化等。目的在于吸引学生全身心地投入到教学活动的场景中,使其与活动融为一体,进入美的境界,此时的教学活动便成为学生审美享受的过程。

(二) 入境——引起学习兴趣,激发审美感知

入境即教学过程的审美导入,引导学生进入预设的教学情境中。美的价值在于可以愉悦身心、陶冶性情,给人以清新、向上、愉悦的感受,在一定程度上满足人的精神需要。同时,还因为这种优美的教学情境能使学生产生愉悦感、新鲜感和好奇心,学生情绪亢奋,求知欲强烈,精力专注,思维活跃。学生具有轻松愉快、积极向上的良好心态,自然进入学习状态。课的导入手段和方法比较多,如实物、图片、卡片、录音、录像、音乐、游戏、直观形象的语言等均可作为导入手段,要根据学生的身心特征、生活经验、感知思维方式和已达到的体育知识、技能水平,采用开门见山、承前启后、生活化情境、热点问题、精彩比赛欣赏等方法把学生引进预设的学习情境之中,从而唤起学生的审美情感,激发学生的兴趣。

引导学生进入预设审美情境之中,超越了传统的经验描述的层次,它并非纯自然情境的利用,而是从学生的审美需要出发,由教师自觉设计的,因而对学生来说并不是强行给予的。它所具有的各种审美因素,可以通过多种渠道,对学生施以综合的、整体的审美影

响，使学生情怀激荡，心驰神往，借助情绪体验的移情作用，在本来不感兴趣的活动中体验到盎然的趣味。

（三）体验——呈现生命课堂，焕发生命的活力

体验是生命存在的一种方式，体验不是一种外在的、形式性的东西，它是指一种内在的、独有的、发自内心的和生命、生存相联系着的行为，是对生命、对人生、对生活的感悟。美的教学是人能够获得美的享受过程，是审美化的教学。师生之所以能够对教学产生美感，必然是他们在教学活动过程中进入了审美状态。这种审美状态即是审美体验的状态，也就是说，教师和学生在教学活动中体验到知识的学习带给他们以美感，体验到活动给他们以美的享受，他们全身心投入到活动之中，感受着教学活动的勃勃生机和生命韵律，体验着知识所蕴含的生命情感，他们在审美的体验中，不仅能学到知识而且还能陶冶性情，培育精神，提升生命品质。

只有体验才能把师生带入审美王国，才能使教学进入美的境界，认识不能够完成这一任务。因为审美体验不仅是一种与其他体验并列的体验，而且代表了一般体验的本质类型。审美体验与其他类型的体验有所不同，它除了具备一般体验所具有的直接性、整体性等特征外，还具有与审美特征相连的无功利性、超知识、超道德而又自然合知识、合道德性以及意境等特征。由此可见，体验与认识是完全不同的两种把握世界的方式，在这两种活动中，人与世界的关系完全不同。由于美是主客合一的，是人的生命以主客交融的方式而存在，因此，美感的产生只能通过体验而不能运用认识的方式。也就是说，师生不是通过认识，而是通过体验才能在知识的学习中，在整个教学活动中感受到教学的生命活力，领悟到生命态的知识所蕴含的意义并赋予人以精神力量，从而产生美感，获得精神享受。因而，欣赏型体育教学应以审美体验为基本方法，并在审美体验过程中进行。只有当师生在教学活动中进入了审美体验的状态时，他们才能全身心地融入教学情境当中，他们不把知识当成一个对象来看待，而是与知识融为一体，在知识中畅游，与其中的人物、事件、情景"同声""共振"，用自己的生命去碰撞知识的"生命"，以自己的生命去"经历"对象的"生命历程"，将自己投入到对象之中，也将对象融入自己的生命之中，此即庄子所说的"物化""忘我"的境界。此时的教学活动已经变成了人的自身需要，成为人的生命自由创造的需要，师生就是在这种教学活动中体验着自由创造的精神愉悦，获得生命的享受。师生间的一切对立关系也全都不复存在，甚至他们却忘了自己的主体地位，而与知识、整个教学活动完美融合在一起，师生角色会瞬间消失，他们沉迷于生命创造的幸福与快乐之中，这是师生关系的升华，是教学境界的整体提升。

（四）感悟——获得审美享受，领悟到生命的真谛

"知识不能是由自认为有知识的人'普及到'或'灌输到'自认为没有知识的人，知识是通过人与宇宙的关系，通过充满变化的关系建立起来的，在这种关系中批判地解决问题，又继续促使知识发展。"这里的"关系"就是"体验"。体验的过程不是以思维为主要特征的认识过程，也不是物质性的实践过程，而是表现和升华情感、激发个体的生命活力、发展创造性、开启心智、陶冶审美情趣的过程，是人本质力量的表现、是审美的最高境界、是生命的感悟。感悟不是对认知的全部否定和排斥，而只是对认知的升华。当主体

的单一认知功能转换为全部身心特性参与的审美状态时，认知就达到了极致。认知的极致就是对象和自我合一的审美，它既不是主体性湮灭的困顿，亦非主体性张扬的突兀，而是一种超主体性的境界。

  感悟是知、情、意融于一体的人的生命活动，作为一个完整生命体的直观与感悟，是审美主体对审美对象形式所包含的深层意味的心领意会，是审美主体对审美意象和意境的一种较细致的体验活动。但是，在欣赏型体育教学过程中又不能没有认知，认知是让审美主体知道客体"是什么"。所以，审美活动只有从认知上升到感悟，通过审美主体的审美体验，"是什么"才能真正对审美主体产生生命论意义上的价值。如果过分强调学习中的认知方面，那么将会带来教与学中机械式的训练。因为认知强调的是知道"是什么"，而"是什么"可以重复和持续再现。虽然说运动技术的学习需要反复训练，但真正的体育学习的核心不是训练，而是通过训练掌握体育知识、健身的方法、享受运动的乐趣、感悟体育的生命意义。这实际上就是一种创造过程，即融入了审美主体自身情感的创造过程，从而使创新潜能得到释放，精神生命得到升华。

第十一章 高校体育教学的创新性探索

随着我国高校体育教育的不断发展，体育教学水平要想更进一步上升到一个新的台阶，就需要在总结前人经验的基础上，引进国外先进的教育思想和教学模式，并结合我国的具体国情，不断加强体育教学的研究和创新，如此才能保持高校体育教学的先进性，促进体育教学更好地发展。

第一节 现代体育教育新理念

与以往旧的教育理念不同，现代教育理念更加注重人自身的发展，强调现代教育是为人服务的，要"以人为本"。在这样的背景下，"健康第一""终身体育""以人为本"等教育理念都得到了很好的发展，体育教学只有建立在这些教育理念基础之上才能体现出时代性和先进性，从而得到进一步发展。

一、"健康第一"的教育理念

（一）"健康第一"教育思想树立的客观依据

1. "健康第一"的教育思想符合世界发展的潮流

1948年世界卫生组织给健康下了一个定义，指出健康应从身体、心理和社会适应能力三个方面来综合考虑，健康的状态应该是身体、精神和社会的良好适应。在此之后，健康教育理念开始深入人心，并逐渐延伸到学校教育当中。我国结合世界卫生组织对于健康的定义，进而提出了"健康第一"的教育理念及思想。1990年6月，我国教育部和卫生部联合颁发了《学校卫生工作条例》，使得健康教育纳入学校教育之中有了一定的法律依据和保障，这对于加强高校体育健康教育，进一步拓展群众体育和学校体育的领域，倡导全民参与体育健身都有极为重要的意义和作用。1999年，第三次全国教育工作会议于北京召开，会议明确了良好的身体素质是青少年建设祖国、为人民服务的前提，强调中小学及高等院校必须加紧改革，将体育教育纳入学校体育教育重要的工作之中。《全国普通高等学校体育与健康课程教学指导纲要（征求意见稿）》试行后，各高校加强了体育教育改革的力度，都主张将大学体育健康教育放在第一位，培养学生健康体育的意识和理念，并建立和养成长期参加体育锻炼的好习惯。

综上所述，"健康第一"的教育理念是符合现代社会及世界发展的潮流的，这种崭新的、科学的教育理念必将得到弘扬与发展。

2. 健康教育思想适应了社会发展的需求

随着现代社会的不断发展和进步，世界上各个国家的综合实力都有了明显提升，竞争也日趋激烈，归根到底竞争是专门人才和劳动者素质的竞争。对于一个国家来说，要想立于不败之地，就必须造就一大批高质量的专门人才，而这些人才不仅要具备丰富的知识和出色的能力，同时还要有一副健康的体魄。因此，在新的时代背景下，学校教育特别强调学生的身心发展，要求学生树立"健康第一"的教育理念与思想，从而不断促进自身综合素质的发展与提高。

据调查，目前我国各学校学生的营养状况并不是很理想，有营养不良和体重问题的学生所占比例高达30%以上，这种情况势必影响学生综合素质的提高，进而影响我国社会的现代化建设，如不加以改变，将不能适应新时代对人才的需要。所以，我国各学校相关部门要加强体育教育改革，总结经验与教训，加大学校体育教育工作的力度，从根本上促进学生身体素质的提高。大量的实践和事实表明，学生积极参与体育健身活动，不仅能有效地增强体质，还有利于心理能力的提高与发展，这对于国家及整个社会的发展都是非常有益的。

（二）健康教育的主要任务及目标

1. 调整体育教学内容，普及科学的锻炼知识

健康教育的主要目标之一，就是增强学生的体质，使学生建立终身健康的意识，积极主动地参与体育锻炼之中。另外，高校体育教学应根据学生体质健康测试标准，并结合学校的具体实际，允许学生自由选择自己喜爱的体育项目，使他们自愿参与自己喜爱的运动项目之中，从而掌握基本的健身方法和技能，进而树立终身体育锻炼的意识。

2. 进一步完善体育与健康教育体系

体育是一门涵盖知识非常丰富的学科，在体育教学中渗透着体育人文学、运动人体学、健康教育学等内容，使人们的体育锻炼富有科学性和人文性，在体育教学中应不断提高学生对体育课的兴趣，使他们认识到体育健康教育的意义。另外，在体育教学中，还应增加促进学生身心健康发展的常识性内容，以帮助学生建立和养成良好的作息习惯，并保持健康的心理状态，这对学生的健康发展具有重要的意义。

3. 贯彻国务院明确阐述的"学校教育要树立'健康第一'的指导思想"

随着现代社会的不断发展，竞争也日趋激烈，在这样激烈的竞争环境下，仅仅依靠丰富的知识和较高的智慧是不能适应这种变化的。在这样的时代背景下，国务院提出了"健康第一"的指导思想，要求学校培养身体健康、心理稳定、拼搏竞争、团结协作的新型高素质人才。学校体育教育的理念应从以往单纯的"增强体质"为主转移到"健康第一"的新型发展观。

4. 高校体育教育要服务于学生体质健康

"健康第一"的指导思想要求高校体育与健康教育的目的是增进学生的身心健康、增强体质、培养全面发展的合格人才。其中，运动技术是提高身体素质的手段，但学生同时也需要掌握体育保健的方法，养成自觉锻炼的意识。

5. 高校体育要服务于学生心理健康发展

在体育教育中，心理健康教育也是非常重要的一环。在社会主义市场经济体制下，竞争越来越激烈，来自社会各方面的因素，如学习、就业、恋爱、婚姻等都对学生造成了极大的心理压力，致使很多学生产生了各种各样的心理问题。因此，学校体育教育要高度重视大学生的心理健康教育。学校体育的组织形式比较灵活，制定的体育锻炼目标因人而异，能全方位地评价学生的体育能力，对学生心理素质的提高是非常有帮助的。

6. 高校体育要服务于提高学生的社会适应能力

作为一种独特的教育形式，体育教育能在一定的规则约束下，实行公平、公正、公开

的竞赛，这对于学生协调人际关系，增强团队的凝聚力，加强自我心理调节能力，培养社会责任感，以及遵守社会规范都有重要的意义。因此，在学校教育发展的过程中，应将学校体育作为一门重要的教育工具，并深入挖掘其蕴含的教育价值，这样才能充分贯彻"健康第一"的教育理念，促进学生综合素质的提高。

（三）在健康体育理念影响下具体实施途径探索

在新时期，学校体育要树立"健康第一"的指导思想，并将其贯穿学校工作的始终，这是新时期学校体育教育工作者应完成的重要任务。在"健康第一"的教育理念下，学校进行健康教育的途径要从以下四个方面重点考虑。

1. 提高体育教师的综合素质

教师的综合素质对体育教育质量的提高具有重要的作用，现代体育教育要求体育教师不能只满足于以前知识培养的单一教学模式，而要具有一定的科研探索能力。这就要求体育教师掌握科学和人文两方面的基本知识以及扎实的体育基本功。体育教师要熟知信息科学、生命科学、环境科学等基础知识，了解体育教育的人文价值，掌握学生素质发展的规律，努力提高自身的综合素养。除此之外，体育教师还要树立终身学习的思想，适应不断发展与变化着的社会。体育教育也需要与任课教师、学生、家长等有关人员合作，以产生协调效应结果。

在现代社会背景下，体育教学还要加强教师对教学的监控能力，这主要包含教师按教学目的对教学活动的决策与设计能力，课堂组织能力和管理能力，评估学生知识、技能的能力等。体育教师应结合自己的实际经验，善于在工作中发现问题，探索问题，解决问题，努力提高自己的科研探索能力。

2. 将体育、卫生、美育有机结合，提供有力保障

进行健康教育，除了掌握基本的健身知识和体育能力外，还要求学生了解和掌握基本的营养、卫生等知识，将身体锻炼与卫生保健结合起来。因此，在学校体育教育中，还应加强学生的营养和卫生指导。目前，我国学校体育与卫生保健的结合取得了一定的成效，但还没有形成一个完善的体系。因此，在新时期，在体育教学中，要紧密结合学生生长发育与生活实际开展健康教育，使学生会自我保护，预防疾病。在日常学习和教育中，要把学生青春期教育和心理健康教育作为健康教育的重要内容来抓好。应广泛开展多样的体育活动，丰富校园体育文化建设，使学生的体育生活充满生机。体育是健与美的有机结合，寓美育于体育之中，能丰富体育的内容和形式，使学生感受到体育运动的美，进而产生主动参与体育运动的兴趣，从而提高运动能力，增强自身综合素质。

3. 培养学生的健康意识和行为，使其自觉参加体育锻炼

学校体育教学应从学校的实际情况出发，制定适合学生发展的体育教学大纲与教材，组织好学生参加体育运动锻炼。在上体育课时应注意适量，不应矫枉过正；在体育课外活动中应加强体育教师的指导力度；开展多种形式的体育比赛；有针对性地加强营养学、心理学、保健学、环保学、身心健康等方面的知识教育。

4. 加强学生健康知识和锻炼方法的培养，体育教育要与社会体育资源相结合，培养学生运动特长，形成运动习惯

大学生参加体育锻炼，必须具备体育健康的知识和方法，这是非常重要的。在以往的体育教学中，大部分体育教师都过于重视运动技术的培养，而忽视了体育健康知识的传授，这在一定程度上导致了学生在进行体育锻炼时比较盲目，因此，对学生进行健康知识的培养和传授能有效避免这种情况的发生。另外，学校体育教育工作还应立足学校，放眼社会，多开设社会体育设施建设较好的项目，为终身体育的开展创造有利的条件。良好的、受学生欢迎的运动项目能提高学生锻炼的积极性，有助于其良好运动习惯的养成。

综上所述，在体育教学中应坚持以运动技术为主，同时重视健康知识和健身方法的传授，充分挖掘和开发受学生欢迎的体育运动项目，以培养和提高学生参与体育运动的兴趣，进而形成"终身体育"的意识。

二、"终身体育"的教育理念

健康教育和终身体育是大学体育教育非常重要的两项内容，这两方面相互影响、协调推进，发展到现在，各个国家的学校教育都特别强调终身体育的重要性，由此可见，终身体育已成为世界体育发展的潮流。在高校体育教育中，高校应确立以学生健康为导向的体育观念，为学校的工作重心指明方向，使学生长期坚持体育锻炼，以达到终身体育的目的。

（一）"终身体育"概述

所谓终身体育，是指人们在整个生命过程中所进行的科学的、有效的身体锻炼和所受到的各种体育教育的总和，随着生命的诞生而开始，随着生命的消亡而结束，是人们对体育教育与锻炼存在的意义在理性思辨上的根本改变。简而言之，就是贯穿人类一生的体育活动或与生命具有共同外延的持续的体育教育过程。一般来说，终身体育教育的过程可以分为学前体育、学校体育和社会体育等三个教育层次，其中，高校体育教育是学校体育的重要组成部分，也是终身体育教育至关重要的一环。

随着现代社会的不断发展，竞争也越来越激烈，这对大学生提出了更高的要求，要求其不仅要有知识、理想、道德，同时还要有健康的体魄和心理。大量的实践已经表明，体育锻炼不但能使人们拥有强健的体魄，还能促进其心理健康水平的提高。有关数据表明，人们对自身身体的要求主要是来自对健康的需求，这与高校提出的健康体育观遥相呼应，也为终身体育增添了新的动力，有利于终身体育观念的贯彻和实施。

在 21 世纪，我们要牢固树立终身体育锻炼的理念，以奠基健康的身体素质和积极向上的精神风貌，不断提高个人的生活质量。当运动者感受到体育运动的重要性时，又会积极主动地参与体育锻炼之中，进而形成良性循环，最终实现终身体育的目的。

（二）终身体育的培养

1. 要注重培养学生终身体育的意识

对学生进行终身体育的培养首先就要增强学生的体育意识。现代心理学理论认为，行为是在认识事物的前提下，在引发动机和兴趣的基础上产生的。因此在体育教学过程中，

教师要帮助学生端正体育学习的态度，树立正确的体育学习目标，建立良好的学习动机，激发他们主动学习体育的热情。另外，在加强体育技能培养的同时，也要抓好体育基础理论的学习，时刻强化学生终身体育的意识，以实现学生的体育价值。此外，学生终身体育意识的培养还可以与社会化相结合，以体育的体系化、社会化为目标，实现全民健身，以实现终身体育的社会价值。在具体的教学过程中，体育教师应树立使学生终身受益的目标，对每次课堂和课外活动提出相应的要求，以健身为目标，将素质、技能、知识、能力等教育内容渗透终身体育的意识。另外，在体育教学中，还要加强体育教师综合素质的培养，这对学生形成体育意识具有十分重要的意义。体育教师应具备基本的职业素养、丰富的知识、先进思想观念以及健康的精神面貌。大量的实践证明，高水平的体育教师往往更能赢得学生的敬重、信服，通过丰富多彩的教学方法，让学生通过体育锻炼，认识到终身体育锻炼的价值，促使学生积极主动地参与体育锻炼之中。

2. 及时调整学校的体育目标

终身体育是高校体育教育思想的重要内容之一。根据社会的发展形势，单纯追求对学生有机体生物学的改造无法满足其内在自我实现的要求。在终身体育思想观念的影响下，高校体育的发展充满了活力，人的生命本身得到了改造。高校体育是实施终身体育的关键环节，它对发展学生的体能、心理等基本素质都具有重要的作用和意义，能帮助学生最终实现终身受益的目的。发展到现在，高校体育已被视为终身体育锻炼的有机组成部分。因此，学校体育教育应树立强身育人的目标，贯穿终身教育的主线，在培养学生基本知识与技能的同时，促使学生认识到良好的终身体育教育的意义并培养这方面的能力。

3. 培养和提高学生的思维能力

在体育教学中，不仅要培养学生学习体育知识和技能，同时还要培养学生的多样性思维能力。多样性思维是在个体处于复杂多样的环境下所进行的思维活动，在平时的体育教学中，要对学生进行单一思维和多样性思维的培养，经常对学生进行举一反三的思维训练。需要注意的是，思维训练要和技术训练、战术训练、心理训练等结合起来进行。

4. 丰富学校体育教学的内容

长期以来，受传统教学方法的限制，我国高校体育教学内容大都局限在大纲范围内，授课内容较为单一、枯燥乏味，缺乏一定的新颖性，学生只是填鸭式的被动接受，其学习的热情和创造力受到严重束缚，进而导致学习的质量和水平无法得到有效提高。目前，高校体育改革的目的在于使个体在有限的学生时期内学习体育基础理论和基本技能，在以后的生活和工作中，能够自觉地进行体育锻炼，由此与终身体育紧密衔接起来。

为了进一步丰富体育教学的内容，高校体育课教学应进一步拓宽选修课的范围，可采取以下措施。

第一，教授交际舞、保龄球、桥牌和溜冰等学生乐于接受的体育项目。

第二，适当开展篮球、排球、乒乓球、足球、健美操等专项活动竞赛，并努力提高活动的趣味性。

第三，尽可能在课堂上安排耐久跑等锻炼内容，并视季节特点做出不同的安排。

第四，适当增加哑铃操和腰腹肌训练等方面的内容，增强学生的基本体能素质。

第五，引导学生关注体育热点，讲授体育竞技规则和裁判基本知识，对大型体育比赛的技巧等进行适时解说。

第六，支持学生自行组织各种形式的体育比赛，全面培养学生的自我组织能力和参与运动的意识。

5. 进行必要的体育检查与考核，充分调动学生终身体育的积极性

体育考核是检查和衡量体育教学效果的重要手段，在高校体育教学环节中起着非常重要的作用。通过考核的反馈作用，体育教师可以及时了解学生的学习效果，进而有针对性地采取教学措施和手段提高教学质量，同时还可以充分调动学生学习的主动性和积极性。可供体育教师利用的体育考核方法有很多，教师要灵活多变地加以运用，考核项目与考核标准因人而异，考核的目的不仅在于让学生最大限度地表现自己的体育技能，增强体质，调动终身体育教育的积极性，还在于增强学生的自信心，引导学生自觉地参与体育锻炼之中。

6. 注重学生体育能力的培养

高校体育教育及改革的一个重要目的就是培养学生的体育能力。体育能力主要是指学生对体育科学活动适应和自身学习行为的心理调节能力，因此可以在体育锻炼中，形成锻炼身体的主动性和积极性，进而提高其运动能力。结合当前体育教育的特点及发展情况，应注意培养学生以下三个方面的能力：

第一，自觉锻炼能力，学生能够熟练地运用已经掌握的体育知识、技能，形成体育锻炼的自觉性，养成终身体育的好习惯。

第二，自我评价、自我管理和自我监督的能力，让学生对自己身体的具体情况有一个正确的认识和评价，及时调整运动计划。

第三，适应自然环境和社会环境的能力，增强学生对疾病的抵抗力和免疫力，培养各方面的适应能力，提高运动锻炼的水平。

7. 改善场地、器材和管理的条件，加大宣传力度，开展形式多样的课外体育活动

要进行体育锻炼，没有一定的场地、设施、设备是无法进行的，因此，高校应当完善体育器材和场地的管理制度，制定体育场地、器材配备的标准，为学生进行体育锻炼创造有利的条件。在高校中，要充分利用广播、校报、校刊、校园网等宣传工具，或定期开展体育知识讲座、运动比赛等来宣传体育健康的基本知识、国内外的体育赛事等，激发学生主动参与体育锻炼的兴趣。培养大学生的终身体育意识，除了要以教学为核心外，还要加强其课外体育锻炼。通过各种各样的体育活动的举办，营造积极向上的体育运动氛围，为学生的终身体育锻炼打下良好的基础。

三、"以人为本"的教育理念

（一）"以人为本"概述

"以人为本"的科学发展观及教育理念，对我国体育教育的发展具有重要的指导意义。"以人为本"中的"人"既是个体，又是群体，既具有自然属性，又拥有社会属性。高校体育教学要建立在以人为本的基础上，坚定不移地实施科教兴国战略和人才强国战略，不断满足人民群众日益增长的教育需要。

早在商周时期，先人就提出了民本的思想，认为人民是一个国家的基础。春秋时期，儒家倡导"仁者爱人"的思想，战国时期齐国管仲提出"以人为本"的治国思想，再有孟

子的"以民为国家之本"等思想,都与"以人为本"的思想有着密切的关系。当然,我国古代传统的民本思想与今天的"以人为本"的理念与思想并不完全相同,二者之间存在着一定的差别。

在西方,古希腊时期就出现了"以人为本"的理念与思想,而其正式形成则在意大利文艺复兴时期,19世纪初,哲学家费尔巴哈第一次提出了"人本主义"的口号。发展到现代,一些人本主义哲学家,采取了非理性主义方法,进一步完善了人本主义体系。受人本主义思想的影响,西方教育思想在教育观念、目的、内容和方式等方面都发生了很大程度的变化,促进了现代体育教育的发展。

目前我国的教育思想,是建立在马克思主义以及关于人的全面发展的理论基础上,结合中国的具体实际,形成的完整而科学的以人为本的教育价值取向。"以人为本"的教育思想对我国实施科教兴国战略以及民族复兴都具有重要的意义。

(二)以人为本教育理念的贯彻

进入21世纪,人才成为社会发展的关键,我国必须要通过实施科教兴国战略和不断推进教育改革,从而实现人与社会的全面发展。现代社会的不断发展对高校体育教育提出了多种需求,因此各高校要贯彻落实科学发展观,构建社会主义,谐社会和在教学中贯彻以人为本教育思想是新课程改革的必然要求。在新时期,贯彻以人为本的教育理念对学校体育教育的发展和体育人才的培养具有重要的意义。

1. 在大学体育教育教学中以学生为本

大学教育要牢牢树立以人为本的观念,要不断充实办学资源,大力开展人才培养工作,尽可能地为学生创造良好的学习环境和锻炼氛围;本着对学生高度负责的原则,提供充足的教育教学资源以满足学生的发展需求;尊重学生的个体差异,促进学生的个性发展;完善培养方案,构建科学的课程体系;重视改变教学方式,增强教学的感染力、吸引力,激发学生的学习动机,调动他们学习的积极性。大学教育以人为本,首先就要关注学生的利益,树立为学生服务的观念,使学生获得个性与全面素质的共同发展。

2. 在大学体育教育教学中以教师为本

大学生的发展是通过教师的教来实现的。因此大学教育以人为本的教育理念也体现在以教师为本方面。高校要为体育教师营造一个宽松的工作环境和良好的工作氛围,定期对教师的教学进行评估,让教师及时了解教学的效果,并调整教学计划。另外,对教师的管理不应该过分强调防范性、强制性,而应该具有人性化,要充分尊重教师和信任教师,不要约束教师的自由,要给予教师充分的自主权。

进入21世纪以来,我国高等教育取得了快速的发展,体育教育也须顺应时代的潮流,不断革新教学观念,以科学的、合理的、人性化的教育观念有效促进了大学体育的发展。高校学生在终身体育观念的引导下,在贯彻"以人为本"的科学发展观中得到了进一步的发展。

(三)以人为本教育理念对我国高校体育改革的启示

1. 对学校体育价值的重新定位

现代体育教学中处处彰显着人文主义精神,这与弘扬人文精神的时代潮流是相适应的。众所周知,学校体育的根本出发点和落脚点是"育人",但是长期以来,我国学校体育总是过多地关注"增强体质"而忽略了体育运动其他方面的价值。另外,随着现代社会的不断发展，实用主义对学校体育产生了重要的影响。学校忽略了对学生情感、个性等的培养，这不利于学生的全面发展。

学校体育的首要本质功能就是要增强学生的体质，但这并不是唯一的，学校体育还应在增强学生体质的基础上，进一步拓展体育教学的人文价值，建立多元化的体育教学价值体系。

2．对学校体育目标的重新建构

通过对学校体育教学的现状以及制约学校体育教学发展因素的分析，一些学者及专家逐渐认识到技术教育和体制教育并不能完全作为学校体育实践的重心，应该把重心从单纯地追求学生的外在技能水平提高向追求学生的全面协调发展转移。这些都体现出了我国在学校体育改革中更加注重学校体育目标的人文倾向。

3．对学校体育课程内容的重新调整

我国的体育课程是处于不断变革与发展之中的，但是目前来看，体育课程内容还不能完全满足体育教师的需求。因此，在未来体育教学改革与发展的过程中，要对体育教学课程内容做一定的调整，以适应体育教学不断变化的需求。

①趣味性：在体育课程改革与发展的过程中，要充分利用学生的好奇心，激发其学习的积极性和主动性。

②创新性：体育课程内容还要为学生创新精神的发展提供广阔的空间。

③适用性：体育课程内容的设置要侧重于对学生的终身体育能力的培养，加强学生与社会和生活的联系。

④普及性：体育课程内容中对于一些竞技体育项目中不适合该年龄阶段学生的技术要领、规则、器材和设施要进行相应的改造，以有利于学生参加运动健身。

4．对学校体育教学的重新认识

在"以人为本"的教育理念下，出现了众多的教学观念，如成功体育、快乐体育和终身体育等，这些教育思想大都十分注重学生个性的培养、创新精神的培养以及注重激发学生的学习积极性等。在体育教学改革的过程中，一些新的体育教学模式不断出现并得到了广泛的传播，如情景式教学、发现式教学、快乐式教学以及创造式教学等。但对于如何将学生的被动学习变为主动学习，如何使学生获得良好的情感体验，如何发展学生的个性等问题，已经成为现代学校体育教学改革讨论的热点话题。

进入 21 世纪后，在以人为本的教育理念下，学生学习体育知识是为了展现自我、弘扬个性、满足自身享受快乐的需要。在全球化的发展背景下，各种思想文化处在不断的发展和融合之中，因此体育教育理念和思想也呈现出多元化的发展趋势。在新的历史时期，我们应把握住机遇，加强体育教育理念的更新，从而促进体育教学的发展。

第二节 体育教学的人文主义探索

在体育教学改革与发展的过程中，人文主义思想对我国的体育教学产生了极为重要的影响。因此对人文主义进行探索对我国的高校体育教学的发展具有重要的意义。

一、人文主义解析

（一）人文概念

《辞海》将人文解释为"人类社会中的各种文化现象"。它是指人类文化中优秀的、健康的、先进的、科学的部分。

在社会生产生活中，人类、民族和人群会形成一定的价值观念、信息符号以及道德和行为规范，即文化。在人类文化中，人的价值观念是整个文化的核心，它深刻地影响着其他方面的形成和发展；信息符号是文化的基础，它不仅实现了信息之间的沟通，还在一定程度上影响了文化的发展和继承；行为和道德规范以及法律法规方面的内容也是人类文化的重要内容，它起着一定的规范和制约的作用。在人类不同的发展时期，人类文化具有不同的发展特征，文艺复兴时期的特征表现为人们给予人文以高度的重视。人文是人类文化中最为核心的部分，是价值观念和行为规范方面的内容。作为一种先进的思想，人文思想体现了尊重、重视和关爱他人等多方面的内涵。

（二）人文分类

一般来说，人文具有教育、文化、历史、社会、艺术、美学、国学、哲学八种分类。各种分类所包括的具体内容如下。

教育：科学、学术、素质（礼仪素养品德）。

历史：中国、外国、世界。

文化：文学。

艺术：美术、电影、音乐、神话。

社会：人权、法律、政治、经济、军事。

美学：跨学科（艺术、伦理、文学、心理、哲学）。

哲学：思想、宗教。

国学：易学、诸子。

（三）人文主义精神

在我国学术界，对于人文主义精神的认识并不深刻，对其内涵，没有达成共识。一些学者认为，由哲学、文学、伦理、艺术和历史等构建出来的人类精神世界的思想和知识领域就是人文，而人文精神就是在其中所体现出的具有最高级意义的价值观念和行为准则。

王汉华在《"人文精神"解读》中对人文精神进行了研究和整理，并针对人文精神的概念提出了以下五层含义[①]：

第一，从科学的角度来看，人文精神是对科学、知识、真理的追求和探索。

第二，从道德的角度来看，人文精神就是对道德信念、道德人格、道德行为、道德修养的追求和看重。

第三，从价值的层面来看，人文精神就是渴望和呼唤自由、平等、正义等重大价值。

第四，从人文主义的层面来看，人文精神就是尊重和关注人，就是期盼和高扬人的主体性。

第五，从终极关怀的层面来看，人文精神就是反思信仰、幸福、生死、生存、社会终极价值等问题。

---

① 王汉华."人文精神"解读[J].长沙电力学院学报（社会科学版），2002（1）：32—34.

二、人文主义思想对体育教学的影响

(一) 促使传统体育教学理念进行更新

在人文主义思想的影响下,体育教学改革与发展的过程中出现了"学习领域目标""课程目标"等一些新的概念。教学目标也被进行了多层次的划分,确立了"身体健康"和"运动技能"两个最为基础的目标,并且在此基础上确立了"心理健康"和"社会适应"等多方面的新的目标。

21世纪,在商业化不断发展、实用主义盛行的社会背景下,我国大学进行了人文教育与科学教育两种观点之间的论战,在很长一段时间内,科学主义主导了我国的大学体育教学。在科学主义的影响下,大学教学呈现出科学至上的原则,并且政治化和意识形态化也较为严重。科学主义膨胀造成人文精神的萎缩,使得在教学过程中,人文性逐渐缺失。

在体育教学改革与发展的过程中,随着课程改革的逐步进行,人文主义精神逐渐回归。在开展各种形式的体育活动时,僵化的行政观念模式正在逐步松动,并且处处体现着人文关怀的印记。在教学过程中,体育课堂从教师示范、学生学习与练习的循环中解脱出来,体育课堂逐渐变得生动而富有活力,学生在这种愉快的教学环境中,往往能提高学习的质量和效果。

(二) 促进课程体系进行调整

在体育教学改革与发展的过程中,课程体系是非常重要的一方面。通过课程体系方面的改革,教学内容变得更加丰富多样,能满足学生多方面的需求。但是,在体育教学实践过程中,在设置相应的教学课程时,学校多有不当和不足之处。在学校教学过程中,为了赶上教学进度,很多学校都会牺牲体育教学的时间,用来进行其他学科的学习。

在人文主义思想的影响下,体育教学中的诸多问题都得到了明显的改善。学校在设置相应的体育教学课程时,开始考虑学生的各方面需求,并且在课程中逐渐将学生作为课程中的主体。学校在进行教学内容和课程体系设计时,更加注重学生的个性和性别特点,并且开始根据学生的身体素质水平来提供丰富多彩的、供学生进行选择的体育教学内容。在体育教学过程中,教学工作者更加注重学生的身心发展规律,通过多方面的努力来提高学生的学习兴趣和积极性,进而提高教学的质量和水平。

(三) 促进体育教学方法的优化

在体育教学改革与发展的过程中,教学方法的改革也至关重要。在人文主义思想的影响下,体育教学进行了多种形式的改革,学生的人文主义精神也得到了良好的培养。作为人文体育教学的重要组成部分,学生在体育教学过程中要得到全面的发展,这需要教育工作者对学生的素质教育给予高度的重视。

在人文主义教学思想的影响下,体育教学方法不断得到优化和发展,先进的教学方法使得学生在教学过程中真正体会到了体育运动的快乐,并且能够在运动过程中感受到其独特魅力,形成终身体育思想。

另外,在体育教学改革的过程中,运动场馆和运动设施也逐渐得到了发展和完善,吸引着众多的学生参与体育锻炼之中。体育运动场馆和设备是教学必不可少的工具,通过多方面的建设不仅能够方便学生更好地进行体育运动,还能够使其深化理解体育教学中的人文主义精神。

（四）促进科学的体育教学评价体系的构建

在人文主义教学思想的影响下，体育教学评价体系得到了不断的发展和完善。而新的体育教学评价体系不仅注重对学生进行全面评价，还注重对教师教学方面进行评价。在教学过程中，评价者开始注重"区别对待"的原则，针对教师和学生的不同情况进行相应的评价。

教师在对学生的学习效果进行评价时，逐步开始重视对多方面的教学效果进行量化分析，并且将定性评价和定量评价相结合，大大提高了体育教学评价的科学性，对于学生认识自身的不足以及获得学习的动力起到了良好的促进作用。

在对学生进行评价时，不能局限于其对技术技能的掌握情况，更要注重对其创新能力、学习态度、意志品质等方面进行综合评价。学校在构建相应的评价体系时，不仅注重其科学性和可操作性，更加注重在评价过程中体现多方面的人文关怀。在每堂课完成后，体育教师都要根据每一位学生的出勤情况及所有隐性情感的表现，并做出较为客观的记录和评价，并善于通过学生在学习过程中的表现来考察学生的情感态度的变化和进步程度，并将学生情感的评价结果作为重要的素材，来保证学习效果评价的合理化和科学化。

（五）促进校园人文环境建设和良好体育教学氛围的营造

在体育教学过程中，良好的教学环境是非常重要的，这对于学生学习质量的提高具有重要的意义。因此，在体育教学改革与发展的过程中，应加强学校的人文环境建设，营造一个良好的教学氛围。

人文环境建设并不仅仅是学校的体育场馆和运动实施等方面的建设，还包括学校的体育文化建设，使学生能够积极主动地参与体育锻炼之中。体育运动文化的建设是一个长期的过程，在这一过程中，学生不自觉地获得了感染和熏陶，从而认可和接受相应的体育运动文化。高校校园人文环境的建设，能够更好地营造出体育教学的人文氛围，更好地加强和促进人文精神的培养。

（六）促进高校体育教师队伍建设和教师人文素质的提高

在体育教学中，体育教师是非常重要的要素，其对学生的学习起着重要的指导作用。而要想使体育教学具有人文精神的内涵，体育教师仍是关键。如果体育教师不具备一定的人文素质，也就无法培养出富有人文主义精神的学生。在教学实践中，无论是体育教师的形象、口才，还是其所具有的知识基础、专业水平、人格力量、道德修养等，都对高校学生人文精神的养成产生了直接或间接的影响。因此，不可否认的是，高水平的师资队伍是培养学生人文精神的前提条件，加强体育教师的专业素养与人文精神的培养是提高教学质量的关键。

在高校体育教学改革与发展的过程中，人文主义思想对学校体育教学有着非常深刻的影响。所有真知都来源于实践，要想形成一套切实可行、较为科学的课程体系还有很长的路要走，作为体育教育工作者，必须进行观念上的转变，树立以人为本的现代体育观，迎接人文体育时代的到来。人文体育的根本是对全面健身的充分认识，而学校体育便是推进全民健身的火种。

第三节 体育教学中新教育技术的应用

随着现代科学技术的不断发展,一些创新性的教育技术随之出现并得到了不同程度的发展,本节主要研究现代体育教育技术在我国学校体育教学中的发展。

一、现代教育技术概述

教育技术是关于学习过程与学习资源的设计、开发、利用、管理和评价的理论与实践。学者们将教育技术的发展分为三个阶段:第一阶段为传统技术阶段,其技术为最为简单的语言、文字、黑板、粉笔等;第二阶段为媒体技术阶段,其技术有摄影、无线电、电视、语言实验室等;第三阶段则是信息技术阶段,其技术为以计算机、网络通信技术等为基础的多媒体。

(一)现代教育技术的特征

现代教育技术的基本特征表现为以下四个方面。

1. 现代教育技术以现代媒体为基础

现代教育技术对教学活动产生着重要的影响,其中现代媒体技术发挥着越来越重要的作用。如果没有现代媒体技术的参与,就无从谈起现代教育技术。随着现代体育教学技术的不断发展,新的教学技术不断冲击着传统的教学方式,教与学的各个环节也在新技术的参与下发生着质的变化。

2. 现代教育技术是一种系统技术

现代教育过程中会面对各种问题,需要借助系统的方法进行解决。现代教育以系统论为其重要的科学理论基础,这也决定了其教学方法具有系统性。现代体育教学技术是教育系统的重要组成部分,在与教育系统的其他方面共同协调和配合下,促进了教育系统整体功能的提高。因此,现代教育技术是一种系统的技术,是现代多媒体技术的综合,同时也与其他教育系统的因素协调配合、系统运作。

3. 现代教育技术具有"实践精神"特性

现代教育技术具有较强的实践精神,与传统的教育技术的较强的经验性具有较大的区别。现代教育技术注重教学的理性和科学性,并且随着科技的发展,教育技术的可复制性、可度量性和可操作性特征也更加凸显。

4. 现代教育技术的目标是实现教学最优化

现代教育技术在现代教育过程中逐渐被推广和应用,其最终目的在于促进教学目标的实现。现代教育技术作为一个综合的系统,其在一定程度上实现了教育资源的优化配置,对于教学过程中的设计、控制和决策具有重要的意义。

(二)现代教育技术的作用

1. 激发学生对体育学习的兴趣

教育心理学研究表明,学习动机中最现实、最活跃的因素是认识的兴趣,人们在满怀兴趣的状态下所学的一切知识,常常掌握得迅速而牢固。现代信息技术这一新生事物在学生的眼中是新鲜好奇的象征,在体育教学过程中运用现代信息技术课件辅助教学,实质上是给学生一种新异的刺激,目的在于诱导学生对新异刺激的探究反射,换句话说,就是采用新颖的教学手段来激发学生的学习兴趣。例如，在教篮球基础配合时，运用现代信息技术，能够比较形象地展现篮球基础配合的动作要点、动作方法、移动路线等，从而帮助学生建立正确的动作概念，使学生快速地掌握此项技术。

2. 加快学生学习速度，提高学习效率

在以往的体育与健康知识的教学中，抽象的知识往往以语言描述为主，教学中即使使用一些挂图、模型等直观手段也显得较为呆板，而现代信息技术课件可利用二维、三维等空间的设计，全方位地剖析教学难点，化难为易，使看不见、摸不着的生理现象变得生动形象，从而加快学生学习速度，提高学习效率。例如，在前滚翻教学中，利用前滚翻教学课件慢放，可以使学生认识到几种常见的错误动作的原因、过程，并学习到如何采取有效的措施、手段克服，从而在练习时尽量避免，在教学中起到积极的作用。

3. 帮助学生建立清晰的动作表象

清晰的动作表象是形成技能的重要基础，它来源于教师的讲解、示范、演示等教学过程。体育教学过程中有些技术动作很难用语言来描述清楚，尤其是身体腾空之后的一些技术细节，讲解的难度很大，示范的难度、效果也会不尽如人意。而通过制作现代信息技术课件则能轻松地解决这些疑难问题，帮助学生理解动作，形成概念，记住动作形态，并在大脑中建立清晰的动作表象。例如，在鱼跃前滚翻的动作教学中，鱼跃前滚翻动作有一个腾空过程，而教师的示范只能是完整连贯的技术动作，不可能停留在空中让学生看清楚空中的动作。对于初学者来说，这样的示范在大脑中只能留下支离破碎的模糊印象，不利于他们的学习。而利用现代信息技术课件教学展示，可以自由掌控动作的快慢，从而帮助学生建立比较清晰的动作表象。实践表明，利用此项技术，可以充分激发学生学习兴趣，提高学生学习效率。

4. 有助于学生建立正确的动作概念，统一规范技术动作

体育教材主要有田径、体操、民族传统体育、韵律体操与舞蹈、篮球、排球、足球、游泳等项目，内容繁多，新内容、新规则、新教材层出不穷，不断向体育教师提出新课题、新要求。体育教学的主要任务之一，就是使学生掌握一定的运动技能，并能在此基础上，灵活地应用与创造新的运动技能。教师要上好体育课，必须做正确标准的示范，帮助学生建立正确的技术动作概念，这就产生了教师的现有水平和教学的客观需要不能匹配的矛盾。利用现代教育技术可以帮助教师解决这一矛盾，比如运用现代网络视听媒体，把世界优秀运动员的先进规范技术介绍给学生，有助于学生建立正确、完整的技术动作概念，较好地掌握技术动作。

5. 加强学生的健康教育

体育教学中的主要任务是教会学生进行体育锻炼的方法，培养学生进行体育锻炼的习惯及体育意识，为今后学生走上社会打下良好的基础。因此学校体育教学不仅要教会学生运动技能，而且还要让学生学会体育健身的一些原理、如何健身等健康知识，但现今的学校体育教学只是在课堂上进行，教师传授的知识是有限的，如何提高学生的体育知识储备，成为当下亟须解决的问题，而网络大容量的知识可以帮助解决这方面的问题。教师可以在课堂中提出一些学生在实际生活中常见的问题，让学生通过网络查询答案，也可以由学生自己就体育锻炼中的一些问题在网上进行查询，通过这一过程，不仅在潜移默化中对学生进行了健康教育，还培养了他们的探索精神。

6. 促进现代体育教学的管理

目前各个学校每年都要举行一次校运会，而校运会的编排、准备工作对体育教师而言工作量都非常大，利用计算机进行运动会的编排，可以大大减轻体育教师的工作负担。体育教师每年都要对当年的体育达标、期末考试等进行成绩换算、统计。通过 Access 数据库制作一个学校体育教学系统，其内容包括教研组管理、教师备课系统、学生体育达标、体育课成绩管理、运动队管理、体育器材管理等。若查询某学生的体育达标成绩，只要输入体育单项的成绩，与其对应的分数、总分、是否达标、平均分等全部都可以自动计算生成，这样可以大大减轻体育教师的工作负担。

二、体育教学中应用新教育技术的注意事项

（一）正确认识现代教育技术及其引起的思想变革

1. 正确看待技术的作用

在人们的社会实践过程中，科技极大地促进了社会的发展，但是同时也带来了一系列的问题。科技为教育提供了极大方便，但是不能将技术的作用极端化。技术作为现代社会的重要推动力，对人类社会文明的发展和进步起到了重要的推动作用。但是，技术只是作为一种文化、精神和文明等的载体而存在。教师只有具备较高的素养，才能够借助相应的教学技术来提高体育教学的效果。学生的个性发展正是在师生之间、同伴之间的交往之中才得以实现的。所以人—机关系永远不能代替人—人关系。

2. 不能否定体育教学技术的作用

教师既应认识到教学技术对教学活动的促进作用，同时也应认识到相应的技术的缺点和不足，最大限度地发挥教学技术在体育教育中的作用。

（二）具体地实践和运用现代教育技术

随着现代社会及体育教学的不断发展，教学技术更新的速度也不断加快。对于教师个体而言，其个人能力相对较为有限，不能满足学生多方面。教师只有不断进行学习，并且在实际教学过程中实践和应用相应的先进技术，才能够满足学生的各项需求。

目前来看，我国体育教学的技术水平相对较低，这在一定程度上限制了我国高校体育教学的发展。为了更好地促进我国体育教育的现代化，我国应从具体国情出发，全面推进教学技术的发展，使得现代教育技术能够得到良好的实践和运用。

1. 根据学生实际情况合理进行教育技术的运用教学

要选择适合的教学内容，就要根据学生的心理特点和认知规律，调动学生的积极性，深入理解内容。在现代信息技术的选择和制作过程中，教师要根据教学要求、教学效果、教学目标和学生的注意力的特点，认真研究现代信息技术类型以及运用的最佳环节，不可忽视自身的讲解组织的引导作用。随着科学技术水平和教育事业的发展，知识的更新，教学方法的改革，体育教师也应扩大知识面，学会运用现代信息技术。

2. 把握教育技术教学与传统教学的授课比例

在体育教学中，如何把握现代信息技术教学与传统教学两者之间的比例关系是非常重要的。虽然现代信息技术教学具有重要的作用，但由于体育教学户外锻炼的特殊性，决定了现代信息技术在体育教学中只能起到辅助教学的作用。因为现代信息技术教学手段的实现依赖于现代信息技术的教学平台，也就是说它需要在室内进行。而体育教学大多数的授

课时间、授课场地都是在户外完成的。因此，教育技术教学虽然是体育教学中的重要组成部分，但在使用过程中，由于各方面条件的限制只能起到辅助作用。教育技术教学计划的安排，在内容上必须围绕技能课和理论课来制定，在课时安排上要注意合理安排，切不可刻意追求、喧宾夺主。

3. 运用现代心理技术服务于体育课堂教学

现代信息技术作为一种新的教学手段，对于提高教育教学质量具有十分重要的作用。应根据不同的内容组织不同的教学活动，对于何时详细讲解，何时板书，何时使用现代信息技术课件等都要做到心中有数，绝不能照"机"宣科。

体育教师不仅要熟练掌握教育技术，学会独立制作相关的课件，而且还应了解教学课件的功能和作用，学会在教学内容环节中合理地使用。体育教师必须清楚，采用现代信息技术教学后，教师依然是教学活动的主体，教师的讲解永远是课堂教学的核心；在众多的教学媒体中，无论传统的还是现代的，都有其相应的功能，同时也有一定的适应性和局限性，必须将它们有机地结合起来，才能达到教学目的。通过教育技术辅助的教学往往比教师的示范讲解更直观、更生动、更易被学生接受。广大教育工作者也更要注意和学生的互动，和学生打成一片，这样更有利于学生的学习。另外，在体育教学过程中，也应该尽早结束那种"师傅手把手教徒弟"的传统教学方法，让教育技术教学成为体育教学的一把利剑。

第十二章　新时期高校体育教学的创新

第一节　高校体育教学创新原则及路径

一、高校体育教学创新应遵循的原则

（一）主体性与超越性原则

体育教学创新的实质是把个体的地位、潜能、利益、发展置于核心地位，发扬人的主体性，其职能是最大限度地激发学生的积极性、主动性和创造性。摒弃教学方法单一、教学模式固定、管理方式死板的"一统化"的教育方式，使学生在教育教学活动中表现出高度的自主性、主动性和创造性。体育课堂的主导活动是以学生为主，教师的教只作为一种辅助形式，融于学生的各项活动之中。而且在发挥主体性作用当中，还应摒弃传统教育机械单向的"适应论"，而走向"超越论"。创造出不以"重复过去"为己任，而是在人文本质上真正超越前人的一代"新人"。换言之，就是在教师的引导下主动参与体育课堂教学，使之由过去体育课堂单纯听口令的被动接受者变为主动受益者，成为体育课堂教学的主体。

（二）民主性与独创性原则

教师和学生对于知识、价值及其评价有着平等的发言权，因而在教学活动中是一种平等关系，这一平等关系又必须建立在一种民主宽松的教学氛围（如师生关系、教学环境、学生自由发展度等）基础之上。这样不仅能充分发挥学生的创造性思维和想象力，也有利于学生个性的发展。因为，个人作为教育主体不仅具有主体共同的特性，还具有独特性和差异性。而民主平等的师生关系和生生关系，民主和谐的教学氛围使得师生间能够互相接受、互相适应、互相理解、互相尊重。

（三）全面性与发展性原则

创新教育是综合素质的教育，它涉及人格、智能、知识技能培养等诸多方面，其实质是培养人的自由全面发展。相对于应试教育而言，创新教育是一种注重完善学生健全人格的教育。作为体育教学来讲，一方面不仅要注重德、智、体、美、育在学生身心发展中的有机渗透，培养其崇高坚定的人生信念、坚忍不拔的奋斗志向、纯洁优秀的道德品质、超凡脱俗的审美理想、宽广渊博的文化素养和敏捷灵巧的生活技能；另一方面更要注重培养学生从事未来创造工作所必备的独特精神品质，如坚持探索、不随大流的独立人格，标新立异、破除陈规的批判精神，不拘陈见、富于变通的灵活态度、博采众长、吸纳百川而又独树一帜的宽广胸襟等。因而，体育教学创新更是全面性和发展性特征的完美体现，其宗旨就是实现学生认知和个性的全面协调发展。

（四）启发性与互动性原则

体育教学中学生创造性思维的激发和培养是建筑"创新"大厦的基础之一。通过体育

教学，对学生施以积极的教育和影响，为使他们最终作为一个独立的个体能够学会并善于发现和认识有意义的新知识、新事物、新方法，掌握其中蕴含的基本规律并具备相应的能力打下稳固的基础，但创造性活动并不是单方面的，而是师生间的一种互动，只有这样才能相互启发、相互激励、相互帮助，才能激发思维，形成创造性想象。而互动性在体育课堂中表现得最为明显，只有师生积极配合，才能发挥最佳的体育教学效果，才能使学生在互动过程中形成自己的知识结构、能力结构和人格结构，展示自己的独特性和创造性，培养积极参与的能力和态度。

二、高校体育教学创新的路径

（一）转变教育观念，更新教育思想是体育教学创新的前提

要从传授、继承已有知识为中心的传统教育，转变为以学习者为中心，着重培养学生创新精神的现代教育。教师要认识到"授人以鱼，不如授人以渔"的道理，努力形成以主动参与、积极探索、主动思考、主动创造为基本学习方式的新型教学过程。要坚持教育的成功导向和正面鼓励，鼓励冒尖，允许"落后"，不求全责备，充分发挥学生的个性。认清创新教育的核心是教为主导，学为主体，整个教学过程是在教师的引导下，充分发挥学生的主体性，引导学生主动学习、创造性学习。在创新教育中，教师应重视调动学生的主动性和创造性，开发学生的智力，促使学生由"要我学"转变为"我要学"，从而迸发出极大的学习热情，并能够处于主动学习的最佳状态，从而为培养学生的创新能力打下基础。

（二）建立民主师生关系，创设学生创造性思维的氛围是体育教学创新的基础

宽松、自主的学习环境是培养学生创新能力的一个重要条件。德国海纳特教授提出："教师凡欲促进他学生的创新力，就必须在他们班上倡导一种合作、社会一体的作风，这也有利于集体创新力的发挥。"实践证明，在专断的师生关系中，教学氛围沉闷，学生精神抑郁，学习非常被动。而在民主的师生关系中，学生会对教师产生信赖感、亲切感，从而形成有益于课堂教学的亲和力。教学氛围活跃，学生精神振奋，心情愉快，学习积极主动，有利于激发学生的创造性思维。因此，在体育教学中，教师要尊重学生的人格和权利，与学生建立民主平等的师生关系，形成健康、美好、愉快的气氛与情调。使学生在和谐、融洽、宽松的环境下学习锻炼，并不失时机地对学生在教学过程中显现出来的审美意向和创造性进行形成性和激励性评价，使学生获得心理满足，激发学习的积极主动性。总之，体育教育必须走"民主化"的道路，师生之间应该建立合作、开放、真诚、平等、共融的密切关系。

（三）创建以学生为主体的新型教学模式和教学方法是体育教学创新的主要内容

第一，在教学模式中，把体育教学和创造活动有机地结合起来，需要切实做到以下几点：一是摒弃传统的教师教、学生练的模式，引导学生积极地介入到教学活动之中，鼓励学生提出新方法、创造新游戏。坚持标准的统一性和运动项目及运动方法的灵活性和多样性，充分发挥学生的潜能、特质和独特性。二是教师和学生都以研究的态度对待体育锻炼方法的学与练，针对学生身体素质的特点，选择合适的锻炼项目、方法和评价标准。鼓励学生提出新见解、创造新练法、形成新游戏。三是在竞赛活动中，鼓励学生自己提出训练

方案和比赛策略。四是在体育游戏中不仅注重学生的身体素质培养，还要注重学生智力因素、情感因素和创新精神的培养。

第二，在教学方法上，教师应针对学生身体素质的特点，选择合适的锻炼项目、方法和评价标准，鼓励学生提出新理解、创造新练法、形成新游戏。例如，要随时诱导学生进行独立思考，鼓励学生提问题，即使提一些"离奇古怪"的问题也无妨。应鼓励学生大胆发言，对教师的某些观点提出质疑。教师的确有不如学生的地方，只因"闻道在先"才多了许多经验和方法。教师回答不出学生的提问，要敢于说让我"想一想""查一查"，要敢于正视自己的不足，努力防错和纠错。

（四）提高体育教师的综合素质是体育教学创新的关键

创新教育在教师要求上，不再满足于传道、授业、解惑的传统功能和作用，而要求教师能在学生创新教育的过程中发挥引导和示范作用，即教育者能以自身的创新意识、思维以及能力等因素去感染、带动受教育者创新力的形成和发展。在某种意义上可以说，只有创新型的教师才能实施创新教育，才能培养出创新型的学生。因此，教师自身必须具备较强的创新意识和较强的创新能力，只有这样，教师才能从自己的创新实践中发现创新能力形成发展的规律，为创新教育提供最直接、最深刻的体验。最终在教学过程中，自觉地将知识传授与创新思维结合起来，发现学生的创新潜能，捕捉学生创新思维的闪光点，多层次、多角度地培养学生的创新精神和创新能力。因此，要实现体育教学的创新，教师必须具备以下几个方面的能力：

第一，具备深厚的文化功底和扎实的教学基本功。创新教育中要求有丰富多彩的体育课程项目，学生可自行选择适合自己的学习项目，这对于教师来讲无疑是一种无形的压力。因为教学内容的不同必然会带来教学方法、教学方式的变化，这就要求教师不仅要具备深厚的文化知识、艺术素养和丰富的综合运用知识的能力，还要具备扎实的专业教学基本功。要能够将其他学科知识、日常生活技能有机地结合在体育教学中，起到触类旁通的作用。通过教学艺术的积极引导，培养学生学会自主学习和综合运用知识的能力。

第二，具备驾驭教学情境发展走向、调控教学进程的能力。教师在创设情境教学时，首先要把握好主题与学生情感产生的临界点，找出重要的情境适合于相应年龄学生情感的最近域，这样就能在较短的时间内激发起学生的情感；其次应具备较强的教学组织调控能力，也即在课堂教学中起到组织、引导、控制以及解答作用，要改变"一言堂""满堂灌"的弊病，形成以学生为中心的生动活泼的学习局面，这样容易激发学生的创新激情。这就要求教师一方面在组织教学中要有敏锐的观察判断和处理问题的能力。这是由于体育教学空间范围大、学生的兴奋程度较高，因此准确地预见和判断教学走向，对于控制好主题式情境教学有着极其关键的作用；另一方面要有较强的语言表达能力。教师的语言表达艺术既能激发学生情感的产生，又能在公正、公平、富有激励性的评价下，推动学生积极锻炼。

第三，具备积极的创新意识和创新能力。体育教学的创新要求教师必须突破传统教学模式条条框框的束缚，不断地运用创造性思维进行探索，善于吸收其他学科的新思想、新方法，通过自己的认识—实践—再认识—再实践，形成具有自身特色的现代体育教学方法。因此，这就要求教师必须具备积极的创新意识和创新能力：一是敏感性。即指容易接受新事物，发现新问题。二是灵活性。即指具有较强的应变能力和适应性，具有灵活改变方向的能力。三是独创性。即指产生新的非凡思想的能力。四是洞察力。即指能够通过事物表面现象把握其内在含义和本质特性。

第二节 高校体育教学中学生创新意识与能力的培养

一、高校体育教学的目标及学生创新意识的培养

(一) 全面实施素质教育，为学生创造意识的培养奠定坚实的基础

素质教育与传统教育最根本的区别就在于它的全面性、全体性和自主性。全面性是要使学生得到全面发展；全体性是指教育要针对所有学生；自主性是教学过程中要使学生主动地学习。结合高校体育教学的特点，利用有限的时间开展多种体育活动，使学生能够按自我兴趣、爱好和社会需要来选择，充分调动学生学习的能动性，从而给创新教育做好准备是学校教学的重要目标。

(二) 改革教材内容，重构教材体系

体育教材内容的选择直接影响到学生体育意识的培养，所以高校体育教材的编写应根据学生体育锻炼的需要，其体系应从健身、娱乐、休闲等方面予以考虑，多选择一些难度小、易展开、趣味性强，融健康、娱乐、休闲为一体的项目。

(三) 营造创新环境，培养学生的创新意识

高校体育教学要培养学生的创新意识就必须营造一种适宜的环境。例如，田径、武术、体操等项目，经过长期的演练已经形成了固定的格式，所以在这些项目的教学中主要是进行模仿学习，而各种各样的游戏和对抗性的比赛也能给学生创造性的发挥提供广阔的空间。此外，意识是行动的先导，在体育教学中培养学生的创新意识也是创新教学的一个重要环节。

(四) 强化课外体育，扩大锻炼领域

从事课外体育活动不仅能对体育课起到互补和延伸作用，而且还能使学生在课内学到的体育知识、技术、技能得到消化、巩固。由于课外体育是学生自己担任主角，它不仅可以培养学生的一般能力，而且还能培养其组织能力、管理能力和创造能力，对提高学生的综合素质，培养学生多方面的体育能力能够起到重要作用。

(五) 开展丰富的校园文化活动，积极营造良好的校园文化氛围

校园文化对于高校学生陶冶性情、磨炼意志、塑造自我有着重要作用。校园文化是大学生成长和发展的直接环境，要大力开展丰富多彩的校园文化活动，积极支持和指导学生，共同营造生动活泼、健康向上的校园文化，使学生从中受到文化氛围的熏陶，同时，还要重视校园环境建设，建设一些优美的自然景观、人文景观，形成良好的学习和文化氛围，促进创新教育的发展。

(六) 调整考试和评价方式，促使学生创新意识的提高

对学生学习效果的考核和评价一直是影响学生学习方向的重要因素，过分重视考试的结果和固定的考试形式一直是传统"应试教育"的最大弊端。改革传统考核与评价的方法，应根据学生的实际情况，灵活掌握考试方法，不硬性规定考试项目则是解决此类问题的主要措施之一。

二、体育教学中的创新意识的培养方法

（一）思想的创新

发展娱乐性体育和健身性体育是转变学校体育教育观念的体现，也是当前学校体育的重要特征。

（二）教学方法和组织形式的创新

可以采用启发式教学，以达到在教学过程中"学"的中心地位，引导学生自己解决问题，促使学生积极参与教学活动。在掌握运动技能的过程中，发展创新意识，去创造更合理、更完善的技术动作。可以用发现教学法来不断刺激学生发现问题和创造活动的兴趣，用学导式的教学法将学生主体和教师主导地位统一起来，使学生自学和教师引导相结合，从而培养学生自觉锻炼的热情，养成自我锻炼、终身锻炼的习惯。应改变以往的组织形式，使学生成为体育教学的主人。教师可以只说明活动的目的、要求，安排一些小型比赛，由学生自定规则，相互裁判等，以此来提高学生的参与热情，掌握裁判技巧，培养组织能力和创新能力。

（三）重视创新方法的传授和体育理论课的作用

发散思维和创造个性是学生创新意识构成的两个主要方面，创新意识的其他因素在体育教学中的作用也不容忽视。对体育知识和体育项目的充分了解是体育教学中学生创新能力培养的基础，理论课可以利用自身独特的优势，以图片、幻灯片、录像、电脑软件等高科技教学手段形象而生动地阐述体育基本知识、专项理论和体育娱乐欣赏等内容；也可以利用多媒体视频、电脑软件等手段对一些社会上比较流行而学校没有条件开展的，如网球、保龄球、高尔夫球等体育项目进行介绍、学习和模拟；还可以根据社会需要、男女学生对体育文化需要的差别，灵活地进行教学。例如给男生讲解 NBA、国内足球联赛、欧洲联赛等；给女生讲解健身、美容、减肥、形体训练等方面的知识。这样可以充分挖掘学生的主观能动性，促进其个性的发展，使其创造能力迅速得到提高。

第三节　构建高校体育教学创新体系

一、教学思想创新

建立面向未来的"求知创新"和"健康第一"的教学思想，主要体现在两个方面：一是掌握过去和现在的体育知识技能是为了更好地探索未知的体育；二是掌握未来终身的体育和健康的知识与技能。长期以来，高校体育教学存在的最大弊端就是为了过去而教而考，其重心过于局限。如果掌握过去的知识仅仅是为了解决过去和眼前的问题，而不是面向学生未来终身体育的需求，那么，这样学习的体育知识和技能将失去应有的意义，这显然对学生解决未来体育的新问题十分不利。实践证明，大学生已经具备了一定的创新能力，如果把精力大多用在单纯记忆过去的知识上，那么就会影响学生的创新积极性，这不仅是一种精力浪费，也会使我国高校体育教学长期不能融入世界发达国家高等教育的行列。传统的重过去、重眼前的功利主义教学是限制民族创新素质发展的症结，也是制约高校体育教学改革的桎梏。当然，学生掌握过去的体育知识技能，有利于求新。但目前高校

体育教学，存在最突出的问题就是为了习旧而不是为了创新，没有把更多的具有创新性的体育教学内容纳入课堂之中，更缺少引导学生创新的教学方法。更确切地说，教师"求知创新"的教学意识极为不强。因此，为培养学生的体育创新能力，贯彻素质教育和终身体育思想，建立为增进学生现实与未来的健康而教的"求知创新"和"健康第一"的体育教学思想，把体育与健康教育的知识与技能的过去、现代和未来融为一体，并使其重心向未来转移显得十分必要。同时，这也是高等教育面向未来的改革思想与学校体育"坚持健康第一"思想的统一。其中，高校体育从以增强体质为中心向以健身为中心转移，这其实是把健康教育与身体教育（体育）有机结合在一起的表现，也是增强体质与增进健康的统一。

二、教学内容体系创新

（一）重视体育与健康教育相结合

现代体育教学已从传统的以运动技术为中心的传习式转向以增强体质为中心的新方式。体育从生物学角度增强体质，在劳动力密集的重体力劳动时代是十分可取的。但是，在未来劳动强度日趋降低的知识经济时代，它对于全面增进健康却极为有限。大学生的健康是未来社会发展的需要，这也符合全国教育工作会议提出的"学校教育要树立健康第一的指导思想"。这就需要我们把身体教育与健康教育结合起来，构建新的体育教学体系。在这个新的体系中，身体教育是以增强体质和增进健康为目的的体育。体育未来是指人们根据未来社会和教育发展的变化，在体育理论教学和实践教学中，不断积极地探索体育自身发展与未来社会需求相统一的未知领域。在健康教育体系中，人的生理、心理和社会三维的健康是一个不可分割的统一体。传统的健康教育和过去的身体教育一样，偏重于从生物学角度研究人的生理健康或生物体能的提高，现在二者又转向从生物学和心理学两个方位研究增进人的身心健康。二者都有"社会的适应能力"的内涵，有人认为这一内涵就是个体在群众中为了生存与发展而进行的，正常的互助、协作、交往和理解生存与发展的能力。这种能力，可以促进个体主动适应社会，并与社会协调发展，这就是"社会健康"的基本内容之一。"社会健康"有广义和狭义之分，广义的社会健康是指采取科技与人文措施，抵制世界"公害"（自然与社会）的增加、促进人类社会健康地生存与发展；狭义的社会健康是指人类个体或群体能够具备关心理解、宽宏大量、互助与利他、团结协作的适应社会的能力。

（二）增加有助于培养学生体育能力的教学内容

过去，高校体育以运动技术教学为中心，注重运动型教育，忽略了体育方法教学，这对于培养学生终身体育能力、增进健康十分不利。未来，重视培养学生体育能力的新型体育教学，在不忽视运动技术（体育手段）教学的同时，要十分重视体育方法教学（体育与健康相结合的方法）。体育方法教学，对学生而言，它包括学法、练法和健康养护法等。健康养护法是配合身体锻炼需要、合理的饮食、睡眠、卫生、心理调节等保健方法。加强体育方法教学，要求体育教师在教学中不仅要传授运动技术，而且要把运动技术的健身原理学法、练法和健康养护法等终身体育知识技能传授给他们。

（三）增加面向未来的教学内容

长期以来，高校体育教学内容以解决过去和现实体育问题为重点，未来高校体育教学内容改革，应在探索中解决学生未来健身急需解决的问题。例如，体育理论课不但要传授现实体育锻炼、养护和观赏的知识，而且要积极探索传授未来社会所需的相关内容，找到高校体育与社会体育的连接点。其中，理论教学可以比实践教学稍微超前，这样能预测未来社会发展对体育的新需求，真正使体育教学更加富有前瞻性。

第四节 高校体育教学模式的创新改革

一、目前高校体育教学模式存在的问题

（一）教学理念较为落后

我国高校体育教学依然保持传统教学的特点，发展至今并没有改变多少。在日常的高校体育教学中，教学方式较为单一，授课方式都比较传统，主要是教师讲课，学生被动地接受知识。教师首先做一些示范，然后由学生进行模范练习。这种方式已经严重阻碍了新课程理念下教学模式的创新，我们只要改进教学方式，注重教学方式的多元化，努力适应新形势下高校体育的教学理念，力求高校体育教学取得创新性效果。

（二）体育教学内容深度不够

众所周知，如果教学内容只是浮于表面，只做表面文章，那么教学内容就无法得到深入。目前很多体育教材存在只注重表面技术的问题，只注重大容量，而忽视了教材内容的深度。一些体育教材只是简单介绍体育运动的形式，而不能充分体现体育精神、民族精神，不注重培养学生的终身体育意识。教材内容的深度不够，就无法达到学生学习体育的真正目的，也就很难培养学生的创新精神。

二、高校体育教学模式创新改革策略

（一）明确教学目标，突破传统教学思想束缚

只有在学习的过程中确定明确的目标，才能向着目标努力前行。同样，教师在教学过程中也必须树立明确的教学目标，抓住教学难点和重点，注重教学技巧。教师在向目标前进的过程中一定要冲破传统教学思想的束缚，摒弃一些旧的教学理念，大胆创新教学理念，勇于创新教学模式，将现代化元素引入课堂，使得体育课堂集娱乐、健身等于一体，遵循学生的发展个性，使学生在轻松愉快的氛围中取得进步。教师的教学目标不仅仅是培养学生的运动技巧和专业知识，更重要的是培养学生终身体育意识，提高学生的体育能力，帮助学生增强体质，提高学生的综合素质，推动高校体育教学向着积极方向的发展。

（二）注重高校体育课程结构的优化

要想实现高校体育教学的创新，必须实现高校体育课程结构的优化，在课程结构优化的过程中，我们要注重信息知识和技能技巧的创新。同时，也要将素质教育创新作为核心内容，努力做到使学生在提高自身身体素质的同时，提高自身的综合素质，促进学生的全面发展。

（三）注重教师素质水平的提升

要想实现高校体育教学的创新，在注重课程优化和教学目标制定的基础上，提升教师的业务素质水平也非常重要。因此，相关部门和领导要注重教师师资队伍的建设，要大力

引入具有创新性思维,授课方式较为个性的教师,鼓励教师积极参与体育教学科研项目,培养教师的科研精神。在科研过程中激发教师的创新能力,这样教师才能更好地在教学过程中培养学生的创新思维,实现高校体育教学模式的创新与改革。

(四)更新教育观念,树立创新意识

开展创新教育,不仅需要一定数量的教师,而且需要素质过硬的创造型教师。也就是说,没有一支具有良好素质的教师队伍,创新教育就不可能顺利进行。具有创造精神的教师,能够利用一切机会和条件激发学生的创造欲望,满足学生的心理需要,并能够不失时机、随时随地进行创造素质培养。

现代心理学对创造心理的研究表明,创造力可以表现在人类的各种社会实践活动中,诸如身体运动、语言等方面,人们都可以有出色的发展和表现。因此,要真正承认学生有创造力,就要去发现学生的创造力,认识学生的创造力。传统教育观念以传授知识为核心,以培养熟练掌握书本知识的人才为目标,因此必然导致学生以教师、课堂、书本为中心,这不利于学生创造心理素质的培养。现代教育观以培养创新能力为目标,倡导以学生为主,积极引导学生勇于探索、积极思考,直至领悟知识的形成和发展规律,并在探究中培养学生的创新能力。以实践操作为主要手段的体育教学,要做到体育知识与运动实践的有机结合,教师应科学地设计教法,合理地选择学法,设计学生参与学和练的整个过程,努力创设贴近学生生活实际、适应社会需求的体育锻炼环境和运动训练项目,重应用、重实践,在应用和实践中培养学生的创新意识、创新精神和实践能力。

参考文献

[1] 毕桂风. 高校体育教学环境的优化与维护 [J]. 赤峰学院学报（自然科学版），2013 (6)：109－110.

[2] 陈志军，张君其. 高校体育理论与实践 [M]. 苏州：苏州大学出版社，2011.

[3] 戴斌. 体育欣赏课程在呼和浩特地区高等院校开设的可行性研究 [D]. 呼和浩特：内蒙古师范大学，2012.

[4] 都捷. 浅谈高校体育教学方法优化与创新 [J]. 教学研究，2012 (11)：93－94.

[5] 郭书春. 高校体育教育模式研究 [M]. 沈阳：辽宁教育出版社，2011.

[6] 韩水红，刘从梅. 网络体育信息资源的利用与整合 [J]. 科技信息，2010 (32)：96－99.

[7] 黄诗. 职业学校体育合作学习教学模式的构建 [J]. 体育天地，2014 (4)：335.

[8] 李国良. 现代教育技术在山西省高校体育教学中的应用现状与对策研究 [D]. 太原：太原理工大学，2012.

[9] 李健康. 新思维高校体育教程 [M]. 北京：北京体育大学出版社，2011.

[10] 李金梅，路志峻. 普通高校体育教程 [M]. 北京：科学出版社，2010.

[11] 李试. 快乐体育教学法在中学体育教学中的应用 [J]. 云南大学学报（自然科学版），2010 (1)：441－443.

[12] 刘学奎. 普通高校快乐体育教学模式的应用研究 [J]. 高师理科学刊，2012 (32)：113－115.

[13] 刘远花. 高校健美操教学中合作学习模式的运用 [J]. 博硕论坛，2013 (3)：2－3.

[14] 买国庆. 高校体育运动模式的系统设计研究 [J]. 体育教学与研究，2012 (43)：108－109.

[15] 强自力. "三自主"教育模式探析 [J]. 中国图书馆学报，2011 (4)：25－29.

[16] 施晓鸿. 我国高校体育教学的问题及改革的基本思路 [J]. 佳木斯教育学院学报，2013 (1)：26－28.

[17] 宋骞. 论高校体育教学评价的改革 [J]. 学校体育学，2014 (4)：91－92.

[18] 苏涛，聂长春. 高校体育教学评价体系发展与对策研究 [J]. 现代商贸工业，2010 (4)：247.

[19] 赫忠慧，韦晓康. 普通高校体育课程教学案例精选 [M]. 北京：中国标准出版社，2013.

[20] 王宁，刘传勤. 浅谈网络技术在高校体育教学中的发展 [J]. 当代体育科技，2012 (32)：108－110.

[21] 王秋生. 快乐体育教学法初探 [J]. 德州学院学报，2012 (1)：223－224.

[22] 王晓林，物明海，刘丽辉. 高校体育选修课合作学习教学模式研究 [J]. 边疆经济与文化，2012 (7)：72－74.

[23] 魏伟. 对普通高校体育课程模式的重新定位 [J]. 博硕论坛，2012 (29)：3－4.

[24] 徐桂兰. 我国高校体育课程模式的系统设计探究 [J]. 科技论坛, 2014 (24): 163—165.

[25] 薛明. 高校体育教学评价发展趋势的研究 [J]. 高校讲坛, 2010 (15): 141—142.

[26] 杨正全. 快乐体育教学法在中学体育教学中的应用 [J]. 教育, 2013 (11): 20—23.

[27] 张革. 新时期高职院校体育教学方法优化议 [J]. 企业导报, 2014 (23): 102—103.

[28] 张铁钢. 体育欣赏在高中体育课堂中的应用 [J]. 新课程 (下), 2012 (7): 90.

[29] 赵广涛. 体育欣赏的内涵探析 [J]. 河南教育学院学报, 2011 (4): 74—77.

[30] 朱广胜. 体育合作学习教学模式的构建 [J]. 教育教学论坛, 2014 (29): 178—179.

[31] 朱萍. 网络课程在普通高校体育舞蹈教学中的应用研究 [J]. 中国西部科技, 2011 (30): 76—77.